# Cómo leer un árbol

# TRISTAN GOOLEY

# CÓMO LEER UN ÁRBOL

Aprende a interpretar las formas de las raíces, los troncos y las hojas

TRADUCCIÓN DE
Claudia Casanova

ÁTICO DE
LOS LIBROS

Primera edición: febrero de 2024
Título original: *How to Read a Tree*

© Tristan Gooley, 2023
© de las ilustraciones, Neil Gower, 2023
© de la traducción, Claudia Casanova, 2024
© de esta edición, Futurbox Project, S. L., 2024
Todos los derechos reservados, incluido el derecho de reproducción total o parcial de
la obra.

Diseño de cubierta: Natalie Chen
Imagen de cubierta: Neil Gower
Corrección: Alicia Álvarez, Sofía Tros de Ilarduya

Publicado por Ático de los Libros
C/ Roger de Flor, n.º 49, escalera B, entresuelo, despacho 10
08013, Barcelona
info@aticodeloslibros.com
www.aticodeloslibros.com

ISBN: 978-84-19703-22-4
THEMA: WN
Depósito Legal: B 1035-2024
Preimpresión: Taller de los Libros
Impresión y encuadernación: Liberdúplex
Impreso en España — *Printed in Spain*

*A mis ahijados,*
*Joey, Hector y Jamie.*
*¡Feliz travesía!*

# Índice

# Capítulo 1

## *El arte de leer los árboles*

### *Introducción*

Los árboles desean contarnos muchas cosas. Nos hablan de la tierra, del agua, de la gente, de los animales, de las condiciones meteorológicas y del tiempo. Y también nos hablan de sus vidas, de lo bueno y lo malo. Los árboles cuentan una historia, pero solo a quienes saben leerla.

A lo largo de los años, he disfrutado mientras recopilaba todas las características significativas que podemos observar de los árboles. Todo empezó con mi interés por la orientación natural y la obsesión por cómo los árboles pueden servirnos de brújula: por ejemplo, el crecimiento es mayor en su lado sur. De aquí, pasé a sentirme fascinado por las maneras que tienen de dibujarnos mapas: los que crecen junto a los ríos son especies diferentes de los que lo hacen en lo alto de las colinas. Y de ahí surgió la curiosidad por otras pistas de mayor sutileza y por los patrones que se ocultan ante nuestros ojos.

¿Alguna vez dos árboles parecen idénticos? No, pero ¿por qué? Cada pequeña diferencia en su tamaño, forma, color y patrón revela algo. Cuando pasamos junto a un árbol somos capaces de advertir una característica única y leerla como una pista de lo que ha experimentado y un revelador indicio del lugar en el que nos encontramos. Un ejemplar arbóreo pinta un retrato del paisaje local.

Los detalles más pequeños abren mundos más grandes. Notas que las hojas de un árbol tienen un nervio central pálido e intenso y recuerdas que es señal de que hay agua cerca; un poco más adelante, ves el río. Muchos ejemplares que crecen cerca del agua, incluidos los sauces, poseen esa característica nervadura blanca en las hojas: parecen surcadas por un arroyo.

En este libro, me propongo que nos sumerjamos de forma tan profunda en el arte de leer los árboles que aprendamos a encontrar significados donde a pocas personas se les ocurriría mirar. Una vez que hayamos visto estas cosas, será imposible dejar de hacerlo: los árboles nunca volverán a ser los mismos. Es un proceso gozoso.

Estamos a punto de conocer cientos de las señales que los árboles nos ofrecen. Te animo a que vayas en su búsqueda, pues es la mejor manera de formar parte de su historia. Te ayudará a leerlos, recordarlos y disfrutarlos el resto de tu vida.

# Capítulo 2

## *La magia no está en el nombre*

El arte de leer los árboles consiste en aprender a reconocer ciertas formas y algunos patrones, además de entender lo que significan. No se trata de identificar especies. Sus nombres no son en absoluto tan importantes como mucha gente cree.

Las especies individuales excluyen a los pueblos y nos atan a determinados lugares o regiones. No hay ninguna especie autóctona común al norte y al sur de las zonas templadas, y, posiblemente, solo una en Eurasia y Norteamérica: el enebro común. Ni un alma en el planeta podría identificar la especie de la mayoría de los árboles de la Tierra a simple vista. Nunca la ha habido y jamás la habrá. Se tardaría más de una vida en aprender a identificar al momento cada especie de sauce, y no olvidemos que, quizá, haya otras cien mil especies de árboles.[1] Reconocer las familias arbóreas puede resultar útil, pero las especies individuales, no tanto.

Verás que me refiero a familias comunes, como roble, haya, pino, abeto, pícea y cerezo. Están por todas partes: la mayoría de la gente es capaz de identificar alguna y las demás son fáciles de incorporar. Si te estás adentrando por primera vez en el mundo de los árboles y aún no reconoces ninguna familia —como los robles o los pinos—, he incluido algunos consejos al final de este libro. A menos que se indique lo contrario, nos referimos a la zona templada del hemisferio norte, que incluye la mayor parte de las regiones pobladas de Europa, Norteamérica y Asia.

Siempre hablaré de rasgos generales dentro de las familias, no de reglas rígidas que se apliquen a todas las especies o subespecies. Te felicito si se te ocurre alguna salvedad, aunque espero que comprendas que son excepciones que confirman la regla. Un libro que tuviera en cuenta todas sería aburrido y volvería rápidamente a la pulpa del árbol de donde salió.

Algunos árboles poseen muchos nombres diferentes, y el «correcto» depende de la cultura a la que se pregunte. Los pueblos indígenas encuentran significados extraordinarios en las plantas, pero no están muy versados en latín. Con independencia de cómo llamemos a un árbol, su denominación no puede cambiar lo que vemos ni lo que significa. Lo fascinante es descubrir el lenguaje global de los signos naturales. Me encanta la idea de que podamos detectar patrones en la naturaleza que alguien al otro lado del mundo también conocería, a pesar de que no hablemos ni una palabra del idioma de la otra persona. El dominio de la lectura de los signos naturales de nuestros antepasados debe preceder, incluso en decenas de miles de años, a las primeras lenguas habladas.

El término «magia» posee más de un significado. Puede significar 'realizar trucos para entretener', pero también hace referencia a los poderes extraordinarios o la capacidad de hacer que sucedan cosas que, por lo general, serían imposibles.

Aunque no sepamos el nombre de un árbol, sus raíces nos mostrarán el camino para salir de un bosque.

# Capítulo 3

## *Un árbol es un mapa*

*Las coníferas llevan la voz cantante –*
*Hoy en el bosque – Las claves*

Me dirigí hacia el norte por las suaves crestas onduladas de las montañas del Parque Nacional de la Sierra de las Nieves (Málaga). No había ningún camino, así que avancé entre polvorientos senderos, apenas esbozados, que serpenteaban entre rocas, cardos y tojos. El calor del sol de agosto se desprendía de la tierra.

Las rocas afiladas me obligaban a escudriñar el suelo, y, cada dos minutos, hacía una pausa y alzaba los ojos para observar lo que me rodeaba. Es una vieja costumbre: cuando un camino es difícil, vemos demasiado terreno, y cuando es fácil, muy poco. Si quieres tener una visión completa de la tierra por la que te mueves, bajar la vista te ayudará en caso de que te encuentres sobre buen terreno, y levantarla, si es malo. No obstante, si es un sendero difícil, haz una pausa antes de elevar los ojos o tu cara se dará de bruces con las rocas. Al pasar por un entorno arbolado, en los caminos difíciles, verás las raíces, pero no las copas; en los fáciles, los árboles enteros, aunque no las raíces.

La exploración dio sus frutos. Divisé un faro verde, un grupo de árboles que no encajaba en absoluto con el patrón, en la más suave de las hondonadas entre colinas. Bajé hacia la vegetación. De repente, oí y vi más pájaros, y algunas mariposas de color claro que bailaban ante mis ojos. Hubo un ligero cambio en el aroma del aire. Aspiré lenta y profundamente. No era un olor concreto, solo el rico y familiar perfume del verdor y la putrefacción. Entonces, me di cuenta de que los rastros de animales empezaban a entrelazarse como las hebras de una cuerda. Minutos después, me encontraba bajo un bosquecillo de magníficos nogales, los únicos en kilómetros a la redonda. Cerca, había un abrevadero de piedra para cabras y, en el barro húmedo que lo rodeaba, podía verse una maraña de huellas de sus pezuñas.

Aquellos ejemplares señalaban el cambio: guiaban a todos los animales, incluido yo, al agua.

Los árboles describen la tierra. Si cambian, nos están diciendo que algo más también ha cambiado: se han modificado los niveles de agua, luz, viento, temperatura, suelo, perturbaciones, sal, actividad humana o animal. Cuando aprendamos a detectar estos cambios, tendremos las claves necesarias para ver el mapa que dibujan los árboles. Pronto las conoceremos, pero, antes, debemos abrir nuestros sentidos a dos de los grandes cambios generales que aparecerán ante nosotros.

## Las coníferas llevan la voz cantante

Después de dejar el bosque de nogales, todos los árboles grandes que vi durante el resto de mi paseo por aquellas montañas españolas fueron coníferas. Hay una buena razón para ello.

Hace mucho tiempo, no ocurría gran cosa en el mundo, pero, entonces, la evolución se puso manos a la obra. En el mar, aparecieron algas, y en la tierra, musgos y hepáticas. Pronto —y con «pronto» me refiero a unos cientos de millones de años después—, los helechos y la cola de caballo extendieron sus sencillas frondas sobre los musgos.

La evolución resuelve problemas de manera genial. Descubrió que las semillas permitían a la descendencia empezar su trayectoria vital en un lugar diferente, hecho que dio origen a la mayoría de las plantas que crecen en la actualidad. Después, llegó a la conclusión de que un tronco leñoso facilitaba mantenerse por encima de la competencia a una planta, durante muchas estaciones, sin tener que volver a empezar cada año desde el suelo. ¡Tachán! Así es como nacieron los árboles.

Los árboles más primitivos pertenecen al grupo de las gimnospermas e incluyen a las coníferas; sus semillas se depositan en piñas. Las angiospermas o plantas con flores —otra familia arbórea— evolucionaron unos doscientos millones de años más tarde. Su aspecto es mucho más variado que el de las coníferas, pero suelen tener flores fáciles de ver y frutos con semilla. La mayor parte de las coníferas son de hoja perenne, y la de los latifolios, de caduca, pierden sus hojas y vuelven a salir cada año.

Normalmente, podemos identificar de manera sencilla cuál de estos dos grupos principales estamos observando. Si un árbol tiene un follaje oscuro en forma de aguja, casi con total seguridad se trata de una conífera. Si sus hojas son anchas y planas, y no parece ni una conífera ni una palmera, es muy probable que sea un latifolio. (Las palmeras pertenecen a su propio mundo, al que volveremos).

Tanto las coníferas como los latifolios compiten en muchos hábitats y las diferencias estructurales determinan qué grupo prosperará. La regla básica es que las coníferas son más resistentes: son capaces de sobrevivir en muchas situaciones donde los latifolios tienen dificultades. Las coníferas de hoja perenne pueden realizar la fotosíntesis durante todo el año, incluso a niveles muy bajos, lo que significa que les va mejor que a los latifolios en zonas donde los veranos son frescos y el sol está bajo. Cuanto más nos alejemos del ecuador, más débil será el sol y más probable que predominen las coníferas. Por ejemplo, podemos esperar ver más coníferas en Canadá y Escocia que en Estados Unidos e Inglaterra.[*]

* En latitudes todavía más altas, a medida que nos acercamos a los límites polares, la

Las coníferas poseen hojas cortas y finas que retienen más el agua, por lo que toleran mejor las regiones secas que los latifolios. Por eso vi tantas coníferas en las laderas secas de las montañas españolas. También explica que haya una mayor proporción en México y Grecia que en Estados Unidos e Inglaterra. Ahora bien, podemos ser más precisos al respecto.

Si en una gran región llueve lo suficiente como para que se den los latifolios, pero no vemos muchos, es posible que sea porque el agua desaparece de algún modo. Los suelos arenosos o rocosos favorecen a las coníferas, en parte porque el agua se drena demasiado rápido para los latifolios.

Las tierras altas suelen ser más secas que los valles, por lo que, a veces, las coníferas dominan las laderas, mientras que los latifolios se encuentran en las orillas de los ríos. Las coníferas son de un verde más oscuro, lo que da lugar a interesantes y coloridos dibujos en el paisaje (en su mayoría, las coníferas son árboles de hoja perenne; estas hojas necesitan un tejido grueso, resistente y con cera, lo que hace que parezcan más oscuras).[1] Es algo que habrás visto muchas veces, pero en lo que quizá nunca te hayas fijado. Resulta muy satisfactorio comprender por qué una gruesa franja de latifolios, más pálidos que los árboles de su entorno, marca el curso de un río. Y tal complacencia nos hace más propensos a buscar y descubrir estos lugares. No solo vemos bosques de tonalidades verdes oscuras y claras, sino que entendemos que es una señal. Conocemos el significado del cambio de color y eso le gusta a nuestro cerebro; este nos recompensa con una sensación placentera que los neurocientíficos llaman «dopamina». Sabemos muy bien cuál es su sonido: el de un ¡ajá! de satisfacción.

La savia de las plantas transporta el agua y los nutrientes desde las raíces hasta las partes superiores. El árbol expulsa agua de sus hojas a la atmósfera a través de un proceso denominado «transpiración». Esto hace que la presión en los vasos

situación se invierte y reaparecen los latifolios. En estos extremos, los árboles no pueden mantener las hojas durante todo el año.

de las hojas superiores sea menor que en los de las inferiores. No se trata de que algo impulse la savia desde abajo, sino que se ve arrastrada hacia arriba del ejemplar por la menor presión. En climas suaves, este sistema es estable, pero delicado, y todas las plantas son vulnerables a las heladas.

Aunque una planta sobreviva a la congelación, el proceso de descongelación puede introducir burbujas o «cavitaciones» en sus vasos, que obstruyen los conductos. Los latifolios poseen vasos anchos y abiertos que transportan la savia con rapidez y eficacia, pero esos vasos más grandes son especialmente vulnerables en caso de helada. Las coníferas conducen el agua desde sus raíces mediante las traqueidas, unas estructuras más estrechas y resistentes a las bajas temperaturas (porque las burbujas de menor tamaño se disuelven con rapidez). Si alzamos la vista desde el pie de una montaña, seremos capaces de ver la zona en la que los latifolios dejan paso a las coníferas. Nunca es una línea del todo recta, pero, por encima de esa franja, los latifolios tienen cada vez mayores dificultades para sobrevivir y las coníferas los superan.

*Latifolios en el margen del río y más*
*arriba, en terreno seco, coníferas.*

Si, en una región húmeda, las temperaturas son cálidas todo el año —lo que elimina el riesgo de que se congele la savia—, es probable que los latifolios se desarrollen mejor que las coníferas. En los trópicos, vemos muchos más latifolios que coníferas.

En caso de que te preguntes por qué no todos los árboles evolucionaron con los vasos de las coníferas, resistentes a la helada y al deshielo, las respuestas están, tal como a menudo ocurre con la evolución, en la eficiencia y la supervivencia. Los latifolios poseen un sistema más eficiente, por lo que les va muy bien si pueden sobrevivir. Sin embargo, el que no juega no gana. Las coníferas son los robustos e ineficaces 4x4 en carretera, y los latifolios, los turismos modernos, mucho más eficientes en carretera, pero se caen a pedazos en terrenos agrestes.

Hay un par de divertidas excepciones a la regla de la congelación de los vasos. El abedul y el arce son latifolios que han ideado un ingenioso método a fin de solucionar los problemas creados por la savia congelada. Crean una presión positiva en sus estrechos conductos, con la que bombean la savia hacia arriba. Esto elimina las burbujas causadas por la helada y limpia eficazmente los vasos en primavera. Así, estas especies sobreviven mucho más al norte de lo que cabría esperar. Los bosques boreales de Rusia dan buena cuenta de ello: tienen multitud de coníferas, pero también grandes extensiones de abedules. La presión positiva hace que su savia fluya por las incisiones de la corteza, lo que facilita su recolección y nos proporciona sirope de abedul y arce.[2]

Cada vez que observemos que los latifolios dan paso a las coníferas, podemos suponer que el entorno se ha endurecido, y preguntarnos cómo y por qué. Resulta probable que la respuesta sea debido a la temperatura, el suelo, el agua o a una combinación de los tres, y forma parte del mapa que nos ofrecen los árboles.

El hecho de descubrir este cambio también arroja luz sobre la psicología de la percepción. Si le pedimos a alguien que describa un paisaje, es posible que incluya la palabra «árboles» y no perciba los cambios del bosque que tiene ante sus ojos. En caso de que le preguntemos a la misma persona si hay árboles diferentes en ese mismo entorno, de repente, notará la transición de latifolios a coníferas. Poseemos un extraordinario nivel de control sobre lo que percibimos, pero es una elección: no hay nadie a nuestro lado que nos formule estas cuestiones.

## Hoy en el bosque

Más adelante, en mi pequeña exploración española, me aventuré en un bosque. No fue fácil. Los primeros diez minutos se me hicieron eternos, ya que tuve que abrirme paso entre arbustos espinosos que me llegaban a la cintura, decididos a obstaculizar mi avance. Luego, me topé con espinos que me llegaban a la cabeza; después, con ciertos árboles que no reconocí —almeces, creo—, un poco más altos, y a continuación, unas encinas que me doblaban en estatura. Al final, llegué a un bosque de pinos que se alzaba sobre mí.

Podemos esperar ver ciertos patrones siempre que ponemos el pie en un bosque. Los árboles se hacen más altos a medida que nos adentramos en él, ya que los que están en las lindes soportan los fuertes vientos que azotan a todos los árboles expuestos, y por eso crecen menos. Los ejemplares de mayor altura suelen localizarse en el centro del bosque.

Las especies también varían a medida que nos adentramos en un bosque. Los árboles que crecen en su corazón son siempre diferentes de los de las lindes. La mayoría sigue una de estas dos estrategias: liebre o tortuga. Las liebres se denominan «pioneras». Producen millones de semillas diminutas, que, a menudo, viajarán por el aire y aterrizarán en cualquier terreno carente de vegetación. Comienzan su vida aprisa y crecen enseguida. Sin embargo, el precio que pagan por esta rapidez es que no invierten en formar troncos grandes y fuertes, lo cual limita su altura. Los abedules, sauces, alisos y muchos álamos son buenos ejemplos de árboles pioneros.

A las tortugas se las conoce como árboles «clímax» y adoptan un enfoque diferente. Generan semillas mucho más grandes y participan en un juego de ritmo lento y constante, porque saben que, a largo plazo, les saldrá a cuenta. Los robles dan buena muestra de ello. Encontramos pioneros en los márgenes de los bosques y en los claros, pero árboles clímax, en el corazón, la zona de mayor antigüedad. Si nos adentramos en un bosque maduro con ejemplares de copa alta, cabe esperar que, en nuestro camino hacia los árboles clímax —de mayor envergadura—, pasemos junto a los pioneros de los bordes, de menor altura.

La mayoría de los pioneros tienen un color más claro que los clímax y también proyectan menos sombra. Piensa en los abedules frente a los robles. Los abedules cuentan con una corteza clara, y dejan pasar mucha más luz del cielo que los robles. Esto agrava el efecto de oscurecimiento a medida que nos adentramos en el bosque. Si bien los niveles lumínicos descienden un poco cuando pasamos entre los pioneros situados al borde, caen de modo drástico en la franja donde aparecen los árboles clímax.

Si entras en un claro con muchos árboles pioneros, te encontrarás dentro de un paisaje en transición. Las generaciones futuras localizarán allí los troncos de los árboles clímax, de mayor tamaño, y sombra más acentuada. Así las cosas, las tortugas habrán ganado la carrera.


## Las claves

Es hora de centrar nuestras miras y buscar las pistas que nos proporcionan las familias arbóreas. He aquí los principales patrones que debemos detectar.

## Terreno húmedo

La mayoría de las especies sufren si sus raíces están encharcadas, ya que esto impide el intercambio gaseoso, pero las familias de los alisos, sauces y álamos se desenvuelven bien en suelos húmedos.

El naturalista Ajay Tegala es uno de los guardas forestales de Wicken Fen, una reserva natural en el condado de Cambridgeshire (Inglaterra) y uno de los humedales más importantes de Europa, que cuenta con más de nueve mil especies de plantas y animales. Ajay habla del «árbol más alto de Wicken Fen», pero esto solo es un cumplido a medias: no hay muchos árboles de gran tamaño en un hábitat de turbera. Ajay solo puede ver un álamo desafiante desde cualquier punto de la reserva, así que lo conoce bien. Noto la emoción en su voz cuando habla de él.

## Terreno seco

Tal como hemos visto, las coníferas toleran más la sequedad que los latifolios. Entre los latifolios, los arces, espinos, acebos, eucaliptos y las hayas son los que mejor soportan ese tipo de terreno.

Vivo en un suelo calcáreo seco y, con el objetivo de divertirme mediante un pequeño desafío, salí de casa a fin de encontrar el trayecto más corto que me hiciera pasar junto al mayor número posible de esos tipos de árboles. Tracé un camino que me llevó desde un tejo, pasando por multitud de hayas, un espino blanco y un par de acebos, hasta un arce campestre en menos de diez minutos de caminata. Para añadir un eucalipto, endémico de Australia, habría tenido que andar durante horas hasta encontrar uno en el jardín de alguien. En todo caso, cinco de seis en diez minutos no está mal. Llevar a cabo el mismo reto en un suelo húmedo de arcilla o granito sería una tarea larga, difícil y probablemente inútil. Le pregunté a Ajay cómo lo afrontaría en la turbera de Wicken Fen. «¡Sería muy difícil!», me respondió, «no hay tejos en toda la reserva, y estoy casi seguro de que tampoco hayas. Tenemos muy pocos acebos. Sería un paseo increíblemente largo y veríamos poco más que espinos y arces».

## Ambos extremos

De manera inusual, el abedul plateado puede soportar tanto suelos húmedos como sequías moderadas. Siento un gran respeto por este tipo de árbol: es el que menos se quejaría en una fría acampada familiar pasada por agua.

## Mucha luz

La mayoría de los árboles prefieren o mucha o poca luz solar directa. Por regla general, a las coníferas les gusta tener mucha y a los latifolios les va bien algo de sombra. Existen jerarquías dentro de cada grupo. Los pinos aprecian más la luz solar directa que los abetos, a los que les gusta en mayor medida que a las píceas, que, a su vez, necesitan más que los falsos abetos.

Los pinos en lo alto prefieren fulgor.
PAPF: pinos, abetos, píceas y falsos abetos.

Las siguientes familias prosperan en ambientes luminosos y soleados: los álamos, abedules, sauces, así como la mayoría de las coníferas, pero, sobre todo, los pinos y alerces.

Muchos árboles amantes de la luz crecen bien en extensiones abiertas. En no pocas ocasiones, divisarás, a lo lejos, pinos, álamos, abedules y sauces. Cuando crecen en los bosques, lo hacen mejor en el luminoso lado sur. Es habitual ver una hilera de pinos en esta zona de un bosque.

## Tolerantes a la sombra

Los árboles que toleran la sombra son tortugas y el hecho de que la soporten es parte importante de su estrategia. Un árbol de este tipo puede crecer poco a poco bajo otros amantes de la luz, y, al final, superarlos y dar sombra a la competencia. En ese momento, la tortuga gana: los otros ejemplares no pueden adaptarse a la sombra. Las siguientes familias toleran bien la sombra: las hayas, los tejos, acebos y falsos abetos.

Los tejos no se molestan en crecer por encima del techo forestal. Se encogen de hombros y siguen viviendo a la sombra. Se llevan la medalla al juego limpio.

Los árboles que toleran la sombra prosperan en compañía de otros que proyectan sombra.

## Exposición

Cada árbol tiene su propia sensibilidad a las temperaturas bajas o altas.

A medida que aumenta la altitud, desciende la temperatura media y se acentúa la velocidad media del viento. Tal como ya se ha mencionado, cuando miramos de abajo arriba en una montaña, nos damos cuenta de que los latifolios dan paso a las coníferas, pero, también, que todas las especies arbóreas son más bajas a mayor altura. Me refiero a estos dos patrones como el «altímetro arbóreo».

En las montañas, hay una altitud en la que hasta las coníferas tienen dificultades para sobrevivir y los silvicultores dejan de cultivar árboles con fines comerciales, puesto que el rendimiento es demasiado escaso. Aquí es donde acaban las plantaciones de aspecto cuidado. Las coníferas sobreviven ese límite, pero, a diferencia de las de menor altitud, son más bajas y están destartaladas. Empezamos a ver huecos entre los árboles.

Las coníferas son vulnerables a los daños que causa el viento, por lo que, en las laderas de las montañas, resulta frecuente ver coníferas que han superado en competencia a sus primos latifolios, pero que parecen maltratadas por el tiempo.[3] Las coníferas enanas y malformadas que se aferran a la vida en estas zonas altas y frías reciben el nombre de *Krummholz,* término alemán que significa 'madera curvada'. Un poco más arriba, las condiciones climáticas son demasiado brutales para los árboles, que se rinden a una altitud llamada «límite arbóreo».

En climas más cálidos, los tres cedros principales, del Líbano, el deodar o del Himalaya y el del Atlas, se adaptan bien a los hábitats montañosos cálidos.

## Suelo

El primer capítulo de *Sylva o discurso de los árboles forestales y la propagación maderera en los dominios de Su Majestad,* el emblemático libro sobre los árboles de John Evelyn, escrito en el siglo XVII, está salpicado de referencias al suelo donde crecen. No obstante, incluso en el siglo XXI, este tipo de estudios siguen siendo una ciencia joven con muchas lagunas. Afortunadamente, resulta fácil detectar algunas pautas muy marcadas.

Hay suelos ricos y suelos pobres. Algunos son ricos en nutrientes —con minerales vitales, como los nitratos— que las plantas necesitan a fin de crecer sanas. Los suelos pobres carecen de estas sustancias químicas esenciales.

A los fresnos les gustan los suelos húmedos, no mojados, y son exigentes con los nutrientes: necesitan tierra más rica que la mayoría de las especies arbóreas. Los fresnos son más comunes en los valles bajos que en los altos. En un valle fluvial —su lugar favorito—, suele haber una franja de terreno húmedo cerca del río, aunque no tan cerca como para que se encharque, y es un entorno rico en sustancias nutritivas que han bajado de las laderas altas.

Los nogales disfrutan de los suelos profundos y ricos en nutrientes. Los que conocí en las montañas españolas habían encontrado el único lugar de la zona donde podían vivir. El agua y las sustancias nutritivas se habían acumulado en el terreno más profundo de la hondonada entre dos pequeños picos. Eso dio a estos árboles justo lo que necesitaban. Si hubiera cogido una nuez y la hubiera lanzado en cualquier dirección, habría caído en un suelo demasiado seco, delgado y pobre como para que creciera un nogal.

A los olmos también les gustan los suelos ricos en nutrientes.

Las grandes fluctuaciones de hidrógeno (pH) en la tierra —su acidez o alcalinidad— pueden cambiar radicalmente los árboles que vemos. Esta consideración se solapa con la riqueza en sustancias nutritivas, ya que los terrenos ácidos suelen tener déficit de nutrientes.

Es probable que los alisos y sauces crezcan bien en suelos húmedos, a menos que sean ácidos, y quizá el abedul pubescente se desarrolle mejor en suelos turbosos. Las coníferas soportan bien, hasta cierto punto, los suelos ácidos.

## Ciudades

El entorno urbano, con mucho tráfico rodado y peatonal, es duro para los árboles, aunque también hay tensiones menos evidentes. Es más cálido y seco que su área circundante; puede tener sal de deshielo, excrementos de perros y una larga lista de personas que quieren descubrir el mundo.

El plátano de sombra se ha plantado en pueblos y ciudades de todo el planeta debido a que sus raíces toleran la compactación del suelo y su corteza se desprende con regularidad. A diferencia de muchas otras especies, esto le permite soportar más contaminación. El arce blanco o falso plátano es un árbol de la familia de los arces que soporta bien (quizá demasiado) el estrés de la vida urbana: tiene fama de brotar en jardines y parques sin ser invitado.

Una vez, visité la localidad costera de Budleigh Salterton, en Devon (Reino Unido), para dar una charla en una iglesia. Aparqué el coche y salí a buscar el lugar, pero lo único que recordaba era el nombre del edificio y el barrio en el que estaba. Corrí en busca de tejos, descubrí algunos en una calle residencial, me asomé por un hueco y encontré el sitio justo a tiempo. Desde hace siglos, en Inglaterra, se plantan este tipo de ejemplares en los patios de muchas iglesias y otros lugares significativos de las ciudades. (En las zonas rurales, son señal de que hay pocos animales de pastoreo, pues su toxicidad los aleja).

Los árboles no forman hileras rectas en entornos naturales. Incluso las agrupaciones arbóreas que bordean un río muestran curvas, que reflejan los recodos del curso fluvial. De eso se deduce que cuando los árboles están en línea recta es por la acción humana. El ejemplo más claro es la típica avenida de árboles simétricos que desemboca en algo grandioso al final, pero hay muchos más ejemplos interesantes.

A menudo, los álamos negros se plantan a fin de delimitar una propiedad, granja o un pueblo. Es muy fácil reconocerlos cuando se sabe cómo son: más altos que los demás árboles del paisaje y tienen unas ramas finas que se elevan hacia el cielo. Con la práctica, distinguir sus formas se convierte en algo instintivo y, a menudo, los utilizo para encontrar la ubicación de un pueblo escondido. El álamo negro pertenece a la familia de los álamos hidrófilos, por lo que muchas veces ofrece una pista doble: civilización junto al agua.

El hecho de unir los puntos que explican un paisaje resulta muy satisfactorio. El otro día, me propuse el reto de descender por una colina del condado de Sussex (Inglaterra) y encontrar

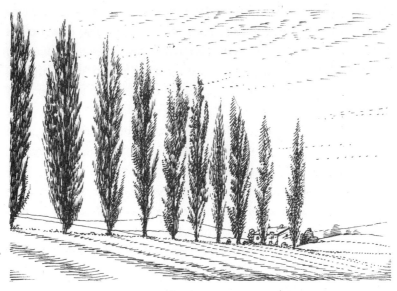

Álamos negros

un pueblo, guiándome únicamente por los árboles. En las estribaciones de la escarpa septentrional, encontré fresnos que crecían en un suelo rico y húmedo; un poco más allá, los sauces bordeaban un arroyo. El agua me condujo al pueblo y supe que había llegado cuando una orgullosa línea de álamos negros se recortó contra el horizonte.

## Perturbaciones

Todas las plantas son sensibles a las perturbaciones. Si el terreno se ve asolado por tormentas, incendios, agua, desbroce humano o uso intensivo, algunos árboles renuncian a crecer ahí durante largos periodos, mientras que otros se alegran de volver a empezar en cuanto acaban las turbulencias. Los sauces, alisos, alerces, abedules y majuelos son familias de árboles colonizadores que crecen en áreas sometidas a alteraciones. Si ves muchos en una zona, es signo de que allí se ha producido una gran crisis.

Todos estos árboles son pioneros o liebres: vencen a corto plazo, pero la mayoría desaparecerá en un siglo, cuando las tortugas o los árboles clímax los sustituyan. Esto significa que forman un tipo de mapa particular, que indica movimiento y agitación, y nos habla de un cambio importante y reciente en el paisaje. Haríamos bien en buscar la causa.

Los alerces son coníferas colonizadoras y, a diferencia de la mayoría de estas, su aspecto cambia mucho a lo largo de las estaciones. Su follaje es más pálido en verano; además, son caducifolios y pierden sus agujas en invierno, lo que constituye una rareza para una conífera. Los alerces brotan en los lugares donde los seres humanos intentan abrirse paso a través de los árboles y constituyen un mapa útil, ya que marcan las pistas forestales utilizadas regularmente en los bosques de coníferas. Si miras desde un pico de la zona, verás sus tenues líneas, que serpentean entre los ejemplares más oscuros y marcan las trilladas sendas de los vehículos. A menudo, es posible divisar un grupo de mayor tamaño de alerces que rodea una estación o un lugar donde se están realizando trabajos forestales.[4]

En las zonas propensas a incendiarse, se produce una clase distinta de competencia. Si bien es cierto que a ningún árbol le gusta el fuego, algunos han evolucionado para soportarlo mejor que otros y, con el tiempo, tienden a superar a los que son vulnerables a él. Por ejemplo, el abeto de Douglas acaba con la mayor parte de la competencia en las regiones del noroeste del Pacífico, que son proclives a los incendios.[5]

Los troncos carbonizados de los pinos dibujan interesantes patrones en muchos paisajes agrestes y montañosos. En lugares como La Palma, en las islas Canarias, los árboles son duros, se enfrentan al terreno seco y rocoso y a la altitud, además de resistir el fuego. Cuando un incendio forestal avanza entre los árboles, carboniza y deja más cicatrices en un lado que en otro. Si te tomas tu tiempo para observar los lados más oscuros de los pinos, esta tendencia constante puede servirte de brújula a fin de orientarte en la naturaleza.

## La costa

Antes de que notes el primer soplo de aire marino, puede que ya haya suficiente sal en el aire como para acabar con muchas plantas. Su efecto desecante llega hasta veinte kilómetros tierra adentro. Para cuando divisamos el mar, la mayoría de las plantas del interior habrán dado paso a especies tolerantes al mar o, como mínimo, sus hojas mostrarán signos de enfrentarse a sus condiciones. Pocas sobrevivirán allí donde sientas la maresía en el rostro: únicamente las más especialistas. Solo unas cuantas especies inferiores increíblemente resistentes, como la col marina, son capaces de vivir en una playa pedregosa donde rompe el mar, pero ese no es hogar para plantas sensibles. Ningún árbol necesita la salinidad de la costa, aunque unos pocos la toleran.

Los arces blancos o falsos plátanos crecen sorprendentemente bien cerca del mar; tienen hojas gruesas y cerosas, además de raíces que resisten la sal.[6] Recuerdo la ocasión en la que caminé por un sendero costero en Pembrokeshire (Gales) y, al acercarme a un cabo, anduve durante media hora antes de toparme con algún árbol. Entonces, divisé un grupo de arces blancos esculpidos por los vientos salinos y claramente maltrechos, pero se erigían orgullosos y desafiantes. Allí, en la orilla del mar, sus hojas estaban marrones y arrugadas, «quemadas» por la sal.

En las proximidades de mi casa, los únicos árboles que sobreviven tan cerca de la costa suelen ser los tamariscos. Los árboles que superan las adversidades me parecen hermosos y cautivadores. El otro día, estaba en la playa de West Wittering (Sussex), y mientras un temporal que soplaba desde el mar me empujaba, admiraba una fila de tamariscos. Era septiembre y el feroz viento equinoccial levantaba la arena de la playa y mantenía a los bañistas, incluso a los surfistas, fuera del agua.

Y, sin embargo, allí estaba el tamarisco, que se mantenía firme mientras la maresía pasaba a toda velocidad junto a sus espigas de flores color rosa pálido.

Uno de los motivos por el que tantos lugares vacacionales se parecen es la arquitectura, que a menudo, resulta poco inspiradora. Otro es que solo algunos árboles soportan el calor, el mar y la arena, lo que nos gusta disfrutar en vacaciones. La palmera se ha convertido en un símbolo de *marketing*: de manera subliminal, sugiere que gozaremos del sol, mar y de la arena. Es un árbol resistente y peculiar. Ha seguido su propio camino evolutivo, más cercano a las gramíneas que la mayoría de los demás árboles, lo que le ha permitido sobrevivir tanto en playas como en folletos turísticos.

Los cocoteros se inclinan hacia el mar con el objetivo de dejar caer al agua los cocos —sus semillas—, listos para flotar hacia una nueva vida allende la costa o en otra isla. En la mayoría de las playas, soplan brisas marinas, es decir, vientos frescos que fluyen del mar a la tierra. Así que el tronco del cocotero crece en dirección al agua, pero la brisa empuja su parte superior en la orientación opuesta. Esto le confiere esa forma tan característica, con el tronco dirigido hacia el mar y la parte superior curvada en la otra dirección.

Si bien el mar trae fuertes vientos salados, no todo son malas noticias para la naturaleza. También aporta aire más cálido en invierno, y más fresco, en verano. Las palmeras odian las heladas y crecen cerca de la costa. Asimismo, sobreviven junto al mar, incluso en climas frescos y templados.

En unos pocos lugares, el clima oceánico llega lo bastante al interior como para crear el llamado «bosque templado húmedo», un bioma único y poco común. Cuando el aire cálido y rebosante de humedad viaja tierra adentro, pierde gran parte de su salinidad, aunque conserva mucha de su humedad y su temperatura suave. Esto garantiza una alta humedad y una baja oscilación de las temperaturas. Las costas occidentales de Norteamérica y Europa, incluidas partes del Reino Unido y la mayoría de Irlanda, tienen bolsas o franjas de bosque templado húmedo.* Una vez, pasé un día húmedo y feliz en Devon, una de estas franjas, y me di cuenta de por qué las llaman *rainforest* ('selva tropical') en inglés: son como selvas templadas de un verdor exuberante e intenso.

Tras mi estancia en la sierra de las Nieves, me alejé de las montañas con la ventanilla abierta con el objetivo de dejar entrar el aroma de los pinares. La carretera serpenteaba y descendía. Los pinos dieron paso a robles hasta la costa, donde aparqué el coche y caminé hacia la playa. Los últimos árboles junto a los que pasé antes de zambullirme en el agua eran palmeras.

* También es el tipo de bosque característico de Galicia y la cornisa cantábrica. *(N. de la T.)*

# Capítulo 4

## *Las formas que vemos*

*Los que se arriesgan – Pequeños o grandes – Piñas y pelotas – La talla no se mueve – El efecto sombrilla – La sombra adelgaza y el sol engorda – ¿Cuántas capas necesita un árbol? – Hacia fuera y, luego, hacia abajo*

En una cálida tarde de abril, volvía a casa caminando por las colinas después de cenar con unos amigos en un *pub* de la zona. El sol se había puesto una hora antes, el aire era cálido y había pocas nubes. De repente, los elementos ofrecieron un espectáculo. Las brillantes estrellas de Orión se dejaron ver junto a Marte y una levísima brizna de luna apareció por el oeste. Las últimas luces se desvanecieron mientras las tonalidades rosas y anaranjadas que despedían el día se cernían tras los árboles. El bosque dibujaba una compacta línea oscura sobre el horizonte, pero las siluetas de los árboles con las que me cruzaba tenían más personalidad.

Si hubieras estado conmigo, estoy seguro de que habrías distinguido la silueta en forma de aguja de un árbol solitario y habrías reconocido una conífera. Y la forma más globosa que habríamos dejado atrás unos minutos después anunciaría con orgullo que se trataba de un latifolio, en este caso, un roble. No obstante, a las afueras del pueblo de Slindon (Inglaterra), a contraluz de los últimos rayos del sol y de las primeras luces de la población, se divisa una morfología diferente. Las ramas que can oscilando de un par de abedules penden, casi tristes, de manera distinta de las dos primeras siluetas que vimos. El poeta Samuel Taylor Coleridge llamó al abedul «la dama de los bosques»,[1] y quizá haya algo femenino en las ramas suaves y delgadas que fluyen hacia el suelo.

Tres formas de árbol muy diferentes en el espacio de unos cientos de metros. ¿Cuántas formas básicas existen? ¿Unas cuantas, cien, infinitas? Hay miles de especies distintas, pero un estudio académico de 1978 sobre las formas de los árboles concluyó que solo había veinticinco siluetas básicas.[2] Es una idea atractiva, aunque cada científico podría dar su propia cifra. En cualquier caso, lo más importante e interesante son las razones de estas formas.

Los árboles que observamos reflejan el mundo que los rodea y a nosotros. Es la presión selectiva del medio y las reglas del juego son sencillas: si no puedes sobrevivir, no lo haces. Existe un filtro, y solo vemos a los ganadores, pero eso plantea una pregunta interesante: ¿por qué no vemos árboles de aspecto idéntico?

Hay tres razones. En primer lugar, cuanto más amables son el suelo y el clima, menos duro resulta el filtro y pueden sobrevivir más especies diversas. Esto nos proporciona una señal básica: si ves muchas formas diferentes de árboles en un paisaje, el entorno es amable y apto para la vida. También localizarás muchos seres humanos, animales e infinidad de plantas más pequeñas.

En segundo lugar, cada árbol lleva una vida distinta a la de sus vecinos, lo que se refleja en su silueta. Sin duda, los dos abedules de las afueras de Slindon eran de la misma especie, aunque presentaban un aspecto diferente y asimétrico, y las ramas de uno caían alejadas de las del otro. El clima, el tiempo meteorológico, la luz, el agua, el suelo, la competencia, las perturbaciones, los animales y los hongos pueden cambiar la morfología de un árbol. Los abedules se separaron porque el más viejo de los dos creció hacia la luz del sur, pero el de menor edad se alejó de la sombra de su hermano mayor. Se trata de un patrón que puede observarse siempre que se vea un par de árboles que crezcan cerca. El más viejo busca la luz del sur, mientras que el más joven se orienta hacia la única luz que le queda, por lo que acaba alejándose de su vecino.

En tercer lugar, el paso del tiempo desempeña un papel importante. Si volviéramos a ese lugar dos décadas después, probablemente no veríamos las mismas cosas ni los mismos árboles. Si tengo la suerte de tener nietos y pasan por ese sendero, cada uno de los árboles de Slindon tendrá un aspecto diferente. Es muy posible que los abedules hayan desaparecido: su esperanza de vida es similar a la de un ser humano.

Cada árbol que vemos refleja estas tres influencias: la genética, la medioambiental y el tiempo que transcurre. Una vez que aprendemos a detectar estas fuerzas escultóricas, las huellas de su moldeado se convertirán en historias con su significado. Veamos ejemplos de cada una, empezando por la genética.

## Los que se arriesgan

¿Por qué los árboles sobreviven tan bien en la naturaleza? ¿Cuál es su secreto? Empezaremos a entender las formas que observamos cuando seamos capaces de responder estas preguntas. El proceso de eliminación ayuda: si encontramos algo que todos comparten, debe contener una pista de relevancia.

Resulta evidente que no es el color ni el patrón de las hojas ni la corteza ni las raíces, que varían enormemente de una especie a otra. Tampoco el modo de reproducción de los árboles: las coníferas y los latifolios tienen métodos muy diferentes. Lo único que comparten todos los árboles es cierta altura en un tronco, que perdura a lo largo de las estaciones y los años.[3]

La altura es fundamental: cuanto más alto sea un árbol, mayores probabilidades tendrá de recibir mucha luz. Entonces, seguramente, los árboles que puedan crecer más superarían a todos los demás y estaríamos rodeados únicamente de ejemplares muy altos. No obstante, eso no es lo que vemos. Crecer alto requiere enormes cantidades de energía e implica transportar toneladas de agua a grandes alturas. La altura también hace que los árboles sean más vulnerables al viento y a la inestabilidad del suelo. La virtud está en el término medio. Ahora bien, si el crecimiento moderado resuelve el problema, ¿por qué no estamos rodeados de muchos árboles más bien altos? Por el «problema de la construcción de torres».

Imagina que un amigo aburrido, rico y un poco chiflado os invita a otro colega y a ti a participar en un juego. A cada uno os da una caja de ladrillos de madera y os dice que tenéis quince minutos para construir sobre una mesa la torre de madera más alta que podáis. Si se cae, pierdes al instante. La persona que gane recibirá mil euros, y la que pierda, nada. Os envían a habitaciones diferentes y no podéis veros. ¿Cómo ganar este juego?

Cuando llevas unos minutos participando en el reto, empiezas a ver que es una prueba tanto de carácter y estrategia como de habilidad. ¿Te detienes en cuanto alcanzas una altura respetable o sigues intentando construir más pisos? A medida que pasan los minutos, te das cuenta de que una capa más de ladrillos puede derribarlo todo y, entonces, perderás. Ahora bien, jugar sobre seguro también es peligroso. Si tu amigo cree que esta será tu estrategia, puede arriesgarse un poco más y ganarte. No hay premio para el segundo.

Los árboles también se enfrentan a un dilema estratégico. Si invierten toda la energía en crecer hasta una gran altura, pero no ganan el premio —mucha luz—, pierden. Y, puesto que la naturaleza puede ser tanto un genio malvado como un amigo, perder conlleva la muerte.

Por eso, si observas un bosque desde cierta distancia, a menudo, verás un par de árboles algo más altos que todos los demás. Son los que se arriesgan, los que han ido a por todas y construido una capa extra de ladrillos de madera. Están dispuestos a enfrentarse al zarandeo de una tormenta por el gran premio de la luz del sol. En cada bosque, hay ejemplares que muestran una apetencia mayor por el riesgo que sus vecinos. En mis paseos, percibo que las hayas están más dispuestas a encarar los vientos peligrosos que los robles y tienden a elevarse por encima de ellos.

## Pequeños o grandes

Si vas a participar en el juego de intentar crecer alto con el objetivo de obtener mucha luz, tienes que salir a ganar. Debes alcanzar la mayor altura posible sin venirte abajo y sin que tu estructura falle. Pero ¿y si hubiera otra forma de jugar?

Cuando tenía unos once años, en nuestro colegio, había un niño con sobrepeso, al que llamaré Jake, lleno de coraje. Nunca lo olvidaré. En invierno, teníamos que correr campo a través una vez a la semana, y a la mayoría de nosotros no nos gustaba el esfuerzo que suponía hacer aquella actividad durante una hora bajo el frío y la lluvia. Nos quejábamos un poco y seguíamos adelante. Sin embargo, Jake decidió que era un juego estúpido y no quería participar. No le quedaba otra, era obligatorio y se metería en más problemas de los que deseaba si no lo hacía. Jake prefirió ir a su ritmo. Y fue lento. Trotaba un poco sin entusiasmo y, luego, caminaba un rato, paraba un segundo o dos, e iba al trote un par de minutos más.

Al principio de cada carrera, mirábamos hacia atrás y lo veíamos desaparecer de nuestra vista, todos estupefactos por su voluntad de destacar de manera deliberada. Cuando terminábamos el circuito, descansábamos con las manos en las rodillas, jadeando un poco y charlando sobre las zanjas embarradas que habíamos tenido que sortear. Al cabo de unos minutos, mirábamos hacia atrás, casi excitados por ver cuánto tardaría Jake en aparecer. A veces, estábamos saliendo de la ducha cuando él iba por la última curva, siempre con una sonrisa en la cara, a menudo riendo, o a veces triste. Normalmente, recibía una salva de aplausos, lo que irritaba muchísimo al profesorado y nos hacía aplaudir más fuerte. Jake no se sometía, cosa que yo nunca habría tenido el valor de hacer a esa edad o de esa forma.

También hay inconformistas en la naturaleza. ¿Y si, en lugar de intentar ganar el mismo juego que los demás, lo cambias? ¿Y si el objetivo no es crecer alto para recibir la mayor cantidad de luz posible, sino aprovechar al máximo la poca que tengas? De repente, no hay necesidad de ganar a todos los demás árboles en la gran carrera hacia el cielo.

Algunos árboles nunca crecen mucho: permanecen bajos y se levantan solo un poco más que el adulto medio. Mientras escribo esto, podría sacar la mano por la ventana y tocar la hoja de un avellano maduro, que apenas me supera en estatura. Crece a la sombra de varias hayas que se elevan treinta metros por encima de nosotros. Es una versión arbórea de Jake y oigo cómo se ríe del excesivo entusiasmo de los árboles más altos. Parafraseando un viejo dicho: «Un árbol inteligente resuelve un problema. Un árbol sabio lo evita».[4]

En muchas situaciones de nuestra vida —como los desacuerdos con amistades o parejas—, la mejor solución puede pasar por llegar a un punto intermedio. Sin embargo, dentro de la naturaleza, suele ser suicida. En el juego de la altura y la luz, lo peor que puede hacer un árbol es utilizar mucha energía para crecer la mitad que los altos y detenerse. Se quedaría rápidamente sin energía, porque consumiría mucha y cosecharía poca. Los árboles no pueden llegar a un arreglo con la altura. Por eso hay muchos ejemplares altos y bajos, pero muy pocos de tamaño medio. Los que son bajos suelen medir unos dos metros y medio —algo superior que la media de un ser humano adulto— y la medida de los altos varía, aunque pueden superar con facilidad los treinta metros. Si vemos árboles entre «los pequeños» y «los grandes», lo más probable es que se trate de ejemplares jóvenes de gran tamaño. En un entorno natural, los árboles maduros suelen ser de uno u otro tipo.

Existe otra razón por la que los árboles pequeños son mejores que los medianos: en realidad, hay más luz útil cerca del suelo del bosque que a media altura. Se debe a un simple fenómeno óptico. La luz que se cuela por un pequeño hueco en la copa alta forma un cono diminuto en la parte superior y mucho más ancho a ras de suelo. A medida que el sol se desplaza por la copa, los conos se desplazan por el suelo. Ello significa que hay algunas zonas lumínicas débiles amplias y duraderas cerca del suelo, de mayor fiabilidad que los breves fragmentos de luz brillante que pueden encontrarse a media altura.

Aquí debería aclarar algo: personalizo las elecciones de los ejemplares porque resulta mucho más fácil explicar algunos conceptos —por ejemplo, las estrategias— si nos imaginamos a nosotros mismos en su situación. Evidentemente, los árboles no piensan ni elaboran estrategias como nosotros, ya que la evolución ha forzado la elección mucho antes de que empezaran a vivir. La decisión es inherente a los genes de cada especie: un ejemplar está programado para alcanzar una alta

*Pequeños o grandes*

o baja altura antes de que aparezca su primera hoja. Si tienes curiosidad por saber cómo ocurre esto, el mecanismo evolutivo es sencillo.

Supongamos que existe una especie primitiva de ejemplar arbóreo y que ciertas mutaciones aleatorias hacen que un año produzca tres semillas con genes diferentes. Una es una versión muy alta de él mismo; otra, una muy baja, y la última, la versión media. Las tres semillas caen en tierra fértil y germinan, pero solo la alta y la baja viven lo suficiente como para generar sus propias semillas. El árbol mediano ha crecido demasiado y no puede vivir en la sombra, por lo que muere y, con él, el gen «mediano». Así, la siguiente generación estará formada por árboles muy altos y muy bajos. Han bastado dos generaciones para este ejemplo, pero, en la naturaleza, esto puede llevar miles de años, aunque el efecto es el mismo: la evolución acaba con las malas estrategias.

## Piñas y pelotas

Las mismas presiones evolutivas que obligan a un ejemplar arbóreo a ser bajo o alto actúan también en muchos otros ámbitos.

Las coníferas tienden a ser cónicas, mientras que la mayoría de los latifolios son más redondeados. Las coníferas han evolucionado con el objetivo de sobrevivir en latitudes altas y mantener sus hojas durante el invierno, lo que puede significar hacer frente a grandes cantidades de nieve. Esta resbala de los árboles delgados que tienen ramas que caen hacia el suelo y se acumula en las ramas de los gruesos, que son más planas, y las rompe. Una forma alta y delgada también ayuda a captar la luz de un sol bajo que apenas se despega del horizonte. En las regiones cálidas y secas, la misma morfología cónica sirve para reducir el calor irradiado hacia la mitad del día, cuando el sol está más alto.

Los ejemplares están controlados por sus cimas. Su ápice, la parte de crecimiento más alta, se llama yema apical. Esta libera auxinas, unas hormonas vegetales que descienden por el tronco y determinan el crecimiento de todas las demás ramas principales del árbol.

Si bien la manera en la que cada especie hace esto varía, hay algunas tendencias generales fáciles de detectar. En la cima de las coníferas, vive un dictador: sus auxinas envían un fuerte mensaje a todas las ramas inferiores para que crezcan poco a poco. Por eso, la mayoría de las coníferas son altas y finas. Las ramas más bajas han crecido lentamente durante un tiempo prolongado, motivo por el que la base es más ancha que la cima y muchas coníferas tienen forma de aguja.

Los latifolios poseen ramas más débiles y menos dominantes. Su yema apical envía un mensaje no tan contundente: está bien crecer, pero intenta no hacerlo a mayor velocidad que la copa, y no pasa nada si te separas un poco. Por eso, los robles, las hayas y la mayoría de los latifolios tienen una forma más redondeada que las coníferas.

Copa fuerte: árboles altos y finos, incluidas las coníferas.
Copa débil: follaje redondeado, incluidos los robles.

Todo esto funciona bien hasta que se produce un «golpe de Estado». El hecho de cortar la copa de un árbol —ya lo haga una tormenta, un jardinero o un animal— acaba con el liderazgo de la yema apical. Las auxinas dejan de fluir por el tronco y esto quita los frenos a las ramas inferiores: empiezan a crecer más rápido y aparecen nuevas. Se trata de un eficaz mecanismo de supervivencia que permite cambiar de estrategia al ejemplar arbóreo y volver a crecer después de cualquier calamidad.

Cercenar la copa da lugar a patrones interesantes; por eso, los setos poseen tanta densidad, ya que, con cada poda, se generan infinidad de ramas pequeñas.[5] También es la forma con la que los agricultores comerciales consiguen que los árboles de Navidad sean más frondosos y menos delgados.[6] Volveremos sobre estas pautas cuando analicemos las ramas con más detenimiento. Por ahora, trata de distinguir algunas formas de árbol diferentes y averigua qué clase de líder se encuentra en la copa: dominante o apacible.

## La talla no se mueve

Es hora de cambiar nuestra manera de pensar. Aunque no es exactamente un mito, lo cierto es que existe un malentendido generalizado sobre cómo crecen los árboles. Debemos aclararlo si queremos entender las formas que observamos.

Busca un ejemplar arbóreo con una rama grande y baja que puedas tocar de puntillas. Al estirarte todo lo que puedas, tu uña rozará la corteza de la parte inferior de esa rama. Una pregunta: si vuelves dentro de cinco años, ¿seguirás siendo capaz de tocarla? (Vamos a suponer que no has crecido, encogido, cambiado de zapatos ni hecho nada que pueda dar al traste con el experimento. Estamos intentando averiguar si, a tu regreso, esa rama estará más baja, alta o a la misma altura del suelo).

Quizá, en tu infancia, hayas tenido el placer de cultivar girasoles u otras plantas de crecimiento milagroso a partir de semillas. Estamos acostumbrados a ver cómo el brote emerge y se abre camino hacia arriba. Casi podemos ver el movimiento: cada semana, la pequeña planta crece más. Y, tal vez, hayas visto esos vídeos en los que ocurre lo mismo a cámara rápida. Son experiencias interesantes, pero nos dan una idea equivocada de este proceso.

Los ejemplares poseen dos tipos de crecimiento: primario y secundario. El primario es exactamente igual al de los girasoles. Una yema emerge hacia arriba y origina un tallo verde. Sin embargo, una vez aparece el tallo, los árboles forman la corteza y continúa otro tipo de desarrollo. El secundario se trata del engorde del tronco y las ramas ya cubiertas de corteza. Aquí está la clave: una vez surge la corteza, esa parte del tronco ya no crece hacia arriba. Se ensancha, pero no crece. El mismo principio se aplica a las ramas: siguen alargándose en la punta, pero las partes más cercanas al tronco engordan y no se desplazan hacia fuera.

La yema apical —la punta más alta del tronco— sigue moviéndose hacia arriba y se eleva con el crecimiento primario, pero no así las partes inferiores. Si rayaras una línea en la corteza, no estaría más alta cada año. No animo a nadie a que lo haga, ya que es perjudicial para el árbol, pero te habrás dado cuenta de que las tallas en los árboles no suben, ni siquiera después de una década. Si lo hicieran, veríamos «Leo y Gemma» muy por encima de nuestras cabezas; no obstante, no es el caso. Sigue a la misma altura a la que estaba cuando un Leo enamorado lo talló una década antes.

Para responder a la pregunta con la que empezamos: sí, serías capaz de tocar esa rama baja después de cinco años. De hecho, resultaría más fácil, porque tendría mayor anchura, que no elevación. Esto significa que, en realidad, la parte inferior estaría todavía más baja.


## El efecto sombrilla

La forma de cada ejemplar arbóreo revela su estrategia. Si un árbol se esfuerza al máximo por ganar la carrera de la altura, inevitablemente tendrá muchas ramas bajas a la sombra de las más altas o pronto lo estarán.

Estos árboles tienen un problema. Necesitan todos los julios de energía que puedan reunir a fin de seguir luchando hasta alcanzar la cima de la copa. No obstante, ahora, arrastran montones de ramas inferiores sombreadas que no ponen de su parte. Sabemos que estas ramas inferiores se encuentran atascadas en ese nivel: nunca subirán por encima de la copa. Eso está bien si es un árbol feliz a la sombra, pero no es el caso de los altos. Hay una solución: se desprenden de esas ramas.

Los árboles que reciben mucha luz solar directa, como los pinos, alcanzan grandes alturas y conservan las ramas superiores, aunque se desprenden de las inferiores, lo que les da un aspecto de «copa pesada» que yo llamo «efecto sombrilla». Si bien los pinos lo muestran de forma espectacular, puede observarse, con distintos grados, en la mayoría de las especies. Cuando miro por la ventana de mi cabaña, veo que las hayas crecen por encima de casi todo y tienen pocas ramas cerca del suelo. Un puñado de especies de mucha menor altura, incluidos un par de espinos y avellanos, han conservado las ramas inferiores.

Si observas el contorno de las coníferas, verás este efecto en todas las especies. Recordarás que a los pinos les gusta más la luz del sol que a los abetos; a los abetos, en mayor medida que a las píceas, y a las píceas, más que a los falsos abetos (los pinos en lo alto prefieren fulgor). Y ese es el patrón aproximado que vislumbramos en sus siluetas: los falsos abetos tienen más

*Pino*      *Abeto*      *Pícea*      *Falso abeto*

crecimiento bajo que las píceas, que tienen más que los abetos, que tienen más que los pinos sombrilla.

Suelo sacar a pasear a los perros y, en una de las rutas, pasamos por delante de una tsuga del Pacífico. Sus hojas desprenden un magnífico aroma a pomelo al frotarlas entre los dedos. De vez en cuando, me gusta aplastarlas y olerlas. Veinte minutos después, en un claro cerca de la cima de una colina, nos encontramos con un erguido y orgulloso pino silvestre. Sus agujas también cuentan con un perfume interesante que, gracias a la brisa, nos transmite esa familiar sensación de naturaleza salvaje: es alimonado y agradable, pero con toques astringentes, casi medicinales. (Y puede que lo sea. Sin duda, acaba con muchos de los patógenos que atacan a los árboles y las investigaciones demuestran que a nosotros también nos hace algún bien). Me gusta la idea de arrancar algunas de esas agujas, aplastarlas con la mano e inhalar profundamente, aunque no es muy factible. Las agujas vivas más cercanas se elevan quince metros por encima de mi cabeza.

Por regla general, si podemos alcanzar las hojas de un árbol maduro, se trata de una especie tolerante a la sombra. Utilizo la frase «Toco las hojas, pero el sol no las toca» para recordar esto.

## La sombra adelgaza y el sol ensancha

La mayoría de las tendencias que hemos estudiado hasta ahora son predeterminadas y hereditarias: están en los genes. Un abeto nunca se parecerá a un roble, con independencia de lo que la naturaleza le depare. Sin embargo, muchos otros patrones dependen del entorno y la luz solar es una de las principales influencias.

Un árbol no sabe exactamente a qué altura debe crecer para elevarse por encima de sus competidores y sería arriesgado que lo hiciera más de lo necesario. Los árboles afrontan este reto con otra sencilla solución: detectan los niveles de luz y reaccionan ante ellos. Una vez que encuentran luz brillante, ya no necesitan crecer más, así que, modifican su plan.

Mientras la yema apical, la punta más alta, está a la sombra, sigue enviando mensajes químicos a fin de crecer con rapidez y las ramas más bajas se frenan. En cuanto la yema apical detecta que está a pleno sol, cambia el mensaje: el árbol frena su carrera hacia lo alto y las ramas se extienden. No lo percibimos en tiempo real, pero los efectos acumulativos son evidentes.

Piensa en cualquier especie arbórea que suelas ver. Enseguida comprobarás que tiende a crecer más alta y delgada en los bosques u otros lugares sombríos, pero menos y más ancha en lugares abiertos y bien iluminados. Los silvicultores plantan los árboles en hileras apretadas, porque así aprovechan al máximo estos efectos. El tronco es la parte del árbol con valor comercial; las ramas laterales suelen estorbar al maderero. Resulta un poco irónico el hecho de que se obtenga un cultivo óptimo si se plantan los árboles en hileras apretadas, lo que significa que reciben menos luz de la que necesitan. No obstante, funciona: se desarrollan espigados como tallos altos y rectos con un crecimiento lateral mínimo.

Por eso, también verás árboles que se desarrollan lo ancho en los huecos creados por tormentas o en los claros de los bosques. El repentino aumento de los niveles de luz modifica su forma de crecer: esto detiene su carga ascendente y aumenta su crecimiento lateral.

A veces, te toparás con un ejemplar arbóreo que parece romper esta regla, tal vez un roble alto y delgado en campo abierto, o uno bajo y grueso en un bosque. Es un indicio de que el paisaje ha cambiado. El roble esbelto en campo abierto creció rodeado de otros árboles que ya han desaparecido. El del bosque, más ancho, tuvo esa parcela para él solo durante un largo periodo, pero, ahora, lo rodean otros de crecimiento más rápido.

## ¿Cuántas capas necesita un árbol?

¿Es posible haber mirado algo mil veces y no haberlo visto nunca? Sí, y es hora de examinar un buen ejemplo.

Resulta tentador pensar que, a pleno sol, las hojas trabajan el doble de bien que las hojas que disponen de la mitad de luz. Sin embargo, lo cierto es que la mayoría de las hojas maximizan su rendimiento con un veinte por ciento de luz solar.[7] Esto resulta extraño, teniendo en cuenta el esfuerzo que hace el árbol para proporcionar luz a sus hojas. No obstante, incluso si las hojas superiores están a plena luz, es muy posible que las inferiores se encuentren en sombra parcial gran parte del día.

Los árboles que han evolucionado a fin de crecer en espacios abiertos y luminosos, como los abedules y los espinos, recibirán una gran cantidad de luz en muchos niveles. Aquellos que lo han hecho para brotar a través de un dosel forestal, por ejemplo, la mayoría de los árboles más altos, percibirán poca luz hasta que emerjan de esta cubierta arbórea. Entonces, solo la recibirán cerca de su parte superior. Se trata de entornos luminosos diferentes, y sería extraño que los dos tipos de ejemplares utilizaran la misma estrategia con el objetivo de modelar su forma. Desde luego, este no es el caso.

Los árboles suelen ser multicapa o monocapa. Aquellos que están especializados en crecer a la sombra y alcanzar la copa del bosque, como las hayas, tienen una estructura más plana. Sitúan la mayor parte de sus ramas a una altura similar en una monocapa. Los árboles que se desarrollan en espacios abiertos, por ejemplo, los abedules, cuentan con ramas a diferentes alturas en multicapas.

Si ahora te dispones a comprobar este efecto, seguramente todos los ejemplares te parezcan multicapa. Esto se debe a que muchos de los que vemos se encuentran en espacios abiertos y, tal como vimos en el efecto de «ensanchamiento por el sol», se adaptan a fin de volverse más redondeados en espacios luminosos. Ahora bien, entra en un bosque de latifolios y mira hacia lo alto: verás muchos árboles monocapa. Si la altura de la mayoría de las ramas no te permite golpearlas con una piedra, estás ante un árbol monocapa. Si las ramas se extienden desde la cima hacia abajo y puedes alcanzar con una piedra a muchas de ellas, se trata de uno multicapa.

Es un poco difícil visualizar cómo y por qué la evolución creó estas dos formas. Resulta algo más fácil si nos lo imaginamos con gotas de agua en vez de con la luz solar.

Hace un par de meses, nos dimos cuenta en casa de que goteaba agua por el techo de la cocina. Se me cayó el alma a los pies y subí corriendo al piso de arriba con la intención de examinar el armario que, según sospechaba, ocultaba el problema. Efectivamente, provenía de una válvula situada cerca de la parte inferior del depósito de agua caliente.

Por fortuna, el goteo era lento, así que, coloqué un recipiente debajo de la válvula para recoger el agua. Entonces, después de toquetear y no conseguir nada, llamé a Tom, nuestro amable técnico de la calefacción. (Es todo un personaje: trabaja en sistemas de calefacción domésticos a la vez que hace un doctorado en metalurgia de la energía atómica, pero ya te contaré esa historia en otra ocasión). Prometió que iría en cuanto pudiera, pero que no llegaría hasta dentro de veinticuatro horas.

*Multicapa*

*Monocapa*

«No pasa nada», le dije. «Es solo un goteo lento y probablemente pueda recogerlo todo en una palangana». Aunque me permití sonar un poco urgente.

Comprobé el armario con frecuencia durante las seis horas siguientes. El pequeño cuenco se había llenado tan despacio que apenas necesitaba vaciarlo. Sin embargo, las cosas cambiaron y aumentó el goteo. Envié un mensaje a Tom cuando el cuenco se llenó rápidamente. Mi objetivo para las horas previas a su llegada era sencillo: tenía que encontrar la forma de impedir que el agua bajara desde la válvula hasta el suelo del armario. Si lo conseguía, no habría goteras en la cocina. No cabía un recipiente más grande en el espacio original entre las tuberías, así que añadí otro del mismo tamaño y lo coloqué justo debajo del primero. Cuando llegó Tom, había cuatro recipientes, apilados uno debajo de otro, en el armario, lo que permitía que los goteos cayeran en cascada y me daba tiempo a cambiar la palangana en cuestión.

Y, de manera curiosa, esto es lo que las hojas intentan hacer con la luz. Imaginemos que esta cae goteando desde arriba: las hojas están ahí con la misión de impedir que llegue al suelo, pues sería un desperdicio y la naturaleza lo aborrece. Si no hay mucha luz, basta con un solo cuenco cerca de la parte superior. No obstante, si llega más cantidad de la que un nivel puede aprovechar, tiene sentido colocar otro seguidamente.

En los bosques sombríos, la única capa cercana a la parte superior de la copa capta toda la luz. En zonas luminosas y abiertas, podemos imaginar la manera en la que la luz cae en cascada por los numerosos niveles de los abedules. Y las capas adicionales funcionan el doble de bien cuando también entra luz por los lados.

## Hacia fuera y, luego, hacia abajo

Ya hemos visto cómo los genes cambian la forma de los árboles y también el modo en el que los esculpe el entorno: naturaleza y crianza. El tercer aspecto que debemos considerar es el paso del tiempo.

Los árboles crecen con el tiempo, pero también cambian de morfología, sobre todo cuando envejecen. La mayoría se vuelven más irregulares y asimétricos en su madurez. En muchas especies, la copa se suaviza con la edad. Los pinos comienzan su vida disciplinados, con buena simetría y una recortada silueta piramidal.[8] Más adelante, les importan menos las reglas y lucen un estilo más bohemio. Un ejemplar arbóreo puede tener una copa enjuta y una forma contenida en la madurez, pero llega un momento en el que la yema apical se debilita y pasa a ejercer menos control, lo que, en algunos árboles, conduce a que la copa se aplane. Los tejos crecen hacia lo alto cuando son jóvenes, pero se extienden ampliamente en la madurez, y este efecto también se aprecia de manera notable en algunos pinos vetustos.

Una vez que la yema apical se debilita, las ramas inferiores empiezan a crecer con mayor vigor, lo que da lugar a una forma de copa más ensanchada. Esto también implica que un árbol que comenzó su vida como monocapa tenderá a desarrollar más capas con la edad. La mayoría se vuelven multicapa cuando envejecen. Al pensar en este efecto de ensanchamiento, me viene a la cabeza una extravagante analogía: el brote superior es un abuelo rígido y agarrado, mientras que las ramas inferiores son niños inquietos que quieren salir a jugar. El abuelo los regaña diciéndoles: «No, no podéis salir. Está mojado, os ensuciaréis y mancharéis la alfombra». Sin embargo, los niños esperan su momento y, al final, cuando el abuelo gruñón se cansa y cabecea en su mecedora, salen en estampida.

Cuando un árbol es muy viejo, un «veterano», la copa puede morir mucho antes que las partes inferiores. Las ramas secas sobresalen en la cima, mientras que, debajo, se encuentran las verdes y sanas. Este proceso se conoce como «retracción» o «crecimiento hacia abajo».

Cada especie muestra su propia combinación de estos efectos, unos más fuertes que otros. Algunos árboles, como los robles centenarios, poseen ramas muertas en la parte superior, que sobresalen y crean un efecto tan llamativo que ha dado lugar a un apodo en inglés: se los denomina «árboles con cornamenta» *(stag-headed trees)*.

# Capítulo 5

## Las ramas que faltan

*Gruesas y finas – Árboles vacíos – Arriba, abajo y arriba
otra vez – Ramas que faltan – Ojos que miran al sur
– Ramas defensoras – Plan B - Una brújula de tronco
– Fugas, avenidas e islas – Opuestas o alternas – Zigzag
– Órdenes – Cuellos desiguales – Señalar a los pioneros –
Escobas de bruja – Demasiado amable, quizá*

Las ramas tienen su propio lenguaje silencioso. Pueden ocupar la mitad de nuestro paisaje y pasar desapercibidas. La próxima vez que veas un árbol que no hayas observado antes, dale la espalda. Ahora, sin hacer trampas, describe sus ramas con el mayor detalle posible. ¿Te ha costado mucho?

En 1833, seis campesinos se reunieron bajo un arce blanco en el pueblo de Tolpuddle, Dorset (Inglaterra), y acordaron oponerse a la merma de sus salarios y derechos. Los detuvieron por confabulación, los condenaron a siete años de trabajos forzados y los trasladaron a la bahía de Botany (Australia).

Se produjeron enormes protestas. Ochocientas mil personas firmaron una petición y, después de tres años pastoreando ovejas en las antípodas, los seis fueron indultados. Fue un momento clave en el nacimiento del movimiento sindical y se los recuerda como los «mártires de Tolpuddle».[1] El árbol ha sobrevivido hasta nuestros días y tiene unos trescientos cuarenta años.

Hace unas semanas, paseaba a los perros por el bosque antes del amanecer, prácticamente a oscuras, cuando uno emitió un extraño ruido detrás de mí. Era nuestra pequeña *jack russell terrier,* que es un poco neurótica. Me giré para comprobar que estaba bien. De manera un tanto estúpida, no dejé de caminar y, de pronto, el ramaje bajo de un avellano me rozó los ojos. Empecé a frotármelos pero, como no había aprendido la lección, seguí caminando a ciegas. A continuación, noté que la luz cambiaba y, entrecerrando los ojos llorosos, vi una forma oscura. Me agaché con tanta brusquedad que mi rodilla chocó con una roca del suelo y pasé justo debajo de una rama baja, que sobresalía, de un gran arce blanco. Me fui de allí con un rasguño y un poco de sangre, pero sin heridas de gravedad.

La rama bajo la que me agaché crece en un árbol de tamaño similar al del de los mártires de Tolpuddle. El de mi historia no pasará a la posteridad, pero plantea una pregunta. ¿Cómo es posible que un gran arce blanco tuviera una rama lo bastante baja como para forzarme a tirarme al suelo, mientras que otro de una edad similar dejara espacio suficiente para que seis personas celebraran una reunión bajo él?

Siempre hay una buena razón detrás de la altura y la posición de las ramas de un árbol. Si, al menos, hubiera mirado por dónde iba en lugar de hacerle caso a mi muy querida perrita, habría disfrutado de la lectura de las ramas de ese arce blanco. En este capítulo, descubriremos los signos en las líneas de las ramas. Empezaremos por los efectos más fáciles de reconocer y pasaremos a examinar otros patrones mucho menos evidentes.

## Gruesas y finas

Las ramas son más gruesas cerca del tronco y más delgadas en sus extremos. Si nos paramos a pensar en eso, resulta obvio, aunque no solemos fijarnos. La última vez que lo percibimos fue cuando trepábamos a los árboles de pequeños: cuanto más nos alejamos del tronco, mayor es el riesgo de que la rama se rompa y nos caigamos. En cierta medida, todos seguimos sabiéndolo, pero la tendencia a disminuir varía según la especie y es única en cada una. Creo que el siguiente experimento mental ayuda a resaltar estas diferencias. Imagina que haces un anillo con el pulgar y el índice, y visualiza hasta dónde puedes deslizarlo a lo largo de una rama, desde la punta hacia el tronco. Ignora cualquier otra que pueda estorbarte.

En cuanto empieces a buscar este estrechamiento, te darás cuenta de cuánto cambia de una especie a otra y de que es mucho más pronunciado en los árboles que crecen en espacios abiertos, como los pioneros. Los ejemplares que han evolucionado para valerse por sí mismos están expuestos a fuertes vientos y sus ramas se estrechan hasta contornos muy finos. Las estructuras con forma de alambre y látigo son frecuentes en los extremos de las ramas de los árboles pioneros. Los abedules llevan esto al extremo: sus ramas son tan delgadas que dan la impresión de que la electricidad tendría dificultades para circular por ellas.

El siguiente juego ayuda a agudizar nuestros sentidos al respecto.[2] Fíjate en las ramas que eligen los pájaros para posarse y observa cómo cambian de lugar cuando se levanta viento. Intenta predecir su próximo movimiento. A las palomas les encantan las ramas finas de un abedul en el momento en el que sopla la brisa, pero se situarán en árboles más robustos si se levantan rachas de aire.

Sabemos que los ejemplares que bordean los ríos son pioneros hidrófilos. Deben hacer frente a altos niveles de luz, viento y agua. Estas especies, incluidas las familias del aliso y el sauce, suelen tener ramas finas y flexibles: es la única forma de hacer frente a las fuerzas del viento y el agua.[3]

En el otro extremo del espectro, algunos árboles aguantan cierto grosor cerca de los extremos de sus ramas. Son más felices dentro de bosques consolidados, en compañía de muchos otros que ofrecen un buen abrigo. Tal vez hayas observado este efecto en las ramas de roble que se han muerto hace tiempo y que sobresalen de una cubierta vegetal. Eso solo es posible cuando las ramas tienen cierto grosor.

## Árboles vacíos

En el momento en el que, en verano, miramos un árbol desde fuera, nos engaña al hacernos creer que está lleno de hojas. Sin embargo, si nos colocamos debajo de él, cerca del tronco, y levantamos la vista, pronto veremos que, en su mayor parte, se encuentra hueco y sin follaje. Algunas de las ramas que salen del tronco no tienen hojas. Más cerca del extremo del árbol, muchas ramas más cortas conservan todas las hojas. Tal como habrás adivinado, todo esto tiene que ver con la luz. Hay muy poca cerca del tronco, por lo que no tiene sentido gastar excesivos recursos en hacer que crezcan las hojas.

Las ramas desempeñan una doble función: tienen que emerger del tronco hacia la luz y sostener las hojas que se encargarán de recogerla, pero son tareas distintas. Por eso, muchas especies cuentan con dos tipos de ramas: largas y cortas.[4] Las largas se extienden desde el tronco y sirven de andamio a las cortas, donde se encuentran las hojas. Gracias a esto, escalar un árbol resulta mucho más placentero. Podemos pasar horas felices en las ramas más grandes, cerca del tronco, con mucho espacio y sin ramitas ni hojas que se interpongan en nuestro camino.

Sitúate bajo un abeto u otra conífera, y podrás contemplar un cono interior hueco que refleja, casi a la perfección, la forma de todo el árbol. En esta zona cóncava, hay ramas desnudas, pero no agujas.

Una vez hayas observado cómo en el interior de algunos árboles individuales no hay hojas, es hora de buscar este efecto a mayor escala. Encuentra un bosquecillo denso lleno de árboles con hojas (latifolios en verano o coníferas en otras épocas del año). En el mejor de los casos, crecerán muy juntos en un bosque lo bastante pequeño como para poder atravesarlo a pie en menos de cinco minutos.

Fíjate en el patrón de las ramas y hojas más pequeñas de los árboles situados en los márgenes del bosque. Ahora, camina hacia el centro y compáralo. Verás que los árboles de la linde tienen muchas ramas pequeñas con hojas en el lado exterior, es decir, el que mira hacia fuera del bosque. También tendrán mucho follaje en la parte superior de la copa, pero muy pocas ramas pequeñas y escasas hojas en el lado que mira al interior del bosque. Si observamos los árboles del centro, veremos que tienen pocas ramas y escasas hojas en cualquiera de sus lados, aunque habrá una buena cobertura cerca de la copa. Estos efectos son lógicos: la luz puede llegar tanto a uno de los lados como a las copas de los árboles del borde del bosque, pero no a los lados de los del centro. Este patrón se vuelve más elegante y sugerente a medida que nos alejamos de los árboles y observamos el efecto en el bosque tomado en conjunto: ha actuado tal como lo haría un árbol que creciese en extensiones abiertas. Todos sus lados y la parte superior están cubiertos de pequeñas ramas con hojas, pero hacia el centro, escasean. Cuando crecen los árboles crecen juntos, los patrones de la cubierta de hojas y de las ramas más pequeñas de muchos de ellos se combinan a fin de originar un efecto único en el dosel arbóreo.

En cuanto al dosel arbóreo, un bosque denso es un árbol y el centro está vacío. Esto está estrechamente relacionado con otro patrón, denominado «efecto huida del bosque», que conoceremos más adelante en este capítulo.

## Arriba, abajo y arriba otra vez

¿Las ramas se extienden hacia arriba, apuntan hacia abajo o están en una posición horizontal? Pensarás que, seguramente, después de trescientos millones de años de proceso evolutivo, existe un consenso sobre cuál es el mejor modelo. Negativo, no lo hay: se trata de una cuestión de gustos. Las ramas que se inclinan en dirección ascendente tienen mayor probabilidad de alcanzar la luz que las que apuntan hacia abajo, pero también son mucho más vulnerables a la nieve. Hay una gran variedad de especies, aunque, por fortuna, algunas pautas se aplican a la mayoría de los árboles.

Podemos pensar que las ramas son el intento del árbol de tender una red para atrapar la luz. Si la malla de esa red fuera de la misma anchura en todos los niveles, el ejemplar arbóreo parecería un cilindro y solo las ramas superiores recibirían mucha luz. Es lógico que la red se ensanche cuanto más abajo miremos. Una de las formas en las que el árbol lo consigue es cambiando el ángulo de crecimiento de las ramas. Cuando las ramas son jóvenes crecen hacia lo alto y, a medida que maduran, hacia afuera, lo que crea patrones familiares fáciles de detectar.

Las ramas más jóvenes suelen ser las que apuntan más en dirección ascendente. Conforme envejecen, se hunden un poco y caen gradualmente. Las ramas más jóvenes están en la parte superior del árbol, y las más antiguas, en la inferior. Esto significa que, sea cual sea la especie, ramas más cercanas a la copa tienden a apuntar al cielo, y las más bajas, al suelo. Las ramas horizontales pueden crecer entremedias.

Una vez que las ramas más bajas y viejas han crecido lo suficiente como para alcanzar la luz en el borde del dosel arbóreo, ya no hay necesidad de que sigan extendiéndose. Se vuelven hacia lo alto y reviven su juventud. Observa que, cerca de sus extremos, muchas ramas largas y bajas giran hacia el cielo.

Estas tendencias pueden verse en la mayoría de los árboles. Son más marcadas en las coníferas con ramas bajas, y sutiles, en muchos latifolios. Las ramas de las hayas y los robles que tengo cerca de mí apenas descienden de la horizontal, incluso las de mayor edad, y el repunte final es débil. Sin embargo, las ramas de las píceas poseen una inclinación hacia arriba de

*Ramas de una pícea*

cuarenta y cinco grados cerca de la cima, una posición horizontal hacia la mitad del árbol y, una inclinación descendente cerca del suelo (que casi tocan) de cuarenta y cinco grados. No obstante, los extremos de las ramas inferiores de las píceas se rebelan y se retuercen hacia arriba.

En los extremos de sus ramas, los alerces cuentan con largas y suaves curvas ascendentes, como dedos que se enroscan y nos invitan a acercarnos. Y, en sus extremidades, los fresnos junto a los que paso poseen una curvatura hacia arriba tan característica que destacan desde la distancia, sobre todo en invierno.

## Ramas que faltan

Si miramos a un gato, un perro, un caballo, una rana, una araña o cualquier otro animal, vemos el número de patas que esperamos (a menos que se trate de una criatura muy desafortunada). La mayoría están predestinados genéticamente a tener un número fijo de extremidades. No ocurre lo mismo con las ramas de los árboles: el proceso es distinto. Por eso, muchos malinterpretan las ramas que ven.

Cuando observamos las ramas de un árbol de cualquier edad, resulta fácil imaginar que, desde su nacimiento, está establecido que deba tener esa cantidad. Sin embargo, si el ejemplar arbóreo hubiera comenzado su vida en otro emplazamiento, veríamos ramas diferentes y un patrón muy distinto. No solo observaríamos las mismas ramas que han crecido de forma dispar, sino también otras que no existirían si el árbol no estuviera en ese lugar. A cada uno le crecen ramas en respuesta al mundo que encuentra y esto es parte de su carácter. En cada ejemplar arbóreo maduro, hay cientos de ramas que nunca empezaron a vivir, pero que podrían haberlo hecho, y otras tantas que comenzaron a hacerlo y hace tiempo que desaparecieron.

Exploremos este concepto con una analogía empresarial. Imaginemos que una empresa estadounidense de éxito cuenta con treinta sucursales en Estados Unidos y quiere abrir cinco en el Reino Unido. Será una inversión costosa y arriesgada, por lo que habrá que pensar, analizar y planificar mucho su ubicación exacta. ¿Debe abrir una en Glasgow (Escocia)? Si la compañía se equivoca, el error le saldrá caro. El director ejecutivo tendrá que tomar la decisión final y utilizar toda su experiencia, sabiduría y datos a fin de acertar.

Un árbol no tiene director ejecutivo ni investigación o datos, pero se las ingenia para crecer con una estrategia brillante. ¿Cómo lo consigue? Sencillo: lo intenta todo y deja que la mayoría de las cosas fracasen. Los árboles cuentan con una gran ventaja: que brote una rama es fácil y barato.

Si un ejemplar arbóreo se enfrentase a la decisión de llevar sucursales de la empresa estadounidense al Reino Unido, diría: «Abramos cien muy pequeñas por todo el país, dejemos que las que sean exitosas crezcan y que fracasen las que tengan que hacerlo». Diez años después, solo quedarán las que se encuentren en zonas rentables. Habría una o dos en lugares bastante extraños, donde a un ejecutivo con poder de decisión nunca se le habría ocurrido probar suerte. Para los árboles, la genialidad no está en la elección del lugar, sino en lanzar la red muy lejos y ver qué funciona. Prueban a intentar que crezca una rama en casi todas partes, pero son implacables a la hora de echar el cierre si las cosas no prosperan. Este proceso se denomina «autopoda» y los árboles siempre están en ello. Las ramas que vemos están ahí solo porque aún le siguen prestando un beneficioso servicio al árbol.

Somos capaces de observar este efecto en casi todos los ejemplares maduros. Si plantamos un pino y regresamos unos diez años después, nos encontraremos con un árbol que todavía no es muy alto, quizá solo mida unos metros, cuyas ramas aún casi tocan el suelo. Sería imposible caminar bajo él. Volvemos otra década más tarde y el pino habrá crecido, pero tendrá pocas ramas cerca del suelo. Entonces, podemos caer en la trampa de pensar que las ramas se han elevado a medida que el tronco se ha hecho más alto, aunque sabemos que no es así. Se forman nuevas ramas más arriba y las más bajas —las que están a la sombra de las nuevas ramas de mayor altura— se han autopodado. El ejemplar arbóreo se ha cortado sus propias ramas.

## Ojos que miran al sur

A finales del verano pasado, estuve explorando una reserva natural llamada Snitterfield Bushes, cerca de Stratford-upon-Avon (Inglaterra), en la patria chica de William Shakespeare. Sonreí al ver unas flores de valeriana, señal de que hay rocas u hormigón en el suelo. La zona tiene un aire salvaje, pero esto es algo reciente, pues fue un antiguo aeródromo durante la Segunda Guerra Mundial.

Tras un largo y fructífero día dedicado a investigar un fascinante rincón de la naturaleza, busqué un lugar donde pasar la noche. Los árboles, las flores y los musgos confirmaron lo que había empezado a sospechar: el suelo estaba demasiado húmedo como para que la pernoctación fuese agradable. Mis hombros se encogieron ligeramente y me di cuenta de que tendría que ir a un lugar más seco. Fue un final un poco decepcionante para un largo día al aire libre, así que me senté en un viejo tocón con la intención de tomar un tentempié y reunir la energía necesaria a fin de remontar las colinas cercanas. Mientras comía unos frutos secos, me quedé mirando, más o menos abstraído, el muro de árboles mixtos que se encontraba enfrente de mí. Al cabo de un cuarto de hora, sin pensar ni buscar allí gran cosa, vi que estos me devolvían la mirada.

Cuando la energía de mi tentempié llegó a mi cerebro, me di cuenta de lo que estaba pasando. De repente, comprendí lo que estaba viendo: se trataba de algo en lo que nunca me había parado a pensar.

Y, entonces, una insignificante observación se convirtió en una pequeña epifanía. Una nueva pista de orientación natural se apoderó de mí. Segundos después, tenía más energía de la que necesitaba; podría haber corrido en círculos de la emoción. En lugar de eso, caminé frenéticamente alrededor de todos los árboles de la zona.

Los árboles tienen ojos en su cara sur. Me explico. Una rama que no ayuda a las hojas a recoger luz no sirve para nada y el árbol se desprenderá de ella. El hecho de que una rama se sitúe a la sombra es la razón más común para que un ejemplar arbóreo ponga fin a su existencia. Resulta irónico que los árboles desarrollen ramas que dan sombra a otras inferiores, que, entonces, serán inútiles. Un árbol no puede moverse, así que solo puede adaptarse de esta manera y crecer en un dosel siempre cambiante. Los árboles pierden ramas y ramitas más pequeñas con regularidad, pero de vez en cuando, también se desprenden de alguna rama más grande.

Cuando una rama grande deja de ser productiva, el ejemplar arbóreo renuncia a proveerle recursos de manera gradual, y utiliza resinas o gomas para formar un sello en la unión de la rama con el tronco. Esto es importante, porque cualquier abertura en el tronco invita a los patógenos a entrar y, potencialmente, a matar a todo el árbol. Efectivamente, las ramas son una autopista hacia el centro del tronco.

Una vez sellada la unión, la rama queda aislada del agua y los nutrientes, y muere muy pronto. La corteza se encarga de desprenderse de ella: seguro que has visto estas ramas desnudas y sin corteza en los árboles. Poco a poco, es presa de los hongos y se debilita hasta que se rompe y cae. Esto deja tras de sí un muñón que, a su vez, se pudre y marchita.

Fíjate en la corteza del tronco de un árbol maduro y enseguida descubrirás los lugares donde antes crecían las ramas muertas. Tienen un aspecto algo distinto en cada especie, aunque, en muchas, se asemejan a unos ojos. En algunas especies aparece una línea curva, que parece una ceja, sobre el ojo.[5] Son más fáciles de ver en los árboles de corteza lisa, en una zona abierta al sur, pero todos poseen estas marcas.

Los ejemplares cuentan con más ramas en el lado sur, que es el más luminoso. De forma inevitable, se desprenden también de muchas ramas de este lado a medida que crecen. Esto deja una serie de «ojos» que nos miran desde su lado sur. Ahora no puedo evitar imaginar que me devuelvan la mirada, sobre todo si están en una corteza lisa, y pronto te ocurrirá lo mismo.

Me choca el número de veces que estos ojos que miran al sur me habrán observado sin que lo supiese. Es aún más sorprendente, porque hemos evolucionado a fin de darnos cuenta de cuándo un ojo nos está observando. Para ser justos, se camuflan bastante hasta que sabemos buscarlos. Entonces, nos escudriñan burlándose de nuestra anterior miopía.


## Ramas defensoras

La naturaleza se ríe de las reglas sin excepciones. Sabemos que los árboles se dedican a recoger luz y que las ramas que no lo

*Un ojo que mira al sur*

consiguen mueren pronto, pero siempre hay pequeñas sorpresas. A veces, a muy poca altura en los árboles que son altos, a la sombra de una copa más elevada, veremos pequeñas ramas que asoman del tronco, a menudo, poco por encima de nuestra cabeza. ¿Dónde está la lógica? Tiene que haber una explicación. Quizá a la naturaleza no le gusten las reglas estrictas, pero la evolución detesta cualquier derroche de energía: las plantas no emplean recursos sin motivo aparente.

Las ramas bajas que de vez en cuando divisamos en las zonas sombrías son «ramas defensoras».[6] Su propósito no es recabar luz para el árbol, sino ahuyentar a la competencia, que podría intentar probar suerte en la sombra. La oscuridad total no existe en los bosques. Hasta en las selvas más densas hay luz suficiente como para ver por dónde vamos. Los bosques no son cuevas: una sombra perfecta implicaría que necesitamos linternas en pleno día, y yo nunca he estado en uno así.

Las ramas defensoras captan parte de la poca luz que se abre camino a través del dosel arbóreo. Recuerda que la estrategia de ritmo lento de los árboles tolerantes a la sombra consiste en empezar su vida a la sombra y, tras abrirse un esforzado camino hacia lo alto, alcanzar la luz solar. Aunque una plántula competidora lograse encontrar luz suficiente como para empezar a vivir bajo la copa alta, pronto se rendiría ante las ramas defensoras.

Las ramas defensoras no tienen el mismo aspecto que las ramas principales, así que resulta poco probable que las confundas. Hay un enorme hueco, un largo tronco desnudo, entre ambas. Por encima de nuestras cabezas, gruesas ramas nos conducen hacia el dosel. Luego, cerca de la altura de la cabeza, asoman una o dos ramas pequeñas. Las ramas defensoras tienden a ser horizontales: no se extienden hacia arriba, porque no les importa el cielo que se cierne sobre ellas. Existen con la misión de ejercer de tiránica sombrilla sobre un ya de por sí poco luminoso suelo, que se encuentra justo debajo de ellas.

## Plan B

Bajo la corteza, los árboles tienen yemas latentes, puntas dormidas listas para empezar la vida como una nueva rama. Pueden encontrarse en muchos lugares del árbol, pero son especialmente comunes cerca de la base del tronco, donde este se ensancha y se funde con las raíces. Las yemas permanecen bajo la corteza, a la espera de su momento, sin hacer gran cosa en condiciones normales. (Si la corteza se desprende de la base de un árbol, merece la pena buscarlas: son como granos en la madera desnuda expuesta).

Cuando un ejemplar arbóreo tiene problemas de salud, se produce un cambio hormonal y se envía un nuevo mensaje a estas yemas, por lo normal, cohibidas. Entonces, pasan a la acción desde debajo de la corteza y emergen en forma de vigorosas ramitas verdes, llamadas «brotes epicórmicos». Estarás ante ellos cuando observes una profusión de pequeñas ramas que brotan del tronco o de las ramas más grandes de un árbol. Son señal de que el árbol podría estar pasando apuros debido a una enfermedad, ciertos daños, la sequía, el fuego, la vejez o una combinación de acontecimientos estresantes. Echa un vistazo a la parte superior de la copa y verás que no goza de buena salud.

Al cabo de unos años, muchos de los brotes jóvenes mueren y solo quedan una o dos ramas que sobresalen del tronco. En los bosques, estas ramas suelen ser delgadas y crecen hacia arriba, ya que allí es el único lugar donde hay luz. (El pronunciado ángulo ascendente les confiere un aspecto diferente del de las defensoras, que se extienden hacia fuera a fin de dar sombra).

Si te topas con una rama fina y erguida, que crece desde abajo en un árbol alto, y se aferra al tronco con más fuerza de lo que cabría esperar, eso es que, en su día, fue un brote epicórmico. Busca enfermedades o daños por encima o cerca de ella, y puede que descubras la razón por la que llegó a la vida. Fue una de estas ramas la que me obligó a tirarme al suelo al principio de este capítulo. Hay una razón que explica tanto la forma como la ubicación de cada rama que vemos, pero ¡mantén los ojos abiertos! Así es más fácil percatarse de ello.

En algunas especies, esas yemas no pueden contenerse —como en algunos tilos— y afloran hasta en árboles sanos. Pero en muchos árboles los brotes son una señal de tienen problemas: las ramas epicórmicas son su plan B. Como hemos visto, el objetivo de los árboles es crecer fuertes desde arriba, luego, con el tiempo, delegan la autoridad en las ramas inferiores: ese es el plan A. No obstante, una de las estrategias de supervivencia de los árboles es no ceñirse rígidamente a ningún plan si está claro que no funciona. Si la copa principal tiene problemas y no proporciona la energía que el árbol necesita, tira de la cuerda y se deshace de un centenar de ramas desde abajo. («¡Es justo lo que menos esperaban!»).

Los brotes que están cerca de la base empiezan como retoños verdes de mala hierba, pero no se andan con chiquitas. Son verdaderas ramas, aunque inmaduras, y crecerán tanto como se lo permita la situación. La mayoría mueren, pero algunos sobreviven para convertirse en ramas robustas, y luego, en troncos alternativos.

Puede resultar difícil averiguar la historia temprana exacta de un árbol con muchos troncos pequeños que se unen cerca del suelo. Ahora bien, existe una gran posibilidad de que, muchas décadas atrás, un ejemplar arbóreo sano que tuviera un tronco recurriese al plan B y lo que estemos viendo sean los brotes epicórmicos que sobrevivieron y se convirtieron en troncos.

Ya en la Edad de Piedra, los humanos aprendieron a aprovechar este truco regenerativo de los árboles, a sacar el máximo partido al plan B de la germinación. La poda de renuevos consiste en la recolección regular de la madera de ejemplares jóvenes, como el avellano, cortando los tallos cerca del suelo.

El desmochado o la poda de copa, una práctica tradicional similar, se sirve del mismo proceso, pero el árbol se corta un poco más alto, aproximadamente a la altura de nuestra cabeza. De este modo, se extrae madera reciente, aunque también se protege al ejemplar arbóreo de los animales que pastan (todos los árboles jóvenes son vulnerables a los animales).

La poda de renuevos y el desmochado suenan brutales, y, si se hacen sin cuidado, pueden resultar fatales para algunos árboles viejos. No obstante, muchos latifolios incipientes responden a este aparente salvajismo con una nueva cosecha de brotes múltiples, que pronto se convierten en troncos sanos. Las podas, lejos de acabar con los árboles, perpetúan su juventud y prolongan su vida. El árbol de los mártires de Tolpuddle —que conocimos al principio de este capítulo— está siendo cuidadosamente desmochado con el objetivo de alargarle la vida. Los expertos creen que la poda podría dar al árbol dos siglos más de vida.

La madera de tala tenía varias aplicaciones tradicionales: se empleaba en cercas y caminos, o para leña. Hoy en día, se siguen desmochando y cortando los renuevos de los árboles, pero más como técnica de conservación de los bosques que de

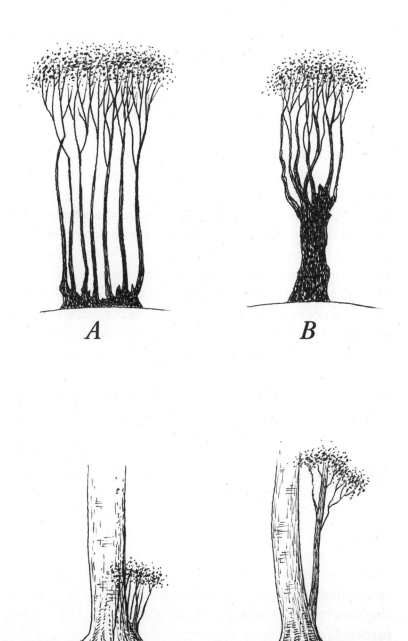

A – Árbol sometido a poda de renuevos. B – Árbol desmochado.
C – Brotes epicórmicos. D - Rama epicórmica.

cultivo. Muchas de las formas interesantes que encontramos en los árboles pueden explicarse a través del uso antiguo y nuevo de estas técnicas.

Si bien los brotes epicórmicos son más comunes cerca de la base del tronco, pueden brotar en casi cualquier parte. Un arce blanco que veo a menudo sufre alguna dolencia que aún no he identificado, posiblemente daños en las raíces, y todas sus ramas principales tienen problemas. Se extienden desde el tronco, siguiendo un patrón normal, y se dividen en ramas de segundo o tercer orden, pero ninguna cuenta con hojas sanas. En su lugar, hay unas mil ramitas delgadas verticales, que crecen desde la mayoría de estas, cada una con sus propias hojas. Es un ejemplar arbóreo de aspecto extraño, cubierto de follaje, desesperado por aferrarse a la vida, aunque, sin duda, está metido en serios problemas. En invierno, parece un cruce entre un árbol y un erizo.

También encontrarás ramas que afloran en la bifurcación de otras dos ramas. Lo veo en muchas especies, quizá en el abedul con mayor frecuencia. Estas ramas intermedias siempre me parecen incómodas, igual que un sexto dedo que apareciera entre el pulgar y el índice, pero son perfectamente naturales. Hay muchas yemas latentes bajo la corteza en estas zonas y brotan unas cuantas.

## Una brújula de tronco

Una vez, pasé un divertido fin de semana con Sophie, mi mujer, en Anglia Oriental, entre los condados de Norfolk y Suffolk (Inglaterra), cuando íbamos a ver a nuestros hijos jugar algunos partidos. De camino a un hotel en Ipswich, pasamos por una zona del país que no había explorado, y le supliqué a mi mujer que nos detuviéramos para caminar entre los árboles. Tuve la extraña sensación de que me aguardaba un descubrimiento. A veces me pasa: no es infalible, pero es complicado resistirse.

Igual que la mayoría de las familias, solo estamos totalmente seguros de algunas cosas: que me gusta pasear es una de ellas.

Una vez aparcado, salí del coche y me adentré en un bosque mixto por una vía férrea en desuso. Sophie decidió seguir su propia ruta: aunque es paciente y generosa, está en sus cabales. Después de unos minutos fotografiando unos cúmulos altísimos que apuntaban al sol con una claridad fabulosa, decidí entregarme a un ejercicio de «barandilla invisible». Se trata de utilizar una línea en el paisaje para deambular con libertad, sabiendo que podemos encontrar el camino de vuelta con facilidad, por una ruta diferente y todavía desconocida.

Salí hacia el sudoeste. Sabía que era capaz de serpentear a mi antojo, siempre con la seguridad de que podía aprovechar el sol, los árboles o las nubes a fin de dirigirme de nuevo hacia el norte, encontrar el terraplén del ferrocarril, girar a la derecha y llegar al coche. La libertad que proporciona la barandilla invisible tiene un sabor particular, y resulta muy agradable saber cómo encontrar el camino de vuelta sin recurrir a mapas o pantallas ni tener que seguir ninguna ruta o camino señalizado. Abre partes de la mente que otras formas de actuar no pueden. Unos diez minutos después, vi unos robles al borde de un claro y, en ellos, descubrí una nueva brújula que me permitiría orientarme en la naturaleza.

En los latifolios, los cambios en los niveles lumínicos pueden provocar el crecimiento de nuevos brotes a partir de yemas situadas bajo la corteza del tronco. Si, de repente, un roble que ha vivido a la sombra durante muchos años se encuentra con la luz, es probable que algunos brotes nuevos surjan de debajo de la corteza del tronco. La mayor parte de la luz solar procede del sur, por lo que, en su mayoría, estos retoños brotarán en ese lado del tronco.

Estos retoños no tienen pinta de ramas normales o de defensa: son mucho más cortos y están bastante descuidados, más bien parecen rastrojos tupidos. Me encontraba junto a tres árboles que me ofrecieron brújulas perfectas, señales en las que nunca había reparado. ¿Cuántas veces me había resultado difícil orientarme aun teniendo cerca esta poderosa señal, ciego como estaba ante ella? Prefiero no pensar en ello. Sin embargo, ahora, veo esta pista por todas partes a mi alrededor, y tú también puedes hacerlo. Al igual que alguien que acaba de descubrir los patrones de un río, es fácil lamentarse de las formas que se nos han pasado de largo, pero lo bueno es que siempre encontraremos más en nuestro camino y, ahora, sabemos cómo verlas.

Me puse a investigar sobre este efecto al volver a casa. Nunca había pensado en ello, pero rara vez creo que soy el primero en darme cuenta de algo. De forma ocasional, puedo serlo a la hora de utilizar alguna cosa como ayuda para orientarme, pero eso es bien distinto que pensar que ese hecho se ha ocultado a los ojos humanos durante miles de años.

Tal como cabía esperar, encontré un artículo académico que mencionaba que es un efecto común, producido tras clarear un bosque. Se trata del mismo proceso botánico que los brotes epicórmicos —las ramas del plan B—, aunque, en este caso, está provocado por la luz y no la mala salud del árbol. Incluso enumeraba las especies más propensas a producir este efecto y, para mi alegría, el roble encabezaba la lista. El abedul y el fresno ocupaban los últimos puestos. A este fenómeno le daban el nombre de «brotes de agua»,[7] pero, para mí, siempre será la «brújula de tronco».

## Fugas, avenidas e islas

Las tormentas, las catástrofes, las enfermedades y las personas abren muchos huecos en los terrenos boscosos. Si es de grandes dimensiones, los pioneros empezarán a llenarlo, pero, en espacios más pequeños, las ramas de los árboles vecinos crecerán más para aprovechar la oportunidad.

Al igual que la yema apical en la copa del árbol, los extremos de las ramas en crecimiento responden a los cambios en los niveles lumínicos: así, se cuelan entre los espacios, pero no llegan a apiñarse en el dosel. Mira a través de los árboles de un bosque maduro y te darás cuenta de un efecto denominado «timidez botánica», esto es, una delgadísima línea de cielo que separa la copa de cada árbol. (Si las ramas crecen demasiado, empiezan a golpearse entre sí, lo que también frena el crecimiento).[8]

Hace cinco años, un equipo forestal taló una hilera de abetos de una plantación de coníferas no lejos de mi casa. Ahora, las ramas de los lados de los árboles que bordean el nuevo y fino claro que produjo la tala tienen un aspecto muy diferente. Se han lanzado hacia el espacio y hay poca luz que no recojan.

Se puede observar un efecto similar en los límites de todos los bosques. Compara las ramas de los lados interior y exterior de los ejemplares situados en el margen de cualquier bosque, y verás lo diferentes que son. Como se afanan por sobrevivir en la umbría, son anormalmente grandes y largas en el claro. Yo lo llamo «efecto huida del bosque»: las ramas parecen intentar liberarse del bosque. A veces, el efecto es muy marcado y parece que los árboles vecinos de las ramas que dan al bosque estén acabando con ellas, lo que, en cierto sentido, es verdad.

El fenómeno actúa con el doble de intensidad a lo largo de cualquier pista o carretera que atraviese un bosque. Estas rutas abren el dosel, creando una línea de claridad entre los árboles. Las ramas de ambos lados del claro se lanzan hacia el espacio e intentan llenarlo. Para mí, esto es el efecto avenida y resulta exagerado en esos casos, porque el uso constante de estas rutas impiden que los pioneros puedan llenar el hueco. En un contexto salvaje, las ramas crecerían un poco y algunos pioneros irrumpirían en el claro hasta acaparar gran parte de la nueva luz disponible. A lo largo de las rutas muy frecuentadas, las ramas más altas de ambos lados tienen vía libre y la aprovechan al máximo.

Lo siguiente que ocurre es que las ramas empiezan a crecer demasiado y a amenazar el trazado sobre el que se desarrollan. En ese momento, alguien las podará —deliberada o accidentalmente— y las ramas serán derribadas o cortadas. En las carreteras más transitadas, junto a los árboles, se oyen los golpes, crujidos y desgarros que provocan los vehículos pesados o los tractores. Casi todas las rutas que atraviesan bosques dan cuenta de los dos tipos de efecto avenida: crecimiento exagerado en el espacio, además de señales de que las ramas se han recortado de alguna manera.

Es importante que quienes dejan que la naturaleza los guíe conozcan estos efectos y estudiarlos se convierte en una divertida forma de arte. En un entorno abierto, las ramas más grandes de un lado pueden indicar que allí hay más luz y, por tanto, que estamos viendo el lado sur del árbol. No obstante, debemos ser sensibles al efecto avenida cuando observemos cualquier agrupación o hilera. Por ejemplo, veremos muchas ramas grandes que salen de la parte septentrional de los bosques. Esto es así porque el cielo del norte sigue siendo más luminoso que los bosques oscuros, que rodean a los ejemplares por su lado sur.

En algunas partes del mundo, encontrarás islas de árboles en las cimas de las colinas o en el centro de grandes campos. Hay razones históricas interesantes para ello: han escapado al hacha con fines defensivos, cinegéticos o incluso fiscales. En algunos países, como Alemania, las tierras que contaran con algún árbol se gravaban menos que los campos abiertos.

Podemos observar un par de cosas interesantes en el momento en el que nos encontramos con estos microbosques. Las ramas intentan escapar por todos los lados de la isla y brotan en cualquier dirección; si nos tomamos el tiempo necesario, notaremos que lo hacen de forma desigual. Crecen con decisión en el lado sur, más luminoso, pero, seguramente, las ramas de mayor longitud se localicen en el lado de sotavento —por ejemplo, en el Reino Unido, dentro del margen noreste de los bosques—, sobre todo si se trata de la cima de una colina. Si es un bosque compacto, camina a su alrededor y observa la manera en la que la longitud de las ramas fluctúa y cambia el carácter del límite del bosque cada pocos pasos.

Una vez, recorrí a pie una parte imponente de Dorset. Tras un largo día de caminata, fui recompensado con una espectacular demostración del efecto isla de árboles en la cima de una colina local en Win Green (Wiltshire, Inglaterra). Otras personas habían subido a ella y disfrutaban de las fantásticas vistas panorámicas (podíamos contemplar tres condados y la isla de Wight, al otro lado del mar). Sin embargo, mis ojos se posaron sobre la isla que formaban las hayas de la cima. Rodeé los ejemplares y me deleité con sus formas.

Siempre es emocionante ser testigo de un principio sencillo que aparece ante nosotros de manera enérgica. Las ramas del sur eran fuertes y largas, pero las del noreste, mucho más delicadas, y ondeaban como serpentinas con la brisa. Mientras bajaba por la colina, pensé que, si filmábamos el borde de la isla de árboles a la vez que la rodeábamos y, luego, reproducíamos la película a velocidad acelerada, podríamos ver cómo las ramas inspiraban y espiraban. Mi mente se disparó y mi corazón se llenó de alegría: entonces, me resbalé en el suelo húmedo de creta y casi me caigo. Así son las cosas.

A lo largo de las orillas de los ríos, se puede ver un tipo particular de avenida, en la que las ramas de las especies acuáticas se lanzan a la luz sobre el agua. Los ríos forman una avenida particular, ya que los árboles tienen vía libre en los cursos fluviales: los humanos dejan las ramas tranquilas y pueden crecer hasta longitudes extraordinarias. No hay motosierras ni ejemplares con los que rivalizar, y la luz del cielo sobre los ríos es un festín impoluto para cualquier especie que pueda soportar el suelo empapado de la orilla.

Durante una reciente visita al Parque Nacional de Snowdonia (Gales), me abrí paso a través del aire fresco y húmedo de noviembre de un bosque celta. Iba a reunirme con Alastair

Hotchkiss, experto en conservación de la Woodland Trust. Pasamos unas horas muy agradables, conociendo muchas de las especies raras y maravillosas que florecen en la suave humedad de las montañas cercanas a la costa occidental galesa.

Tras una suave escalada sobre rocas húmedas, nos detuvimos junto a una sublime cascada que habría entusiasmado al poeta William Wordsworth. (Las de corte más alto y grandioso atraen a la mayor parte de la fanfarria, pero, por experiencia, las pequeñas cascadas, que casi podemos tocar, tienen un efecto más genuino en el alma). La neblina se elevó del estruendoso chorro y flotaba junto a nuestras caras hacia los árboles, donde nutría los musgos y líquenes. Miré hacia el delgado curso del río y vi un encantador ejemplo del efecto avenida. Las ramas de los árboles querían juntarse y encontrarse.

Las ramas de los robles albares de cada orilla se extendían sobre sus raíces húmedas, cubiertas de musgo, y seguían avanzando hasta situarse muy por encima de las ruidosas aguas blancas. Sería fácil suponer que las ramas se unían en el centro, pero no era así, cosa que demuestra lo poco meditado de esa suposición. El arroyo corría de oeste a este, lo que significaba que las orillas estaban orientadas al norte y al sur. Las ramas de la orilla sur habían aprovechado al máximo el aumento de la luz solar y llegaban un poco más lejos sobre el agua.

## Opuestas o alternas

La mayoría de los latifolios siguen uno de estos dos patrones de crecimiento: sus ramas se desarrollan opuestas a otras o las de un lado se alternan con las del otro. Si quieres comprobarlo, busca algunas de las ramas más jóvenes que tengas cerca: ¿puedes ver que otra rama crece enfrente de cada una? En caso afirmativo, el árbol tiene un patrón opuesto; de lo contrario, probablemente sea alterno. (Todas las ramas de un árbol siguen el mismo patrón, pero, a medida que envejece, ese árbol acaba

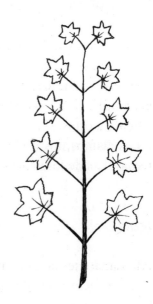

*Alternadas*          *Opuestas*

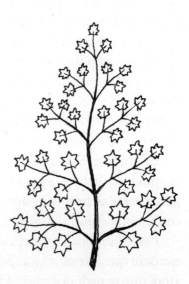

con muchas de sus propias ramas. Así, en sus partes más antiguas, no siempre apreciamos ejemplos claros de los patrones). Este patrón se repite a múltiples escalas en todo el árbol. Si las hojas o las yemas están en posiciones opuestas, las ramas pequeñas y grandes también seguirán esta disposición. Lo mismo ocurre en caso de que las hojas se alternen. Dicho de otro modo, cuando localices dos hojas que crezcan una frente a otra, amplía el campo de visión y verás muchas ramas creciendo frente a otras.

Los álamos, los cerezos y los robles poseen hojas y ramas alternas. Las de los arces y los fresnos son opuestas.


## Zigzag

Cada rama cuenta con una yema terminal que dirige su crecimiento, pero no todas se comportan de la misma manera. Algunas son más terminales que otras. Ciertas yemas crecen durante una temporada, hacen una pausa en invierno y vuelven a desarrollarse en primavera: esto da lugar a ramas relativamente rectas. No obstante, algunas yemas terminales solo lo hacen durante un año. La razón más común es que la yema terminal forma una flor en el extremo de la rama y eso supone el cese de su crecimiento. En la primavera siguiente, el proceso comienza de nuevo, pero surge a partir de las yemas laterales a la florecida, lo que cambia el ángulo de la rama en ese punto. El resultado es un ejemplar arbóreo con ramas en zigzag.

El nombre formal del crecimiento rectilíneo de las ramas es «monopodial», y el del efecto zigzag, «simpodial». Las hayas pertenecen al primer grupo, igual que la mayor parte de las coníferas. Los robles son simpodiales.

Este es un buen momento para hacer una pausa y repetir el ejercicio que intentamos al principio del capítulo. ¿Recuerdas el árbol que te pedí que encontrases y al que debías darle la espalda? Puede que te haya resultado difícil describir las ramas en detalle, pero, si vuelves a tu árbol o encuentras uno nuevo, y buscas el efecto zigzag, empezarás a notar patrones que antes te costaba ver. Las ramas de tu árbol parecerán bastante rectas y limpias, o torcidas y caóticas. Esto es más sencillo con árboles desnudos en invierno, aunque, en caso de que lo intentes con uno cubierto de follaje, busca uno aislado con un cielo brillante detrás.

A continuación, te propongo otra actividad rápida con el mismo árbol. Elige una de sus ramas principales, síguela con los ojos desde el tronco y comprueba tu capacidad para predecir exactamente dónde acabará. Si esto te resulta fácil, es muy posible que estés ante un árbol monopodial; si se te antoja endiabladamente complicado, lo más probable es que se trate de uno simpodial. Recuerda que las ramas de los árboles simpodiales cambian de dirección una vez al año: no pueden mantener la línea recta. Intentar seguir las ramas de los árboles simpodiales es igual que preguntarle a un forastero demasiado impaciente cómo llegar a una ciudad que no conocemos. Todo se desdibuja en un «izquierda, derecha, derecha, luego izquierda, izquierda otra vez, derecha, la siguiente a la izquierda...». En el caso de los monopodiales, la respuesta se parece más a: «Aléjate del tronco y sigue hasta que encuentres la luz».

Los árboles monopodiales todavía necesitan muchas ramas pequeñas, pero crecen a los lados de una principal. Sus yemas terminales no crean un obstáculo y cambian de dirección cada año. Cuando observamos un árbol monopodial en invierno, normalmente podemos ver las ramas principales como líneas oscuras que se hacen más finas, pero que discurren de forma continua desde el tronco hasta cerca del borde del dosel arbóreo. Hay un cerezo silvestre a pocos metros de mi cabaña y puedo trazar cada una de sus ramas hasta el mismo extremo del árbol.

Hay otra forma de calibrar a qué tipo de árbol te enfrentas. Mira a medio camino entre el tronco y el borde de la copa, y comprueba si, en teoría, puedes contar las ramas. En árboles monopodiales, quizá no sea fácil, pero tienes posibilidades de éxito; respecto de los simpodiales, como los plátanos de sombra de muchos parques urbanos,... ¡Buena suerte! (Tal vez te detengas cuando llegues al primer centenar). Cada vez que me cruzo con un castaño de Indias en invierno, me imagino contando sus ramas y me río de lo ridícula que me resulta la idea.

En los árboles monopodiales, predomina una forma piramidal más aseada. Los árboles simpodiales poseen una silueta globular más redondeada. Las ramas simpodiales son siempre alternas, nunca opuestas.

*Árboles monopodiales*
La mayoría de las coníferas
Haya
Acebo
Fresno
Familia *Prunus,* incluido el cerezo
Cornejo

*Árboles simpodiales*
Plátano de sombra
Roble
Arce
Abedul
Olmo
Tilo
Arce blanco
Sauce
Familia *Malus,* incluido el manzano

## Órdenes

Gran cantidad de luz equivale a muchas ramitas. Es un patrón sencillo y hermoso, pero la explicación resulta menos elegante. Sígueme. Una imagen de satélite de un gran sistema fluvial que discurra desde las colinas hasta el mar mostrará un río ancho cerca de la costa, así como docenas de pequeños arroyos en las colinas. Y si, en un diagrama, observamos la manera en la que la sangre fluye desde una arteria hasta un órgano, por ejemplo, el hígado, encontraremos algo semejante: un gran vaso en un extremo y docenas de ramificaciones más pequeñas en el otro. Cada vez que un vaso principal de cualquier tipo se divide en otros de menor tamaño, decimos que hay otro «orden» de ramificación.

Encontramos el mismo patrón en las ramas de los árboles, lo que no debería sorprendernos, porque apadrinan la forma de describir el patrón. Casi todos los sistemas que se subdividen recurren a analogías con las ramas de los árboles: desde las líneas de tren, las empresas y los corales hasta los árboles genealógicos.

Estaríamos hablando de que un árbol presenta un orden único de ramas si solo dispone de unas pocas ramas grandes y no crece nada más. No obstante, esto nunca ocurre en los árboles vivos, porque esas ramas grandes no tienen hojas. (A veces, se puede apreciar esto en el esqueleto de un ejemplar arbóreo que haya muerto hace mucho tiempo, donde todas las ramas que son más pequeñas se han secado). Cada vez que una rama menor crece a partir de otra, el árbol añade otro orden. Si una rama todavía más pequeña se desarrolla desde la de segundo orden, entonces, el árbol cuenta con tres órdenes. ¿Cuántos órdenes tienen los árboles?

La regla básica es que el que crece a plena luz necesita recoger luz en muchos niveles y desde casi todas las direcciones. Poseerá muchos órdenes, hasta ocho. Es decir, una rama pequeña con una rama madre, una abuela, una bisabuela… Sin embargo, si un ejemplar arbóreo ha crecido a la sombra de un bosque denso, tan solo puede tener tres órdenes. Imagina que eres el agua que sube por el tronco e intenta alcanzar una hoja. Puede que, en una selva tropical sombreada, solo tengas que pasar por tres cruces a fin de llegar a ella, aunque quizá debas dar otras cinco vueltas antes de dar con una hoja en un árbol pionero iluminado por el sol.

Las ramas de primer orden —las que acabarán creciendo hasta convertirse en las extremidades más grandes unidas al tronco— tienen un objetivo primordial: alejarse del tronco y acercarse a la luz. En esta fase inicial, lo último que quiere el árbol es tener muchos órdenes, ya que se formaría un enredo de ramas más parecido a una esponja que a un árbol. El árbol cuenta con un ingenioso truco que limita los órdenes a un número factible. La yema que crece en la punta de cada rama de primer orden envía las hormonas auxinas —una suerte de mensajeros químicos— a través de su propia rama, igual que las envía la yema apical desde la parte superior del árbol por el tronco. Durante el primer año, estos mensajeros frenan el desarrollo de las ramas de segundo orden. Después de este periodo, mandan un mensaje más relajado y se desarrollan las ramas de segundo orden.

A pesar de que puede sonar complejo y técnico, esto conduce a un patrón claro que podemos buscar en los árboles: «Gran cantidad de luz equivale a muchas ramitas».


## Cuellos desiguales

Es hora de hacer un leve esfuerzo. Me gustaría que cogieras algo pesado, pero manejable, con una mano, quizá un libro voluminoso de tapa dura. Pon en marcha un cronómetro. Ahora, levántalo por encima de tu cabeza con la mano y sostenlo verticalmente hasta que sientas que se te cansa el brazo. Baja el libro y para el cronómetro. Sacude el brazo y descansa unos minutos. Ahora, vuelve a poner el cronómetro en marcha y repite el ejercicio. Esta vez, en lugar de levantarlo por encima de la cabeza, sujétalo en horizontal, hacia un lado, de modo que el brazo quede perfectamente recto y el libro, lo más alejado posible del cuerpo. Termina el ejercicio cuando sientas el brazo incómodo y, entonces, detén el cronómetro. La mayoría de la gente encuentra el segundo ejercicio más exigente y corto que el primero; los árboles, también.

Los árboles tienen un problema con las ramas. La baza de los ejemplares es su fuerte tronco, que los eleva por encima de la competencia, pero este no tiene hojas, así que el ejemplar necesita ramas para sostenerlas. Ello supone un desafío en absoluto pequeño. Las ramas están construidas como el tronco, que ha evolucionado a fin de ser fuerte y estable, y crecer casi en vertical. Te puedes dar cuenta del problema: si el tronco se adapta idealmente a una forma vertical y las ramas crecen más bien en horizontal, tenemos un problema arquitectónico. Al fijarnos en cualquier gran ciudad, veremos que hay una zona, cerca del centro, que posee muchos edificios de gran altura; algunos pueden llegar a tener cien pisos. Sin embargo, no encontrarás en ningún lugar del planeta construcciones que sean altas y estrechas, con largos trozos laterales que se extienden a grandes distancias. Las ramas pueden considerarse pequeños troncos obligados a crecer en ángulos que le complicarían la vida a un ingeniero.[9]

Volvamos a nuestro ejercicio de levantamiento de peso. Cuando lo sostenemos por encima, nuestros huesos soportan gran parte del peso; los músculos hacen poco trabajo y este se reparte de manera uniforme. Ahora bien, al hacerlo en horizontal, enseguida notamos que algunos músculos deben trabajar sobremanera, mucho más que otros. Podemos sentir que hay una gran tensión en los músculos cercanos a la parte superior del hombro, donde el brazo se une al cuerpo. Lo mismo ocurre con los árboles, que están sometidos a las mismas leyes físicas que nosotros: las ramas no son más que brazos que sostienen pesadas cargas horizontalmente desde su tronco, lo que origina tensiones y esfuerzos.

El doctor Claus Mattheck es un físico teórico convertido en experto en árboles. (En su momento, ejerció de profesor de ciencia de daños, algo que espero que, de niño, alguna vez soñara con ser). Partió de un profundo conocimiento tanto de las causas como de las consecuencias de las tensiones en el mundo de la física y desarrolló una nueva manera de pensar sobre algunas de las formas que observamos en los árboles. En resumen, a los árboles no les gustan las tensiones asimétricas y crecerá madera en donde se ejerzan esas tensiones hasta que se equilibren.

Si aguantamos un peso todos los días durante años, nuestros músculos se desarrollarán y crecerán con el objetivo de hacer frente a esta situación. Una de las razones por las que la gente va al gimnasio es para «ponerse como un roble». A los árboles les crece más madera cada vez que perciben una nueva tensión: la «madera de reacción» aparece como respuesta al estrés.

Al realizar nuestro ejercicio, hemos sentido dolor cerca del hombro, y los árboles también sienten tensión ahí. Producen madera adicional muy resistente en el punto en el que la rama se une al tronco y se desarrolla una zona conocida como «cuello de la rama». Es una madera muy dura. Históricamente, se utilizaba siempre que la fuerza era vital y se ha encontrado en mangos de hachas pertenecientes a la Edad del Bronce.[10]

Busca un árbol con una rama grande, baja y horizontal, y fíjate en el punto donde se une al tronco: verás que no es una línea recta. Se ensancha justo ahí. Obsérvalo bien y te darás cuenta de que el cuello de la rama no es simétrico: la parte superior y la inferior no son idénticas.

Aunque tanto los latifolios como las coníferas producen madera de reacción, utilizan tácticas diferentes. A estas alturas, es importante que comprendamos dos de las fuerzas básicas que actúan en todas las estructuras, árboles incluidos. Hay dos maneras de sostener algo contra la gravedad: o lo empujamos desde abajo o tiramos de ello desde arriba.

Imagina que estás moviendo una estantería alta y empieza a caerse hacia ti. Tras asustarte un poco, le das un fuerte empujón, pero, entonces, comienza a caerse hacia el otro lado. Así las cosas, tiras de ella con más suavidad y esta se coloca en posición vertical. Se acabó el drama: la estantería no se cae gracias a tus rápidas reacciones y a que, primero, has empujado (compresión), y luego, tirado (tracción).

Las coníferas empujan las ramas hacia arriba, utilizando «madera de compresión»; los latifolios tiran de ellas hacia lo alto mediante «madera de tracción». Las células de la madera de tracción se acortan, igual que se tensan las cuerdas de una tienda de campaña. Esto cambia muchas de las formas que vemos en los árboles, también los cuellos de las ramas. Las coníferas poseen un abultamiento mayor debajo de la unión; los árboles de hoja caduca tienen un crecimiento mayor por encima de la unión. La madera es más resistente a la tracción que a la compresión, pero, en ambos casos, es extraordinariamente fuerte para su peso.

¿Por qué necesita el árbol reaccionar ante semejantes situaciones? ¿No sería mejor primero crecer hasta tener la fuerza suficiente como para resistir todas las eventualidades? El árbol no sabe de antemano cómo o dónde se desarrollarán las mayores tensiones, y el hecho de desarrollar un gran exceso de madera que puede que nunca necesite resultaría ineficaz. A diferencia de una persona que va al gimnasio con regularidad y luego deja

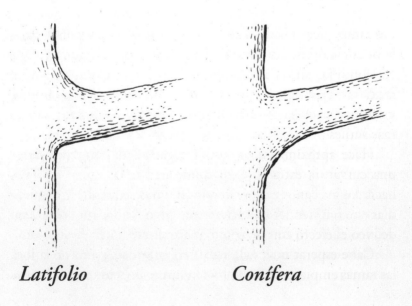

*Latifolio*            *Conífera*

de hacerlo, este es un proceso unidireccional: los ejemplares no hacen que la madera crezca un año para perderla al siguiente. Una vez crece, se queda ahí.

Este es un punto de gran importancia: un árbol no puede predecir durante cuánto tiempo crecerá una rama. Tal como hemos visto, según los niveles lumínicos, el ejemplar arbóreo puede autopodar una rama cuando es joven, pero esa rama también puede vivir hasta ser vieja y poderosa. Sería una locura que un árbol desarrollase un cuello de rama del mismo tamaño y forma para el primer caso que para el segundo. Por eso, el cuello se adapta constantemente y cambia de forma.

Un árbol tampoco puede prever la magnitud de otras fuerzas. La nieve es capaz de ejercer un gran peso sobre las ramas, y el viento, empujarlas hacia arriba, incluso moviendo el suelo. Si la tierra se desliza y un ejemplar arbóreo se inclina, el tronco y cada una de las ramas responderán mediante el crecimiento de madera de reacción a fin de afrontar los nuevos ángulos y las tensiones generadas.

## Señalar a los pioneros

Las ramas crecen hacia la luz y, si esta cambia, también lo hace la orientación de las ramas. Una vez te hayas acostumbrado a ver cómo las ramas que están situadas junto a avenidas y ríos muestran una marcada preferencia por alejarse de la oscuridad y dirigirse hacia la plena luz, estarás listo para buscar ejemplos más sutiles.

Hace aproximadamente una década que empecé a notar una curvatura extraña, pero constante, de las ramas de haya hacia los avellanos en los bosques de mi localidad. Tardé unos días en comprender lo que ocurría, pero, ahora que lo entiendo, veo el efecto con mucha más amplitud.

Cabe esperar que, debido al repentino aumento de la luz, las ramas empiecen a inclinarse en dirección a los nuevos claros del bosque. Sin embargo, estos claros no permanecen despejados por mucho tiempo. Las flores silvestres, los arbustos y los árboles pioneros pronto se lanzan en una carrera hacia lo alto para adueñarse de la nueva luz. Rellenan el hueco. Las ramas de los árboles vecinos se inclinan hacia el claro antes de que otra vegetación engulla el espacio. Los pioneros se encargan de rellenarlo, aunque la curvatura de las ramas viejas no desaparece: una vez se forma la madera, no hay vuelta de hoja.

Es como si las viejas ramas señalaran a los nuevos pioneros, pero su curva fuera el recuerdo de un hueco que han ocupado los ejemplares más jóvenes.

## Escobas de bruja

Te toparás con la «escoba de bruja», unas erupciones localizadas de pequeñas ramitas que brotan de una rama. Este denso montón puede parecerse un poco a una escoba tradicional, aunque, más a menudo, es mucho más desordenado. La escoba de bruja es una respuesta defensiva algo caótica del árbol. La causa exacta va desde problemas hormonales a bacterias, hongos o virus invasores, pero el efecto es un haz de ramitas entrelazadas, habitualmente con hojas atrapadas entre medias. A veces, algunos animales de espíritu emprendedor anidan en ellas.

Las veo en los bosques de mi zona y me recuerdan que, de normal, las hormonas de un árbol hacen un gran trabajo para mantener el orden. Cada escoba de bruja es una imagen del caos que serían los árboles si las hormonas reguladoras no le dijeran a cada brote lo que debe hacer y cuándo.

## Demasiado amable, quizá

Resulta milagroso que los árboles hayan ideado tantas formas similares a la par que distintas de hacer crecer cientos de ramas, que llenan un espacio de forma eficiente, sin caer en la anarquía total. Cada especie lo hace a su manera, pero la regla de oro es que las ramas crezcan en ángulos que les permitan dirigirse hacia la luz y alejarse las unas de las otras. En esto, siempre intervienen dos elementos: los genes y el entorno. Los primeros indican a las ramas que se desarrollen alejadas del tronco y les dan su forma aproximada, pero la luz determina los ángulos exactos. Por eso, las del lado sur de un árbol crecen casi horizontales, hacia el sol, y las del norte, cuasiverticales, en dirección al cielo brillante. Este fenómeno, al que denomino «efecto *tick*» (vistas de perfil, las ramas tienen forma de $\checkmark$), es fundamental a la hora de orientarse en la naturaleza.

Ningún sistema es perfecto. A veces, las ramas se «equivocan» y crecen demasiado juntas. Otras, incluso se tocan o chocan entre sí a cámara lenta. En un entorno tranquilo, sin más influencias externas que la luz, es poco probable que esto ocurra, pero los animales, el viento, la caída de ramas, las enfermedades y muchos otros factores pueden hacer que choquen entre sí.

Al principio, cuando la corteza de una rama se apoya en la de otra, no ocurre nada emocionante. Sin embargo, con el tiempo, ambas ramas se mueven debido a las ráfagas de aire, lo que provoca fricción. Los tejidos que crecen por debajo entran en contacto y se unen, o se fusionan, compartiendo recursos y cargas. El nombre formal de esta asociación es «inosculación».

Cuando se unen ramas pequeñas, se crea un patrón interesante, aunque este no perjudica al árbol ni tiene mayores consecuencias. Sin embargo, si se unen las principales —o si algunas pequeñas se fusionan y crecen hasta convertirse en grandes—, se está prendiendo una larga mecha de una bomba de relojería estructural.

Podemos imaginarnos que dos ramas unidas de esta manera son muy estables y puede ser cierto durante unos años. Se sostienen de manera mutua, pero, irónicamente, eso es lo que propicia la aparición del problema: no les crece la madera de apoyo que necesitan a fin de sobrevivir por sí solas. Si no le quitas los ruedines a la bicicleta de un niño, nunca aprenderá a mantener el equilibrio.

Con el tiempo, una de las dos ramas se debilitará o caerá, y su compañera no tendrá fuerza para hacer frente a la situación. Las ramas grandes unidas nos hablan de una problemática inminente y, por eso, los arboricultores intervienen en ellas. Volveremos a tratar este tema cuando estudiemos las bifurcaciones de los árboles en el capítulo 12 «Señales de la corteza».

# Capítulo 6

## *Huellas del viento*

*¿El viento lo ha descuajado o lo ha partido por la mitad?
– Árboles arpa – Efecto bandera – Cuñas, túneles de
viento y ramas rezagadas solitarias – Flexión – El árbol
desgarbado – Patrones misteriosos*

El viento deja huellas en los árboles, algunas ligeras, y otras, más llamativas. Una suave brisa puede doblar la rama más alta, pero un vendaval arrancará raíces centenarias de cuajo.

En este capítulo, veremos las distintas formas en las que el viento cambia los árboles, empezando por las más violentas y bajando en escala. Al final, examinaremos algunos de los efectos más misteriosos que pueden verse.

### *¿El viento lo ha descuajado o lo ha partido por la mitad?*

El 23 de diciembre de 2013, los habitantes de Kent, en el sudeste de Inglaterra, se refugiaron mientras una tormenta azotaba la zona. Cuando pasó lo peor, Donna Bruxner-Randall descubrió que los fuertes vientos habían derribado un abeto de doce metros en su terreno. Había caído en el límite de su propiedad y, ahora, se encontraba sobre la linde de una granja próxima. Su base había girado y se había levantado una gran parte del suelo con las raíces. A Tom Day, el granjero vecino, no le molestó demasiado y dijo que se encargaría de ello, pero que no había prisa. El abeto permaneció en reposo un mes.

El 1 de febrero de 2014, menos de seis semanas después de la primera tormenta, azotó otra en la misma área. Cuando amainaron los vientos, los lugareños salieron una vez más a inspeccionar los daños, temiendo probablemente la pérdida de más árboles. Donna se llevó una sorpresa: ahora, su abeto, el que se había caído en diciembre, estaba erguido por completo. Los vientos de la segunda tormenta habían soplado en dirección contraria a los de la primera y lo habían empujado hacia arriba. Estaba tan sorprendida como su vecino: «Es muy raro, porque ha vuelto a la misma posición que antes. El granjero se quedó boquiabierto, y la segunda tormenta es nuestra única explicación».

Ha pasado casi una década desde aquellas tormentas y tenía mucha curiosidad por saber cómo le había ido al árbol, así que me puse en contacto con Donna y pregunté por él: «Sigue en pie y tiene un aspecto muy saludable», me comentó. Detecté un atisbo de orgullo por su milagroso árbol.

Tal como bien sabrás, las cosas no suelen funcionar así. Cuando un árbol se cae, normalmente se queda en el suelo, aunque eso no significa que esté muerto.

Un viento feroz puede derribar un árbol, pero lo hace de de dos maneras bastante distintas. La más común es que el viento lo «descuaje». En estos casos, el ejemplar arbóreo resulta arrancado de raíz, pero permanece intacto: el cepellón se retuerce fuera del suelo mientras se cae. Es especialmente común en las píceas, pero todos los árboles se acaban viniendo abajo si la fuerza que se ejerce sobre ellos es suficiente. Esto fue lo que le ocurrió al abeto de Kent durante la primera tormenta. Resulta más probable que un árbol termine descuajado después de que el suelo se haya vuelto inestable por una lluvia intensa (el de Kent estaba en terreno empapado). Si ves uno arrancado de cuajo, fíjate en si se han roto las raíces, se ha levantado el suelo o han sucedido ambas cosas. Con frecuencia, las raíces se quiebran por el lado hacia el que cae el árbol, es decir, a favor del viento. Se doblan y se rompen cuando el tronco se inclina.[1]

Los ejemplares tienden a caer a favor del viento y, por lo tanto, dibujan un patrón en toda la zona donde azotó la tormenta. Una vez identificada la dirección hacia la que cayeron, los árboles derribados por este fenómeno atmosférico pueden ser de gran ayuda a la hora de orientarse, incluso en lo más profundo de bosques densos. Suele coincidir con la trayectoria predominante del viento (de donde sopla con más frecuencia), pero no siempre: las tormentas pueden venir de cualquier dirección.

La segunda forma en la que el viento puede derribar un ejemplar arbóreo es partiéndolo por la mitad: en este caso, las raíces aguantan, pero el tronco se rompe. Esto rara vez ocurre, a no ser que el tronco se encuentre aquejado de alguna debilidad estructural. Es más probable que ello suceda cuando el árbol tiene enfermedades o daños anteriores. Si hace poco que el viento lo ha quebrado por la mitad, merece la pena buscar signos de podredumbre u hongos cerca de la fractura. En la mayoría de los casos, podrás observar decoloración en la corteza y en la madera cerca del punto de rotura, y, a veces, hongos que brotan.

Un árbol al que el viento parta por la mitad perecerá de manera inevitable y este tipo de fenómeno puede afectar a aquellos que son maduros. Por el contrario, uno descuajado no suele morir: tiene muchas posibilidades de sobrevivir, siempre que algunas de sus raíces principales sigan intactas y ancladas en el suelo.

Las coníferas que sobreviven empiezan a crecer de nuevo a partir de su punta, el elemento más alto antes de que el ejemplar arbóreo cayese a tierra. Los latifolios intentan formar un nuevo tronco desde la rama de mayor tamaño que sobrevive y que está más cerca de las raíces. Esto da lugar a formas y figuras interesantes que pueden descifrarse muchas décadas después, como el árbol arpa.

## Árboles arpa

Tal como hemos visto, es probable que un ejemplar arbóreo sobreviva si una tormenta lo derriba y este gira con el cepellón incluido, con la condición de que algunas raíces permanezcan intactas. No obstante, ahora, el árbol necesita cambiar seriamente sus planes. Todas las ramas que se encuentran en la parte inferior y que no murieron en el impacto pronto perecerán en la sombra profunda, por lo que solo quedarán ramas en la parte orientada hacia arriba.

A veces, la combinación del estrés y la luz nueva hace que crezcan los brotes epicórmicos de la parte superior del tronco. Esto puede dar lugar a un patrón llamativo, como una sucesión de árboles paralelos de menor tamaño, que crecen a partir de un viejo tronco horizontal en el suelo. Este tipo de ejemplar arbóreo recibe algunos apodos como «árbol arpa»[2] y «árbol fénix»,[3] presumiblemente porque parece haber vuelto a la vida.

## Efecto bandera

Hace unos años, pasé un día maravilloso e intenso mientras estudiaba los patrones de la nieve en la zona más baja de las laderas de los Cairngorms, en las Tierras Altas escocesas. Empecé detectando grandes tendencias, por ejemplo, su acumulación en un lado de las rocas y los árboles. Después de una fuerte nevada, suele haber franjas verticales de nieve adheridas a un lado de los árboles de donde procedían los vientos de la tormenta. Una vez observada, esta es una tendencia fiable y útil para orientarse en la naturaleza.

Conforme avanzaba el día, empecé a buscar pistas más sutiles. A media tarde, fui a la caza de patrones individuales al nivel de los copos de nieve, y la mayoría de las veces no los encontré. Esto requería una concentración un tanto agotadora. Entonces, cuando el sol se ocultó tras una cresta, me tomé un descanso. Dejé que mi mirada vagase desde lo diminuto a la mayor amplitud del paisaje y, entonces, vi una señal que brillaba entre los árboles.

La forma de las coníferas a lo largo de la cresta era como una brújula: todas señalizaban el camino con tanta seguridad, que la descarada sencillez de su mensaje casi me hizo reír. Todavía no comprendo las razones neurocientíficas por las que la euforia nos invade toda vez que pasamos de centrarnos de manera estricta en los detalles a detectar un significado grandioso y manifiesto en la naturaleza, pero así es. El nombre del patrón que vi ese gélido mediodía es «efecto bandera».

El viento puede dañar enormemente a los ejemplares sin acabar con ellos. Aquellos que se sitúan en lugares expuestos se resienten, aunque algunas ramas sufren más que otras. Las

*Efecto bandera. En esta imagen, las ramas supervivientes apuntan hacia el noreste, lejos del viento dominante.*

ramas más elevadas de los árboles de mayor altura se llevan la peor parte, y las del lado del que procede el viento dominante suelen quebrarse y dejar copas asimétricas, con un lado en buen estado, y otro, desnudo. Las ramas supervivientes apuntan en dirección contraria al viento: por eso se llama «efecto bandera». Por ejemplo, en el Reino Unido, las ramas (banderas) tienden a apuntar hacia el noreste. Merece la pena fijarse en esto cuando se está en las colinas o cerca de la costa.

## Cuñas, túneles de viento y ramas rezagadas solitarias

Los árboles reaccionan al viento volviéndose más bajos y robustos, y mostrando una conicidad más pronunciada en el tronco, que se va estrechando a mayor altura. Esta es una de las razones por las que los árboles aumentan de altura a medida que nos adentramos en un bosque: los que están en el margen se encuentran más expuestos al viento y, por ello, son de menor tamaño. También explica el hecho de que los ejemplares del lado del que procede el viento dominante sean los de poca envergadura. A esto lo llamo el «efecto cuña». El bosque se inclina hacia abajo en la orientación de donde proceden los vientos dominantes. (La forma de cuña puede parecerse un poco al capó de un coche deportivo; basta con imaginarse uno que circule en dirección al viento). En el Reino Unido y en muchas otras regiones templadas septentrionales, el viento va hacia el sudoeste. Es otra tendencia útil a fin de orientarse en la naturaleza.

El viento esculpe los bosques, pero también cambia la morfología de cada árbol y lo moldea con formas aerodinámicas. Tienden a ser más bajos y densos a barlovento, y de mayor altura y abiertos, a sotavento. Esto da lugar a lo que yo denomino el «efecto túnel de viento». Cuando se ven en una cresta, como una silueta contra el cielo, se nota que el lado de cara al viento es más corto, denso y oscuro, mientras que, en el de sotavento, se puede divisar el cielo a través de las ramas. También

*El «efecto cuña». Los árboles situados a barlovento en un bosque tienden a crecer menos que los que están más protegidos. En esta imagen, los vientos del sudoeste predominantes en el Reino Unido han venido de la izquierda, lo que significa que la forma de cuña nos está mostrando que el sudoeste está en ese lado.*

hay ramas «rezagadas solitarias» en el lado de sotavento, de carácter individual, que se alejan de la copa principal y apuntan a sotavento.

*In extremis,* el viento mata las ramas, tal como vimos al hablar del efecto bandera. Sin embargo, mucho antes de que esto suceda, el viento provoca tres efectos más sutiles en las ramas de los árboles.

En primer lugar, dobla las copas de los árboles en la dirección en la que sopla el viento predominante. Por tanto, en el Reino Unido y en gran parte de la zona templada septentrional, lo hace del sudoeste hacia el noreste. Es una de las técnicas más eficaces para orientarse en la naturaleza.

En segundo lugar, el viento acorta las ramas. Los vientos fuertes reducen la altura de los árboles, y lo mismo ocurre con las ramas. En general, los árboles en lugares ventosos poseen ramas cortas, pero en el lado de barlovento lo son todavía más.

*El «efecto túnel de viento». Los vientos dominantes proceden de la izquierda de la imagen. Obsérvese la forma del árbol, pero también, el hecho de que entra más luz a sotavento y la existencia de una rama «rezagada solitaria».*

Por último, también dobla las ramas, pero cómo lo hace depende de los ángulos de estas. La regla básica es que el viento las inclinará hacia el tronco en el lado de barlovento y las alejará del tronco en el de sotavento. Por ejemplo, si una rama a barlovento tiene una trayectoria ascendente, la presión del viento la forzará hacia arriba en dirección al tronco. En el lado opuesto de sotavento, la misma ráfaga la alejará de él. Con independencia de que las ramas apunten hacia arriba o hacia abajo, las del lado de barlovento acaban más cerca del tronco y las de sotavento se alejan.

## Flexión

Todos los efectos que hemos visto hasta ahora son el resultado de tendencias que operan a largo plazo o con gran fuerza, y que provocan efectos duraderos. No obstante, un árbol también

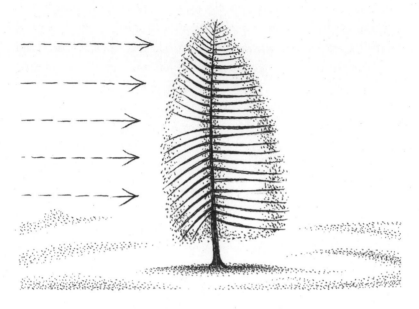

*Ramas más cortas dobladas hacia el tronco en el lado*
*de barlovento, y más largas y rectas, a sotavento.*

experimenta cambios que duran solo unos segundos para, luego, volver a su forma anterior.

Cada familia arbórea tiene su propio carácter y reacciona al viento a su manera. Algunas son testarudas y rígidas; otras, muy flexibles. Se parecen un poco a las personas en este sentido. En un día de viento, aprovecha cualquier oportunidad que tengas para estudiar las distintas formas en las que los árboles afrontan el desafío que se les presenta. Puedes buscar respuestas características a cualquier escala, desde las hojas individuales hasta el árbol entero. El follaje de muchos latifolios pioneros —como los álamos— se enrolla en cilindros apretados y deja que el viento se deslice por él. Las agujas de los pinos se flexionan con el viento, pero las hojas de muchas coníferas pequeñas no cambian su morfología de modo perceptible. Puede resultar difícil distinguir sus formas exactas con el viento: ocurre rápidamente, pero los cambios de color son de ayuda. Tal como veremos, las partes superior e inferior de las hojas no son del mismo color.

Esta tendencia opera en el conjunto del árbol. Si el follaje cambia de forma con el viento, puedes estar seguro de que el ejemplar arbóreo tiene ramas y un tronco que se estrechan hasta extremos muy finos, que también se flexionan con estas ráfagas.

La flexión no es lo mismo que los efectos nocivos del viento que hemos visto antes, pero se relaciona con ellos. Una ráfaga puede doblar un árbol durante unos segundos para, después, en cuanto amaina, volver a su posición inicial. No obstante, si la mayoría de los vientos fuertes tienen la misma trayectoria, con el tiempo, veremos cómo se empiezan a formar cuñas, túneles de viento y ramas rezagadas solitarias.

Por casualidad, al escribir estas líneas, sopla un fuerte viento debido a una tormenta que, segura de sí misma, se desplaza hacia el oeste. Una pícea se mece más bien despreocupada; las ramas rebotan de arriba abajo, pero no hay grandes movimientos en el tronco ni en las hojas. Las hayas mantienen su forma en la parte baja, aunque se aprecian cambios en los niveles superiores: cada ráfaga aplasta las ramas más externas, aunque se recuperan inmediatamente después. Las hojas se mueven, pero solo en las zonas de mayor exposición del árbol. La parte superior del tronco del haya más cercana se balancea con suavidad.

En cada ráfaga, los abedules jóvenes imitan este movimiento, igual que si fuesen yates en el mar durante una tempestad. A diferencia del mástil de un barco, sus troncos enjutos se doblan desde poco más de la mitad hacia arriba y, luego, casi accionados por un resorte, vuelven a su posición. Las hojas de los abedules se agitan tan salvajemente que parecen desaparecer y reaparecer mientras se retuercen y vuelven a girar con gran rapidez.

## El árbol desgarbado

Cada una de las respuestas que hemos visto en este capítulo es sencilla cuando la consideramos de forma aislada, pero a la naturaleza le gusta agrupar algunas de ellas, lo que puede dificultar un poco su lectura. A veces, debemos averiguar si se trata de huellas duraderas o de los efectos de lo sucedido hace unos segundos.

Leer los efectos instantáneos y la historia del viento en los árboles se vuelve más fácil con la práctica. No obstante, cuando se están dando los primeros pasos, resulta recomendable comenzar por los impactos más violentos e ir bajando en la escala hasta llegar a lo que acaba de suceder (de ahí que haya estructurado el capítulo de esta manera).

Busca ejemplares que se hayan caído durante una tormenta y averigua si el viento los descuajó o los partió por la mitad. A continuación, localiza aquellos que estén en lugares expuestos, en lo alto de una colina o cerca de la costa si tienes la oportunidad. Lo ideal es elegir un día tranquilo, así no tendrás que descifrar qué efectos se deben a los vientos de hoy y cuáles llevan una década en desarrollo. En caso de que te encuentres en un lugar más resguardado, por ejemplo, una ciudad, examina de manera individual las copas de los árboles del parque para este ejercicio.

Estudia las formas de los árboles expuestos que encuentres e intenta reconocerlas desde distintos ángulos. Observa cómo su morfología varía drásticamente al cambiar de perspectiva y la manera en la que los vientos dominantes han doblado su parte superior.

Una vez que hayas pasado algún tiempo observando las tendencias que han actuado a largo plazo y empieces a darte cuenta de que esto es algo natural, estarás listo para buscar el «árbol desgarbado». En las zonas más expuestas, solo prosperan los árboles pequeños. En las cimas de las colinas de mi localidad, los espinos crecen sin dificultades y pueden plantarle cara a cualquier vendaval. Ahora bien, tendrás la oportunidad de encontrarte con árboles que soportan vientos fuertes dondequiera que estés. Dentro de las ciudades, hay algunos lugares propensos a los vendavales: busca cerca de edificios altos, ríos, al final de calles largas y rectas, o allí donde el viento se cuele por espacios sin edificar.

El viento reforzará las tendencias a largo plazo siempre que este sople desde su dirección predominante (la común). Si, en un día tranquilo, la copa de un árbol está un poco inclinada, el efecto será exagerado cuando el viento sople desde esa misma trayectoria predominante. Sin embargo, varios días al mes soplará con una orientación diferente e incluso, ocasionalmente, opuesta a la predominante. Esto confiere un aspecto «desgarbado» a los árboles expuestos. Es como si se hubiesen peinado de una manera y, luego, les hubieran pasado el secador desde la dirección «equivocada». El ejemplar arbóreo pasa de una forma aerodinámica y serena a algo mucho menos elegante: parece desmañado y sin gracia.

El hecho de ver árboles desgarbados es señal de que debemos esperar un tiempo anómalo: el viento en una dirección opuesta a la típica nos indica que se está desarrollando un sistema meteorológico inusual.

El reto final llega cuando nos damos cuenta de que, a veces, necesitaremos leer los efectos combinados del viento y el sol sobre la morfología de un árbol. Si crees que ambos han dejado su huella en él y te resulta difícil saber por dónde empezar, da siempre prioridad al viento. Puede dejar impresiones que prevalezcan sobre las del sol, pero es muy raro que esto ocurra al revés.

## Patrones misteriosos

El viento cambia los árboles, pero estos también cambian al viento. La fuerza y la dirección del viento se transforman de manera drástica cerca de los árboles. Aquellos patrones de viento que te resulten confusos o carentes de lógica te ayudarán a entender estos cambios. La mejor manera de hacerlo es salir a reconocerlos personalmente.

*El árbol desgarbado*

Cuando un viento se topa con un árbol o un bosque, se ve obligado a elevarse sobre él, lo que origina una zona de aire en calma en el lado de los árboles de donde procede la ráfaga. Después de que el mismo viento haya pasado entre los árboles, hay otro lugar inmediatamente a sotavento de esos mismos árboles al que el viento no puede llegar, lo que produce otra zona de calma. Estas zonas tranquilas se conocen como «sombra del viento», un lugar donde la corriente de aire no puede llegar. En verano, rebosan mariposas e insectos.

Cada vez que un viento atraviesa un obstáculo, la parte más baja se ve frenada por la fricción, lo que hace que la ráfaga comience a girar y dar vueltas. Imagina que corres a toda velocidad y tropiezas: la zona superior de tu cuerpo sigue avanzando veloz, pero tus piernas se frenan. Como resultado, te caes hacia adelante y, a veces, hasta llegas a rodar. Esto es lo que hace el viento cuando intenta pasar por encima de los árboles. Cuando gira, se habla de «remolinos». Estos se forman cuando el viento pasa junto a los árboles y explican por qué, a menudo, parece racheado y sopla en todo tipo de direcciones extrañas en torno a los árboles (en especial, a sotavento).

Si te adentras en un bosque un día ventoso, habrá mucho ruido en el margen, pero se calmará a medida que avances. A pesar de que todos esperamos encontrar este efecto, hay otro más sutil en el que pocos reparan. Dentro de los bosques, los vientos soplan con mayor intensidad en las copas —oímos el dosel que susurra— y hay calma cerca del suelo, pero podemos sentir una cautivadora brisa entre los dos niveles.

En los bosques, las ráfagas tienen mayor fuerza a la altura de la cabeza que un poco más arriba o abajo. Si estás allí durante un día ventoso, intenta sentir la brisa en la cara, luego, baja la mano y notarás que se detiene cerca de tus rodillas. A continuación, observa cómo la corriente de aire que golpea tu rostro no es la misma que la que agita las hojas o ramas en la zona superior, unos metros por encima de la altura de tu cabeza. Este efecto se denomina «abombamiento» y se produce porque el viento se cuela entre la copa y el suelo. También puedes sentir esto mismo en un solo árbol durante un día caluroso, cuando sacarás provecho de su sombra y de la sensación de aire acondicionado de la brisa.

Una vez familiarizados con estos fenómenos, resulta satisfactorio salir a buscarlos. Si nos situamos a la sombra del viento en el lado de sotavento de un bosque y, luego, nos alejamos de los árboles, nos será posible rastrear y explorar los remolinos. Es como un superpoder: haz que el viento sople desde casi cualquier dirección que desees con solo caminar unos pasos y, después, vuelve a los árboles para hacerlo desaparecer.

El abombamiento viaja más despacio que el viento sobre la copa de los árboles, lo que significa que podemos utilizar los sonidos y las apariencias de las copas para predecir las fluctuaciones del viento del abombamiento. En un día ventoso, prueba a observar o escuchar la manera en la que el viento tira de las copas de algunos árboles altos situados a barlovento y, a continuación, cuenta los segundos que pasan antes de sentir la brisa del abombamiento en el rostro.

Una vez que te hayas tomado un tiempo para conocer los vientos que azotan los árboles, este fenómeno puede ayudarte dar sentido a muchos patrones que, de otro modo, resultarían misteriosos. Debido al abombamiento, las hojas situadas a la altura de la cabeza suelen presentar un aspecto más desigual que las que se encuentran más arriba o abajo en el bosque. Es posible que los ejemplares jóvenes y pioneros cercanos a un bosque parezcan maltratados por los remolinos del viento predominante. Pueden verse muchos patrones de viento interesantes en los árboles dentro de los paisajes formados por una sucesión de pequeños bosques, puesto que los remolinos se descolgarán de una arboleda y causarán estragos en la siguiente.

# Capítulo 7

## *El tronco*

*La reverencia – Más viejo y más ancho, más alto y más enjuto – Ensanchamiento y estrechamiento – Adelgazar por donde sopla el viento – Acampanados y con forma de casita de hadas – El cojín – Protuberancias y crestas – Curvas – Horquillas*

Si le pides a cualquier persona, joven o mayor, que dibuje un árbol, el tronco seguramente parecerá un poco insulso. Será un par de líneas que unen el suelo con una copa donde están las hojas. Y, sin embargo, si salimos al exterior, comprobaremos que no hay dos troncos iguales. Poseen curvas, protuberancias, bifurcaciones y otros patrones que nos ofrecen un mundo de rica diversidad. En este capítulo, nos centraremos en sus características y en su significado. Empezaremos por las tendencias más generales, las que afectan a todo el tronco y, luego, nos centraremos en las de mayor especificidad.

### *La reverencia*

Muchos patrones de la naturaleza son invisibles para la mayoría, pero resultan fáciles de detectar y, entonces, es difícil que se nos pasen por alto. La próxima vez que camines por un amplio sendero o una carretera, o que pasees junto a un río, y crezcan árboles a los lados, fíjate en la manera en la que sus troncos se inclinan hacia ti.

Hemos visto cómo las ramas se extienden por las aberturas, por ejemplo, en caminos y ríos, y los troncos también. Si fuera al revés, los troncos se alejarían de la amplia franja de luz que atraviesa el bosque y empujarían todas las ramas hacia los árboles más oscuros, lo que sería una estrategia terrible.

La misma tendencia puede observarse en los márgenes de la totalidad de los bosques: los troncos de los árboles se inclinan ligeramente hacia fuera, pero nos resulta más satisfactorio notarlo mientras paseamos entre ellos. En particular, el efecto puede ser potente cuando, en invierno, caminamos cuesta arriba entre árboles caducifolios: un cielo brillante detrás de ejemplares desnudos ofrece sus siluetas, así como un fuerte contraste.

Me gusta pensar que los árboles nos saludan con una reverencia. No hay ninguna neurona en mi cerebro que crea que esto es así, pero, gracias a ello, estoy pendiente de buscar el patrón y, cada vez que lo veo, me invade una sensación de calidez. Inténtalo.

## *Más viejo y más ancho, más alto y más enjuto*

Mucho antes de que seamos lo bastante mayores como para deletrear «circunferencia», aprendemos a leer de manera instintiva un signo de los árboles: cuanto más grande es el tronco, mayor es su edad. A la hora de determinar la edad de un árbol, la circunferencia de un tronco es más fiable que la altura,[1] que empieza a disminuir en los árboles antiguos, pero el tronco sigue engordando. Algunos de los ejemplares de más edad son más bajos y anchos de lo que lo fueron en sus mejores épocas.

Existen un millón de variables que pueden influir en la circunferencia exacta de un árbol, pero hay una regla general. Aquellos que crecen en espacios abiertos con una copa robusta y sana ganan unos dos centímetros y medio al año. Por tanto, uno que esté en un espacio abierto y posea una circunferencia de dos metros y medio ha vivido cien años. Los árboles de los bosques crecen hacia arriba con más determinación gracias la luz, así que el mismo contorno en un árbol de bosque significaría que tiene el doble de años, doscientos en este caso. En el límite del bosque, algunos ejemplares viven en un entorno más o menos abierto, y la misma medida allí sugeriría una edad cercana a los ciento cincuenta años.

A pesar de que se trata de estimaciones, son válidas para una gran variedad de árboles y, lo que es más sorprendente, se aplican tanto a latifolios como a coníferas. Los puristas querrán puntualizar que hay excepciones —incluidos los verdaderos gigantes, como las secuoyas— y que los ejemplares crecen más deprisa cuando son jóvenes, y más despacio, a medida que se acerca la senectud, por lo que se producen errores en los extremos de su trayectoria vital.

La cantidad total de agua que fluye por un río no puede ser mayor que la que mana hacia él desde todas las fuentes más pequeñas. Lo mismo ocurre con los árboles: el grosor de sus ramas es, de manera aproximada, el mismo sea cual sea su altura. Si juntáramos todas las ramitas de la copa de un árbol alto en un manojo perfectamente apretado, tendría aproximadamente el mismo tamaño que el tronco. Así lo comentaba Leonardo da Vinci en su *Tratado de la pintura*, donde acuñó la regla de los árboles: «Todas las ramas de un árbol, en cada fase de su altura, tienen el mismo grosor que el tronco cuando se juntan».[2]

Es una idea sencilla que ayuda a explicar por qué observamos que el tronco se estrecha de modo significativo por encima de las uniones de las ramas principales: ahora, hay menos árbol al que suministrar agua y nutrientes. No obstante, también podemos pensarlo de otra manera. Tal como hemos visto antes, los árboles producen madera adicional a fin de soportar el peso o las tensiones: el tronco tiene que ser más grueso por debajo de las ramas grandes.

## Ensanchamiento y estrechamiento

El pueblo de Weldon, en Northamptonshire, cerca del centro de Inglaterra, estuvo rodeado por el bosque de Rockingham, una zona donde solía cazar la familia real. No era fácil de recorrer: muchos visitantes se equivocaban de camino y se perdían. A la gente le pasa esto desde hace milenios y seguirá perdiéndose. Sin embargo, hace mucho que en Weldon hallaron una solución increíblemente rara e ingeniosa para este problema, que sobrevive hasta nuestros días.

Se dice que un viajero se perdió en el bosque de Rockingham, y solo consiguió orientarse y encontrar la salida al ver la luz procedente de la torre de la iglesia de Weldon.[3] El viajero, enormemente aliviado y agradecido, decidió que quería salvar a otros del mismo mal trago y pagó para que se construyera un elemento fijo. En lo alto de la iglesia de Santa María la Virgen, en Weldon, se erigió una cúpula donde albergar velas o faroles. Es el único faro interior en funcionamiento del Reino Unido.

Un faro puede enseñarnos a leer la forma de los troncos de los árboles. John Smeaton, ingeniero e instrumentista británico del siglo XVIII, fue el encargado de diseñar un nuevo faro en la costa de Plymouth (Devon, Inglaterra).[4] Él sabía que debía concebir algo capaz de resistir las inclemencias del tiempo diurno y nocturno a lo largo de las estaciones y durante muchos años. Era una tarea formidable para cualquier ingeniero, pero un poco menos abrumadora para quien entendiera que la naturaleza ya había descubierto cómo crear algo alto que sobreviviera a las tormentas. Se necesitan materiales resistentes, una base firme y estable y la forma adecuada. Smeaton basó su diseño del faro de Eddystone (Devon) en la morfología del tronco de un roble. Sabía que la piedra resistiría mejor las implacables olas que la madera, pero la forma no necesitaba muchas mejoras. Duró más de un siglo, de 1759 a 1877; solo fue reemplazado porque las rocas sobre las que se asentaba habían empezado a erosionarse y a volverse inestables. La torre en sí estaba bien.*

La mayoría de los troncos se ensanchan cerca de la base, pero algunos, como en los robles, lo hacen de forma más marcada que otros. Cuanto más alto y viejo es el árbol, mayor es su ensanchamiento. Los árboles más altos tienen que hacer frente a vientos más fuertes, aunque es fácil subestimar lo extremo de este efecto. Un árbol que se eleve algo más que sus vecinos no puede resguardarse en absoluto y esta parte que sobresale es la que se enfrenta a vientos más fuertes. Una altura superior provoca fuerzas significativamente mayores contra él, además de un ensanchamiento muy acrecentado en la base.

Todos los troncos se estrechan hacia la parte superior del árbol, pero la manera en la que lo hacen es un reflejo del carácter de esa especie y reproduce las tendencias de sus ramas. Las especies pioneras —por ejemplo, los alerces, los abedules y los alisos— esperan crecer en lugares expuestos al viento y sus troncos se vuelven esbeltos hasta convertirse en tallos con forma de fusta. Los árboles de desarrollo lento y constante, a saber, los robles y las secuoyas, se estrechan de manera más gradual y mantienen cierto grosor casi hasta la cima.

## Adelgazar por donde sopla el viento

Ningún tronco es un cilindro perfecto y simétrico. Si imaginamos que lo cortamos aproximadamente a la altura de nuestra cabeza, podríamos pensar que veremos la sección transversal igual que un círculo, pero esto nunca es así del todo. Siempre hay algo que lo tuerce y, para no variar, la forma con la que nos

---

* Todavía se puede visitar la Torre de Smeaton, cerca de Plymouth. Fue desmantelada y reconstruida por suscripción pública. Lleva allí desde 1884, «en conmemoración de una de las obras de ingeniería civil más exitosas, útiles e instructivas jamás realizadas».[5]

encontramos se debe a tres factores: los genes, el entorno y el paso del tiempo.

Algunas especies están programadas de antemano para rebelarse contra las morfologías perfectas. El tejo no es un árbol regular: no existe en el mundo un tronco de este tipo de árbol con una sección transversal completamente circular. Muchas especies más pequeñas rompen la idea de un solo círculo ordenado mediante su división en múltiples tallos; el avellano y el aliso son particularmente aficionados a esto. Los árboles que cuentan con varios tallos empiezan formando un grupo compacto a nivel del suelo, pero, con el tiempo, se disgregan y se separan los unos de los otros.

Los ejemplares sanos de muchas familias arbóreas, por ejemplo, las hayas y los robles, poseen un corte transversal bastante regular desde la altura de la cintura hasta justo debajo de la rama principal más baja. En un primer vistazo, puede parecer redondo, aunque lo más probable es que sea ovalado.

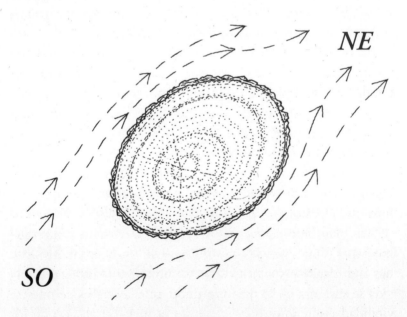

*Adelgazar por donde sopla el viento*

El árbol en su totalidad, incluido el tronco, responde al viento. La mayoría «adelgazan por donde sopla el viento». Camina unas cuantas veces alrededor de un árbol grande y maduro en un espacio abierto, y pronto verás que el tronco parece ensancharse, luego adelgazar, y después, ensancharse de nuevo. (Esta es una de las razones por las que los técnicos forestales registran el tamaño de los árboles por su circunferencia y no por su diámetro).[6]

El tronco es más enjuto cuando se mira en línea con la dirección predominante del viento —de sudoeste a noreste en el Reino Unido— y parece más ancho al mirarlo de sudeste a noroeste, en sentido transversal a la trayectoria del viento predominante.

## Acampanados y con forma de casita de hadas

A veces, el tronco de un ejemplar arbóreo fluye con elegancia desde el suelo hasta la copa, pero, a menudo, veremos protuberancias que rompen la suavidad de las líneas.

Empecemos por abajo y vayamos subiendo. Incluso si esperamos que la base del tronco se ensanche un poco para dar estabilidad al árbol, lo cierto es que algunos de mayor edad poseen una base que parece escandalosamente ancha. Es como si esta hubiera renunciado a ser un árbol y quisiera convertirse en una campana gigante. A este efecto se le denomina «acampanamiento», «campana basal» y «culo de botella», pero, cualquiera que sea el nombre que le demos, es señal de problemas en el interior del árbol.

Un mamífero perece cuando se le para el corazón. Lo mismo ocurre con muchos otros órganos internos, como los riñones o el hígado. Nos hemos acostumbrado a la idea de que la vida se sustenta en lo más profundo, que las claves de nuestra vitalidad están muy por debajo de la piel. En el caso de los árboles, ocurre más bien lo contrario.

La madera del corazón de un árbol viejo está muerta. Si permanece protegida por la corteza y las capas exteriores, durará mucho tiempo como una parte estable, aunque sin vida. No obstante, el proceso de descomposición comienza cuando una grieta u otro punto débil permite la entrada de microorganismos en la madera muerta. Muchos árboles antiguos empiezan a pudrirse desde dentro, pero pueden mantenerse con vida durante siglos si conservan sus capas exteriores en buen estado. El exterior es también la parte más importante para la resistencia estructural,[7] que es otro concepto que a nosotros, criaturas con esqueleto, nos resulta contraintuitivo.

A pesar de que existan problemas en el centro de la base de un árbol viejo, este puede sobrevivir si crece hacia fuera y alrededor de la zona problemática. Los árboles ancianos pueden beneficiarse de este proceso gracias a la reabsorción de parte de los nutrientes que acaban en el suelo tras la descomposición de su propio interior. (De manera sorprendente, también echan raíces dentro de sus troncos para alimentarse de esto mismo).[8]

Una vez más, los ejemplares resuelven un problema haciendo crecer más madera y esto genera la forma de campana en la base de los que tienen una cierta edad. La grieta o el agujero que permitió la entrada de la infección en el árbol también se ensancha con el tiempo. Esto significa que veremos imponentes árboles antiguos con agujeros, huecos y otras brechas profundas en la parte inferior de sus troncos, que crea un efecto que habrás visto muchas veces, y posiblemente comentado, ya que es bastante encantador. Es como si, en la base del árbol, hubiera una puerta por donde entran las hadas a una casita. Los animales suelen anidar en estos huecos y a los niños también les fascinan, pero estas moradas fantásticas pueden ser lo bastante grandes como para que quepa un adulto. Una vez, me acurruqué dentro de la «casa de hadas» de un inmenso olmo a fin de refugiarme de la gélida lluvia. Vale, lo confieso: la lluvia era una excusa. Me metí porque me hacía feliz.

## El cojín

En el accidentado camino para ganarme la vida de la extraña manera en la que lo hago, en una ocasión, viajé para mantener una reunión en Bedford Square, Bloomsbury (Inglaterra). Es una zona de Londres impregnada de una extraordinaria historia literaria, a la sombra de grandiosos edificios georgianos. Para cualquier aspirante a escritor, puede haber pocos lugares más emocionantes o intimidantes a la hora de acudir a una reunión.

Odio llegar tarde; en cualquier caso, aquel no parecía un buen momento para cambiar mi costumbre. Era una reunión que estaba seguro de que marcaría mi vida. Estaba entusiasmado y nervioso, y llegué cuarenta minutos antes. Hice tiempo paseando por Bloomsbury en círculos concéntricos, pero los últimos diez minutos los pasé dando vueltas alrededor de la plaza, igual que un preso en el patio.

En su centro, hay robustas verjas de metal negro que cercan un jardín simétrico y bien cuidado. Me habría gustado dar una vuelta por él, puesto que intuía que el espacio verde me tranquilizaría, pero la verja estaba cerrada y no tenía llave. Lo único que podía hacer era caminar entre los pinchos metálicos y observar la vegetación. Quería atravesar los huecos y disfrutar del otro lado. Entonces, vi que los árboles tenían sentimientos similares: también ansiaban pasar por entre los huecos. La base de una hilera de plátanos de sombra se había hinchado hasta engullir la de la verja metálica.

El tronco se ensancha a medida que un árbol crece. Si se encuentra con algo duro e inflexible, como una roca, un ladrillo o una verja de hierro, desarrolla madera adicional en ese punto y forma un «cojín». La madera origina un contrafuerte en el punto de contacto, aunque, a veces, se traga el obstáculo. Puede parecer que los troncos de los árboles se mueren por zamparse cualquier cosa que se interponga en su camino.

Pensé que la reunión había ido bien y me mantuve a la espera de noticias. Tenía enormes esperanzas y mi mente —que elucubra mucho— ya había planeado mi futuro. Cuando llegaron las respuestas, incluían la palabra «bien», que siempre significa «no hay trato». No resultó como esperaba. Tampoco fue el momento crucial que yo había imaginado. Cuando nos acercamos a esas ocasiones, parece que nos van a cambiar la vida, pero el hecho de contemplar las cosas en retrospectiva nos permite darnos cuenta de que los momentos más importantes nos pillan desprevenidos. La vida siguió su curso y, después de deshacerme de los sentimientos de rechazo y desánimo, caminando largas distancias, acumulé otra capa de madera emocional con la misión de amortiguar el siguiente obstáculo.

## Protuberancias y crestas

Si bien los ejemplares no saben cuál será la siguiente pregunta que se les planteará, conocen la respuesta. Siempre es: «Haz crecer madera adicional». A diferencia de muchos animales, que son capaces de regenerar sus células, los árboles solo pueden añadir más.

A veces, veremos una protuberancia que rodea todo el tronco, muy por encima de la base ensanchada. Esto es señal de que el árbol está intentando resolver un problema interno. Lo siguiente que hay que observar es el carácter de la protuberancia: ¿se desarrolla con suavidad —como una ligera ola— o es más bien una subida brusca, igual que un escalón?

Una protuberancia suave indica la presencia de podredumbre en esa sección del tronco (el mismo problema que el acampanamiento, solo que un poco más arriba). Un escalón más brusco es señal de que las fibras de madera del interior del árbol se han doblado, probablemente durante un acontecimiento traumático, por ejemplo, una tormenta.[9] En cada caso, el ejemplar arbóreo ha detectado una debilidad interna y ha desarrollado un anillo de madera nueva a su alrededor para apuntalar las cosas, como una escayola alrededor de un hueso roto.

Siempre que veas una protuberancia en el tronco, vale la pena buscar un signo de lo que causó el problema original. Si el abultamiento está ocasionado por la podredumbre del interior, debió de haber una vía de entrada (por ejemplo, una abertura dejada por una rama que se desprendió sin un sellado conveniente) para los organismos atacantes.[10] En caso de que no se localice una rama vieja, es posible que haya señales de otras alteraciones, como la falta de corteza, posiblemente roída por animales.

La madera es uno de los inventos técnicos más asombrosos de la naturaleza, pero tiene sus límites. Si las fuerzas a las que se ve sometida crecen lenta e incrementalmente a lo largo de los años, los árboles añaden capas y soportan niveles extraordinarios de tensión y compresión. Ahora bien, la madera no es capaz de adaptarse al instante: si una tormenta, un corrimiento de tierra u otro impacto repentino golpea un árbol, el

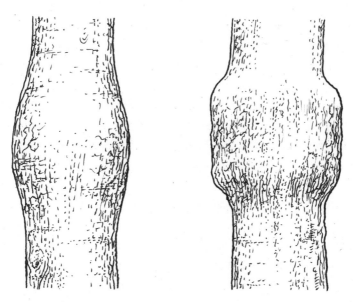

*Protuberancia suave (izquierda) y brusca (derecha)*

tronco puede resquebrajarse. Un árbol detecta un problema serio —por ejemplo, una grieta— y, entonces, tal como has adivinado, hace crecer más madera con la misión de tratar de hacer frente a la nueva debilidad.

Tarde o temprano, una grieta grave que atraviese todo el tronco conducirá a la rotura total del árbol, pero una que se abra en un lado le concede la oportunidad de recuperarse. Así, desarrolla madera alrededor y por encima de la parte afectada, lo que da lugar a una cresta elevada a lo largo de la línea de la grieta. A veces, esto permite que el árbol se cure, aunque no siempre, y, por su forma, podemos saber si la recuperación ha sido satisfactoria. Una cresta redondeada y lisa implica que el ejemplar arbóreo se ha repuesto; una afilada o puntiaguda significa que no ha sido el caso.[11] Las grietas horizontales se deben a la tensión en el tronco y las verticales se forman cuando hay compresión.[12]

Si intentas romper una pequeña rama verde, no se partirá de forma limpia ni con facilidad. No obstante, cuando se dobla con violencia en un sentido y, luego, en otro, verás cómo aparecen muchas grietas verticales, y a continuación, divisiones. Este efecto se conoce como «fractura en tallo verde».[13] De manera frecuente, se puede ver la luz a través de una hendidura vertical en la rama mucho antes de que se parta en dos. La compresión provoca una grieta vertical, que se ensancha hasta convertirse en una fractura mayor. Esta misma se forma en el tronco de un árbol sobrecargado, pero, antes de que pueda quebrarse por completo, el ejemplar arbóreo hace crecer madera alrededor y sobre la grieta, lo que da lugar a las nervaduras que apreciamos en la corteza.

El viento es la causa más probable de aparición tanto de grietas como de nervaduras, aunque hay otros desencadenantes. La congelación es la causante de que aparezcan grietas en los troncos, sobre todo cuando una parte del árbol se expande o contrae más rápido que la vecina, y suelen ser verticales.[14]

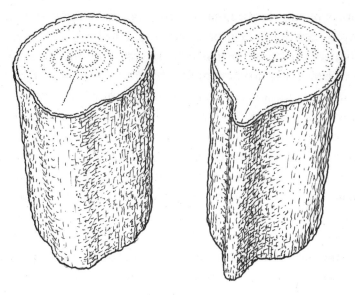

*Crestas suaves y afiladas*

## Curvas

En una fría y clara noche de noviembre en Yorkshire (Inglaterra), me despedí de Rob y Dave, y les deseé buena suerte. Su tarea consistía en encontrar una granja a unos kilómetros de distancia, utilizando las estrellas, los planetas, la luna, los animales y los árboles. Bajaron la colina y sentí un escalofrío de emoción cuando sus siluetas se desvanecieron en el cada vez más intenso azul del cielo nocturno.

Yo había pasado la tarde entrenando a los hermanos granjeros para un programa de televisión y, aunque, en estas situaciones hay cierto grado de alboroto, trivialidad y artificio, siempre es un momento emocionante. Me desmeleno y empujo a los novatos hacia el paisaje, y los aliento mientras prueban estas técnicas por primera vez.

Me subí al Land Rover y tomé la ruta más larga por carretera hasta su destino, para esperarlos allí en unas horas; todo iba bien. Llegaron a la granja sin necesidad de rescate, y todo fueron sonrisas y apretones de manos al tiempo que nuestro aliento serpenteaba a la luz de la luna.

Nos pusimos al corriente de su jornada y me dijeron que se habían desviado un poco en el bosque, pero que habían utilizado los planetas, las estrellas y las formas de los árboles para resolver el problema y retomar el camino correcto. Vista desde arriba, su trayectoria habría sido una curva: se apartaron de su rumbo y, luego, volvieron a encontrarlo. Los troncos de los árboles no siempre siguen una línea recta, puesto que, a veces, se desvían conforme crecen y encuentran su propia manera de recuperar el camino.

Mientras aguardaba a Rob y Dave, me había mantenido caliente paseando por los campos más cercanos a la granja y fue entonces cuando vi aquel árbol, que tenía una curva muy marcada. La silueta del falso ciprés de Lawson se erguía ante el resplandeciente fondo de la salida de la luna y su tronco resultaba sorprendente. Apenas era un poco más recto que un plátano.

Los ejemplares perciben la gravedad. El brote principal en la parte superior del tronco crecerá hacia arriba —en dirección opuesta a la fuerza gravitacional— mediante un proceso llamado «geotropismo» (también, gravitropismo). Lo ingenioso es que la copa del árbol está constantemente detectando la fuerza de gravedad y ajustando su rumbo. Esto es importante, porque un brote puede desviarse de su curso por muchos motivos y necesita una forma de volver a encauzarse. No puede dar la vuelta ni volver a empezar: en la madera, el pasado permanece para siempre. Ello significa que podemos pensar en el tronco de un árbol como si fuera el camino que ha seguido: si se ha desviado en algún punto, veremos una curva o, a veces, un pliegue en su forma.

El falso ciprés curvo que vi aquella noche crecía en las colinas del norte de Inglaterra. Lo más probable es que las fuertes nevadas lo hubieran lastrado cuando era joven y desviado de su curso. La larga curvatura significaba que había tardado bastantes años en retomar el rumbo.

A pesar de que hay muchas cosas que pueden apartar a un ejemplar arbóreo de su trayectoria, la nieve y el deslizamiento del terreno son dos de las más comunes. Fíjate en el lugar donde la curva es más pronunciada: esto te dará una buena idea de cuándo ocurrió el suceso. Si está cerca de la base, fue hacia comienzos de la vida del árbol; si se encuentra a mayor altura, ocurrió con posterioridad. Cuando el cambio es muy gradual y no hay ningún lugar en el que la curvatura parezca más acusada, es posible que el árbol se haya movido de su ubicación original, tal vez, en el momento en el que la tierra donde se asentaba se deslizaba ladera abajo con suavidad.

Una curva no es lo mismo que una inclinación. Hay ocasiones en las que un ejemplar arbóreo decide no crecer perfectamente en vertical, lo que da lugar a una inclinación, tal como vimos al principio de este capítulo. Por lo general, suele deberse a que la luminosidad es unidireccional y esto resulta común en tres situaciones que ya hemos visto: junto a pistas, cerca de los ríos, y al borde de los bosques. Sin embargo, también ocurre en pendientes pronunciadas.

Siempre que vemos árboles inclinados en terrenos escarpados, se está librando una discreta batalla entre dos tipos de crecimiento: el geotropismo, que se rige por la gravedad, y el fototropismo, por la luz. El objetivo primordial del tronco es crecer hacia arriba (geotropismo), pero la asimetría extrema de la luz puede desviarlo ligeramente (fototropismo). Esto se da con frecuencia en pendientes pronunciadas, ya que la luz solo puede entrar por un lado. Cada especie dará prioridad a un tipo de desarrollo en función de su hábitat preferido. Los ejemplares de ribera, como los alisos y sauces, han evolucionado para priorizar la luz: se inclinan sobre el río y sus troncos rara vez forman una vertical perfecta. La mayoría de los grandes árboles y las coníferas se mantendrán casi rectos, a menos que se los obligue físicamente a desviarse. Por tanto, si ves una conífera curvada o inclinada, eso es que ahí está interviniendo un factor más poderoso que el lumínico.

Si buscas estos efectos con regularidad, empezarás a leer el carácter de cada árbol en la manera en la que su tronco responde a la luz y a las pendientes. Por ejemplo, al pasar por el borde de un bosque mixto en una colina empinada, puedes observar que algunas especies se inclinan con decisión hacia fuera y siguen creciendo en esa dirección. Otras hacen lo mismo y, después, se curvan de nuevo hacia la vertical. Algunas crecen verticalmente y parecen ignorar la fuerza de la gravedad y la lumínica. Cuando detectes esto, sentirás que te invade la emoción, porque significa que tu capacidad de observación ahora es mayor. En el momento en el que nos demos cuenta de que cada ejemplar arbóreo responde de forma diferente a las mismas influencias, apreciaremos cosas que pocos ven.

Los terrenos en pendiente no son nada nuevo, aunque dan lugar a un efecto más inusual que se ve pocas veces. En las laderas de las colinas, los árboles más altos tienden a crecer verticales hacia arriba, en dirección opuesta a la gravedad. No obstante, los de menor tamaño en el sotobosque pueden obtener más luz si lo hacen hacia fuera de la ladera, perpendiculares al terreno.[15]

*Ángulos de árboles altos y bajos en una ladera empinada*

## Horquillas

A pocos pasos de la puerta de mi cabaña, se erige un haya madura e impresionante. He visto este árbol miles de veces y lo he tocado en cientos de ocasiones. Los días en los que escribo paso lo bastante cerca como para olerlo y, en verano, me gusta almorzar a su sombra.

Una mañana, me propuse un reto que temía que fuese inútil: decidí dedicarle unos minutos para ver si había pasado alguna cosa por alto. ¿Había algo interesante en esta haya que no hubiera visto antes?

Después de contemplarla desde una corta distancia, que me permitía tocarla, di un paso atrás y fue entonces cuando vi bien su forma por primera vez. Me impactó: su «normalidad» me horrorizó. Detrás de la casa de mi vecino más cercano, en el margen del bosque, hay otras dos hayas, pero ninguna tenía unos contornos tan arquetípicos. Eran de la misma especie e igual tamaño, pero su forma, menos clásica, no tan «ideal».

Los dos árboles que están detrás de la casa de mi vecino tenían un aspecto más desarreglado, carecían de simetría y belleza, pero el que crece junto a mi casa estaba perfectamente esculpido para ser un haya. Parecía refinado y elegante. He observado este patrón en otros lugares de la zona: el árbol más cercano a un edificio parece más pulcro que los que están un poco más alejados. La respuesta no se halla en los jardineros ni en los arboricultores. Tuve que pasearme entre los árboles a fin de entender lo que sucedía. Para explicarlo, hay que hablar de «horquillas».

Algunos árboles llevan una vida corriente, se topan con pocas calamidades y crecen de la forma en la que sus genes los guían. Estos afortunados ejemplares poseen las siluetas arquetípicas que vemos en los dibujos tradicionales. Los árboles altos prefieren tener un único tronco principal que vaya de la base a la copa sin rodeos, ya que esta es la morfología más estable. Si, en algún punto, el árbol se subdivide, se ha bifurcado. La bifurcación es una debilidad arquitectónica, por eso los ejemplares más altos no la tienen.

El hecho de que un árbol alto presente una bifurcación es señal de que algo grave le ocurrió en el pasado, por lo general, la decapitación. Si una tormenta, un animal o un ser humano arranca la copa de un árbol, el nuevo crecimiento comenzará otra vez cerca de ese punto y, a menudo, a partir de más de una yema. Si el brote sobrevive, probablemente el árbol tenga dos o más troncos. Es raro que uno alto soporte tres troncos del mismo tamaño, pero las horquillas de dos puntas son comunes.

Tal como ya sabemos, la parte leñosa del tronco no crece hacia arriba, por lo que la altura a la que empieza la bifurcación conforma una buena pista sobre el marco temporal del incidente que la originó. La regla general es que los animales ramoneadores, como los ciervos, son los posibles causantes de la horquilla, si comienza cerca del suelo. Cuando la horquilla empieza más arriba la causa podría achacarse a otros animales más pequeños, por ejemplo, las ardillas o los pájaros, o a una catástrofe de violencia moderada, como una tormenta.

A pesar de que no existe el ejemplar arbóreo perfecto, cualquiera que tenga un aspecto pulcro e idealizado debe haber tenido una yema superior sana durante la mayor parte de su vida. Esto se refleja en la morfología clásica de un tronco, que forma una sola línea desde el suelo hasta la copa. Si el tronco se bifurca, el árbol ha perdido la yema apical, lo que conlleva repercusiones más allá de esta subdivisión. Recuerda que la yema apical envía hormonas al tronco, detiene el crecimiento de las ramas inferiores y hace que el árbol sea alto y enjuto, sobre todo cuando es joven. Por eso, una horquilla es una invitación a que busques las ramas inferiores y compruebes si crecen con más vigor que las de un ejemplar arbóreo de la misma especie y de tronco único. Por lo general, un tronco con una horquilla baja dará lugar a un árbol más ancho y desordenado.

Volvamos a mis hayas vecinas. La que está junto a mi casa ha tenido una yema sana toda su vida, de ahí su llamativa y clásica normalidad. Las hayas de aspecto desordenado más alejadas tenían horquillas bajas, probablemente causadas por el ramoneo de los ciervos, muy comunes en esta parte del mundo. Al venado le gusta comer las hojas de los árboles a una distancia prudencial de los edificios u otras señales de presencia humana, por eso hay más árboles modélicos cerca de la civilización, y algo más lejos están los bifurcados y desordenados. (Los ejemplares próximos a edificaciones también son objeto de gran cantidad de podas y talas, pero eso es otra historia).

Las horquillas son puntos débiles, pero, cuanto antes y más abajo se formen, mayor será su estabilidad. En el capítulo 12 «Señales de la corteza», aprenderemos a buscar los signos que indican que una bifurcación está a punto de romperse.

# Capítulo 8

*Brújulas de tocón y porciones de tarta*

*Porciones de tarta – Duramen y albura – Anillos – La
brújula de tocón – El tocón perdido – Un tocón repelente
– Estacas y círculos*

El hongo *Hymenoscyphus fraxineus,* que provoca la acronecrosis
o muerte del fresno, se ha cobrado la vida de miles de estos
árboles en los terrenos cercanos a nuestra casa, y los que han
sobrevivido siguen siendo extremadamente vulnerables. Los
organismos públicos que son propietarios de estas tierras te-
men que los árboles enfermos caigan, aplasten a la gente en la
vía pública y creen un estropicio que luego haya que limpiar.
Talan fresnos a mansalva sin que tal cosa les quite el sueño.

Estoy seguro de que lo han pensado bien, y no me corresponde a mí decir si es una política correcta o no. Ahora bien,
ello me ha privado de algunos de mis ejemplares favoritos de
la zona y me ha dado la oportunidad de estudiar innumerables
ejemplos de tocones de árboles recién cortados. He aprendido
a ver muchas cosas en ellos de las que nunca me había dado
cuenta y, ahora, quiero compartirlas contigo.

Lo primero que miro es la corteza alrededor de la base del
tocón. En caso de que todavía esté apretada, sin ningún espacio entre la corteza y la madera del interior, significa que queda
vida en el árbol. Vuelve dentro de un año y es posible que veas

cómo retoñan los brotes epicórmicos —que hemos señalado con anterioridad— a su alrededor. Si la corteza se ha aflojado y ha empezado a pelarse o a desprenderse del tronco, se acabó la partida: el árbol está muerto.

## Porciones de tarta

Cada día, inhalamos miles de millones de esporas de moho, una cosa preciosa. Podrían convertirse en un hongo dentro de nuestros pulmones, que pronto nos asfixiaría y mataría,[1] pero no lo hacen, porque nuestro sistema inmunitario las elimina. Ahora, damos por sentado que el aire está plagado de virus, bacterias y esporas de hongos a los que les gustaría llamarnos «hogar». No obstante, no nos asustamos cada minuto, puesto que sabemos que tenemos defensas que funcionan increíblemente bien. Sin embargo, sigue siendo un concepto novedoso.

Durante miles de años, todo el mundo podía ver lo que ocurre cuando los patógenos logran su cometido, pero no se veían las bacterias, los virus u hongos. La vida nos recordaba que estos nuevos y extraños entes pueden surgir casi en cualquier parte, desde en el moho del pan hasta en alguien muriendo de sarampión. Era como si estas extrañas erupciones aparecieran de la nada, lo que llevó a Aristóteles, antiguo filósofo griego, a cometer un grave error hace más de dos mil años.[2]

Pensaba que la vida era capaz de surgir de manera espontánea de la materia no viva. Creía que muchos materiales contenían una sustancia, a la que denominó «pneuma» o «calor vital», que podía dar lugar a la aparición de nueva vida a partir de estos materiales, sin ninguna influencia externa. Señaló que, pronto, si se dejaba pasar el tiempo suficiente, un charco limpio y vacío albergaría muchos seres vivos. Esta teoría de la generación espontánea explicaba cómo las ranas emergían mágicamente del barro, y los ratones, del grano enmohecido.

126

También parece darle cierto sentido el hecho de que la madera se pudriese y brotaran hongos de ella.

En la actualidad, sabemos que la generación espontánea es imposible y que toda nueva vida terrestre cuenta con un progenitor de algún tipo, aunque sea tan básico como un virus. Saber esto puede ayudar a entender algunos de los patrones que veremos en los tocones de los árboles.

Mientras la teoría sostenía que la madera se descomponía espontáneamente y sin ayuda de organismos externos, no había motivo para buscar la manera en la que se defendían los árboles de los patógenos. Las perspectivas cambiaron a principios del siglo XX, cuando el silvicultor alemán Heinrich Julius Adolph Robert Hartig se dio cuenta de que la descomposición se desencadenaba en el momento en el que se producía una infección, y esto ocurría cuando los hongos invadían un árbol. Ahora nos resulta obvio, pero, en aquella época, fue revolucionario.

Alex L. Shigo, biólogo y especialista arbóreo estadounidense, se basó en esta nueva visión y fue pionero a la hora de estudiar la manera en que los árboles responden a procesos infecciosos. Observó que, cuando un hongo invadía parte del árbol, este intentaba contenerlo. Al detectar un patógeno, el árbol refuerza las paredes celulares del tronco para encerrar cualquier infección en una cámara. Shigo denominó a este proceso «compartimentación de la descomposición en los árboles» (CODIT, por sus siglas en inglés).[3]

Hay una pared que impide que el hongo se desplace verticalmente hacia arriba o hacia abajo del tronco, y otra, que lo haga en dirección al centro.[4] La que veremos más a menudo con nuestros propios ojos es la «porción de pastel»: el árbol refuerza las paredes radiales, que van desde el centro hasta los bordes del tronco, igual que los radios de una rueda. Esto retiene cualquier infección dentro de una cuña o porción de pastel en el tronco. Mira suficientes tocones o madera apilada en los bosques, y pronto verás una porción de pastel más oscura. Esto es una infección encerrada en una cámara en forma de cuña.

Siempre que observemos la porción de pastel, podremos admirar la forma en la que el árbol hizo todo lo posible por luchar contra el problema. Desgraciadamente, si estamos estudiando la madera es porque el árbol se vino abajo, señal de que, quizá, retrasó la propagación del hongo, pero no logró detenerla del todo.

Las células radiales que contienen la infección en porción de pastel también dan una enorme fuerza al tronco y a las ramas. Esta es la razón por la que vemos troncos cortados con una morfología similar a un trozo de tarta. (También explica el hecho de que las ramas verdes sean difíciles de partir y apreciemos la fractura en tallo verde que conocimos antes).

En caso de infección, se pueden observar las líneas radiales con claridad, pero los robles son uno de los únicos árboles que las muestran en su madera sin que haya signos de tal enfermedad.

## Duramen y albura

Bajo la corteza exterior, existe otra interior, una fina capa de células vivas que da lugar al floema, un tejido importante. Esta capa se encarga de transportar los azúcares producidos durante la fotosíntesis y de formar la red de energía vital del árbol. Permite el crecimiento y funciona en los lugares del árbol que necesitan energía, pero que no la producen, como las raíces. El floema envuelve todo el árbol, pero tiene poco grosor y está cerca del exterior, lo que lo hace vulnerable a cualquier daño en la corteza.

Bajo el floema, el árbol posee el cámbium, una capa muy fina de células, demasiado delgada como para verla a simple vista. Esta produce nuevas células e impulsa el crecimiento, lo que permite que las ramas, el tronco y las raíces sean más gruesos cada año.

La mayor parte del tronco se encuentra dentro del cámbium. Se llama «xilema» y consta de dos partes: el antiguo y el nuevo. Sus células incipientes, que están muy vivas y ocupadas

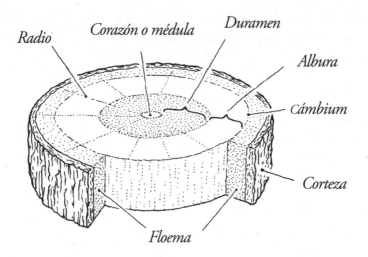

Radio　　Corazón o médula　　Duramen

Albura

Cámbium

Corteza

Floema

transportando agua y minerales árbol arriba y árbol abajo, se localizan justo debajo del cámbium.

Cada año, el ejemplar arbóreo añade una nueva capa de xilema por fuera de la del anterior. Por eso vemos anillos y los más antiguos se encuentran próximos al centro. Las células del xilema tienen una vida útil, pero, cuando se han añadido suficientes capas, las internas ya no son necesarias y mueren. En ese momento, muchos árboles las rellenan con gomas o resinas protectoras. Las capas más jóvenes, externas y vivas del xilema se denominan «albura», y las internas, «duramen».

A simple vista, el duramen no siempre parece diferente de la albura, pero, en la mayoría de las especies, es más oscuro. En algunas, destaca de forma espectacular, llegando incluso a confundirse con una enfermedad. Así, el ébano —madera muy oscura y densa— hace referencia al duramen de algunos ejemplares tropicales; la albura de estos no es más oscura que la de cualquier otro. Las píceas muestran muy poco contraste entre ambas partes.

En algunos árboles, el duramen se desprende de los anillos y da lugar a patrones más irregulares. Las tensiones externas

—por ejemplo, la sequía— pueden alterar su formación y originar formas llamativas.[5] He visto estrellas, nubes, una gallina e incluso un panda en el duramen de hayas, abedules, arces y fresnos.

Esta parte es más densa, seca, dura y pesada que la albura, por lo que se prefiere para muchos usos prácticos. (A pesar de que el ébano ya no se utiliza con fines comerciales, porque no se puede obtener de forma sostenible en grandes cantidades, sigue siendo una madera fascinante, tan densa que se hunde en el agua). Algunos artesanos utilizan madera que combina albura y duramen a fin de crear hermosos efectos, como un cuenco torneado a partir de una pieza que, de manera natural, tiene zonas claras y oscuras. El arco de tiro perfecto también contenía albura y duramen:[6] las fuerzas de tensión en la unión añadían más velocidad a la flecha.

## Anillos

Los anillos de los árboles podrían ayudar a explicar uno de los acontecimientos más dramáticos de la historia occidental. A finales del siglo IV, el Imperio romano empezó a desmoronarse con la ayuda de los invasores orientales, entre ellos, los hunos, un pueblo nómada liderado por Atila, su infame líder.

Los expertos que se encargan de la dendrocronología —esto es, que estudian los anillos de los árboles— han hallado pruebas de una gran sequía que afectó a China en el siglo IV.[7] Los ejemplares que crecían en la meseta tibetana durante este periodo poseen una franja de anillos más finos. Según la teoría, las décadas de calor y sequía repentinos obligaron a los habitantes a dirigirse hacia el oeste en busca de tierras más húmedas y fértiles. Esto provocó el derrumbe del Imperio romano y la llegada de la Edad Oscura.

La mayor parte de los niños aún saben que podemos determinar la edad de un árbol si contamos los anillos (o eso espero). *A posteriori,* la razón por la que podemos verlos es obvia, pero pocos piensan en eso cuando los observan: un anillo tiene dos colores. Nos resultaría difícil distinguirlos si el crecimiento de cada año fuese de la misma tonalidad.

Anualmente, el ejemplar arbóreo pasa por una fase de crecimiento rápida y otra más lenta. En primavera y a principios de verano, añade células grandes con paredes finas, que conforman la parte más ancha y clara del anillo. Más adelante, en la temporada de crecimiento, las cosas se ralentizan. El árbol agrega otras células de menor tamaño y mayor densidad, visibles como una zona enjuta y más oscura.[8] La parte que es fina y oscura actúa a modo de división, lo que nos facilita ver y contar la parte que tiene mayor anchura y claridad. Las condiciones ambientales varían de un año a otro y esto influye en el espesor de cada anillo; una estación de crecimiento que es benévola con los árboles da lugar a unos anillos de grosor superior. Muchos imaginan que los anillos más anchos se producen tras la exposición a un sol constante, pero la mayoría de los ejemplares crecen mejor cuando el clima es húmedo y templado, y hay suficiente luz.

En el momento en el que empezamos a observar los anillos de los tocones de los árboles de nuestro entorno, parece un milagro que contengan mensajes, pues todos se parecen mucho. ¿Qué magia utilizan los dendrocronólogos para encontrar algún sentido a este extraño lenguaje? Emplean un truco sencillo que nosotros podemos copiar: no los miran como un gran grupo, sino que buscan ciertas líneas que revelen algún significado. En todas las partes del mundo y durante cada una de las épocas, hay años anómalos, fechas que marcan estaciones muy extrañas. Uno de los primeros periodos que ayudó a introducir este método en Europa fue el llamado «gran invierno de 1709», un invierno tan excepcionalmente duro que dejó su huella en un único anillo en los árboles de Inglaterra, Francia, Alemania, Suecia y más allá. Mientras empleemos esta técnica, nosotros mismos podemos viajar en el tiempo con independencia del lugar en el que nos encontremos.

Los ejemplares crecen desde el exterior, de modo que el anillo más externo corresponde al último año de crecimiento, y el más interno, a su primera juventud. Cuando veas un tocón fresco con anillos limpios, anota mentalmente cuál o cuáles te llaman la atención. Ahora, cuenta de fuera hacia dentro y réstalo del año en el que se derribó el árbol: esa es la fecha de tu indicador local.

Búscalo en otros tocones o troncos grandes de la zona. Si una estación ha sido tan dura como para dejar su impronta en la madera de un árbol, también habrá marcado a los demás. Es divertido investigar lo que ocurrió en ese año: resulta probable que el verano raro, anormalmente caluroso y seco, o se produjera una inundación. Las estaciones de 1975-1976 y 1989-1990 fueron en especial duras para los árboles del Reino Unido y dieron lugar a un indicador doble al que apodé «sándwich de los doce años» en un libro anterior *(Guía para caminantes)*. Hay registros que se remontan a más de doce mil años en el caso de los robles y pinos de Europa. A menos que tu trabajo incluya la palabra «dendro», no te recomiendo que concentres tus energías en una época anterior al siglo pasado.

Cada especie cuenta con sus propios patrones y, cuanto más rápido crece, más anchos deben ser los anillos por regla general. Las coníferas se desarrollan con mayor rapidez que los latifolios, por eso los anillos tienden a ser superiores en anchura (por eso, también se las conoce como «maderas blandas». En general, la madera tiene menor densidad cuanto más rápido se desarrolla un árbol). No te molestes en identificar estos patrones en los trópicos: los árboles pueden crecer durante todo el año, por lo que no merece la pena buscar los anillos.[9] Si bien es cierto que tanto el tiempo transcurrido como el clima son las principales fuerzas que rigen su anchura, además intervienen otros elementos.

La regla general es sencilla. El estrés —que puede adoptar muchas formas, pero no siempre es negativo— reduce el crecimiento y hace que los anillos sean más finos. En los latifolios, los anillos son más estrechos en los años veceros, momento en el que los árboles de semillas grandes (como los robles y las hayas) producen muchas. La reproducción puede resultar estresante. Trataremos esto con mayor detalle en el capítulo 13, «Las estaciones ocultas».

## La brújula de tocón

De vez en cuando, me encuentro pronunciando una frase sin sentido: «El centro de un árbol no está en el centro». Es una manera errónea de expresarlo. Por supuesto que el centro de un ejemplar arbóreo está en el centro. Lo que quiero decir es que el «corazón» de un árbol no se encuentra allí.

El corazón es la parte de mayor edad del árbol, la que encontramos si seguimos los anillos desde la corteza hasta que no podemos ir más allá. (El nombre científico para el centro del tronco es «médula», pero aquí hablo de «corazón», ya que es más intuitivo y fácil de recordar). El corazón rara vez se encuentra perfectamente centrado y casi siempre se localiza más cerca de un lado del tronco que de los otros. Existen buenas razones para que esto sea así y resulte más práctico.

Hemos visto cómo los árboles desarrollan madera de reacción cuando están sometidos a estrés, añadiendo madera de compresión en las coníferas, y de tensión, en los latifolios. Los anillos de madera de reacción son más anchos que los normales y su crecimiento es siempre asimétrico, que es de lo que se trata: el árbol está intentando compensar una fuerza que empuja o tira más de un lado que del otro. Por ello, crece más madera de reacción en una zona del corazón que en otra y esta parte casi nunca se encuadra en el centro del tronco.

Los ejemplares expuestos a plena luz desarrollan ramas más grandes y largas en su lado meridional, ya que es de donde procede la mayor parte de la luz. El peso adicional en un lado crea tensiones en el tronco y, con el objetivo de contrarrestar el desequilibrio, el árbol hace crecer mayor cantidad de madera en un lado. En los latifolios, el corazón se ubica más cerca del lado sur. En teoría, ocurre lo contrario con las coníferas, que lo tienen próximo al norte. Sin embargo, tienden a crecer de un modo generalmente más uniforme, por lo que el efecto del sol queda atenuado en las coníferas.

Las cosas serían mucho más sencillas si solo hubiera que tener en cuenta la luz, aunque también menos interesantes. El viento dominante empuja los árboles más de un lado que del resto, por lo que la madera crece para equilibrar esta fuerza. En las coníferas, el corazón se ubica más cerca del lado de barlovento, y en los latifolios, de la cara de sotavento. (Esta es una de las razones por las que el tronco parece más enjuto cuando se mira en línea con el viento, y más ancho, si se mira transversal a este). El terreno nunca es perfectamente llano y la pendiente influye mucho en la ubicación del corazón de un árbol. En los latifolios, se encuentra más cerca del borde descendente, y en las coníferas, del lado ascendente.

Por último, hay que tener en cuenta lo que yo denomino el «efecto de los corazones solitarios». Sabemos que es probable que sobreviva un árbol muy joven que ha perdido su yema superior cerca del suelo y que lebroten nuevos retoños. Muchos años después, esto puede dar lugar a una horquilla y a más de un tronco. Estos árboles son siempre menos estables que sus primos de un solo tronco y los silvicultores suelen talarlos. Observa que sus corazones están más cerca del centro del grupo, es decir, de los demás troncos. Casi parece que se echaran de menos.

Todos estos factores se contraponen unos a otros, por lo que, a menudo, los vemos mezclados. A la gente que os iniciáis en esto os recomiendo que busquéis ejemplos sencillos y espectaculares. Si encuentras un tocón fresco en un bosque con una pendiente pronunciada, has tenido suerte, porque la influencia del sol y el viento será menor y el efecto de la pendiente saltará a la vista.

Los tocones nos prestan una máquina de rayos X y nos permiten ver muchas cosas que son invisibles cuando el árbol goza de buena salud. Sería una locura no aprovecharlo al máximo. Estoy seguro de que te invadirá una serena alegría la primera vez que observes que la madera de tensión es de un color más claro, y la de compresión, que tiene un mayor contenido de lignina, más oscura. No será así si te dedicas al sector de la madera, en cuyo caso, ninguna de las dos será de tu agrado, ya que se deforman en el proceso de curado. De igual modo, la madera de tensión desarrolla una textura rugosa cuando se la somete al trabajo de una máquina.[10]

Cada especie tiene su propia veta y siempre resulta muy entretenido intentar identificar un árbol por la madera de su tocón en bruto. Algunos aciertan más que otros: la de cerezo posee un tono rojo intenso y la de aliso adquiere un rojo vivo poco después de exponerse al aire.

También podemos obtener pistas a través del olfato. La madera de pino contiene una resina con un olor agradable a la par que ácido; por su parte, los tocones de tejo no desprenden mucho aroma.[11] Si te encuentras con uno, puedes sentir la tentación de intentar determinar su edad contando los anillos. La tarea no será fácil: los anillos del tejo son de los más difíciles de calcular.

Hay claves en la forma en la que un tocón envejece; además, por suerte para nuestra memoria, el tocón refleja la manera en la que vivió un árbol. La madera y la corteza de los de crecimiento rápido —como el abedul, el cerezo y el fresno— se descomponen rápidamente. Los robles poseen taninos en su madera que retrasan este proceso, lo que les permite envejecer de manera lenta y con elegancia. Las resinas de la madera de pino, que le confieren un fuerte olor, también hacen que este ejemplar arbóreo tarde más en descomponerse.

Las coníferas evolucionaron antes que los latifolios y tienen una estructura de mayor simpleza, lo que puede apreciarse en las vetas. Sus tocones tienden a pudrirse de fuera hacia dentro, y los de los latifolios, de dentro hacia fuera.

Los cedros son la excepción dentro de las coníferas, ya que lo hacen desde el interior.[12]


## El tocón perdido

De vez en cuando, es posible ver un árbol que parece estar sobre pequeños zancos, con raíces que dan la impresión de levantar el tronco del suelo. ¿Qué extraña magia podría haber causado esto?

La madera sana y viva posee cierta resistencia natural a las infecciones. No obstante, en el momento en el que la putrefacción se apodera de un tocón, descompone los tejidos y crea un entorno propicio para la nueva vida. Las semillas de otros árboles son capaces de utilizar los nutrientes de un tocón en descomposición con el objetivo de iniciar su propia existencia, casi como si el tocón se hubiera convertido en una maceta llena de abono. De manera más correcta, se llaman «tocones nodriza» o «troncos nodriza» cuando ocurre lo mismo, pero con troncos.

Paulatinamente, el nuevo árbol echa raíces, que se extienden por encima y alrededor del tocón en descomposición. Al final, este se pudre por completo, lo que deja un nuevo ejemplar arbóreo con una extraña base y raíces que se arquean sobre un espacio vacío. Los elfos y las hadas se sirven de esta arquitectura, pero no se lo expliques: prefieren el misterio.


## Un tocón repelente

Mientras escribía este capítulo, se produjo una noche de fuertes nevadas. En estas ocasiones, tengo la costumbre de levantarme y salir temprano, porque no cuento con muchas oportunidades de estudiar la rica variedad de señales que ofrece la nieve en el sur de Inglaterra.

Después de disfrutar orientándome por el bosque gracias a las franjas de nieve del lado norte de los árboles, el sol salió por el sudeste. Unos tonos rosas y naranjas intensos entraban y salían de un banco de nubes al noroeste.

A la hora de comer, la nieve estaba en pleno deshielo y había desaparecido en su mayor parte a la del té, excepto en las cimas de las colinas, donde se había acumulado en pequeños montones en el lado norte de cada árbol. Cuando me acerqué a casa, caminé durante varios minutos sin ver nieve espesa. Entonces, me fijé en una capa fina de escarcha perfecta sobre un ancho tocón de fresno. Destacaba porque no había más nieve cerca. Era un pequeño y hermoso rompecabezas: ¿por qué había abundante nieve en ese lugar, pero no así en ninguna otra parte en todas direcciones?

Tres factores explicaban este enigma. El primero es que el suelo se había calentado mediante la luz solar ocasional del día y el tocón había hecho las veces de nevera al elevar la nieve sobre el nivel de un firme de cada vez mayor temperatura. El segundo, que el aire a un metro del suelo estaba más frío que el que rozaba la tierra: si me quitaba los guantes, podía sentirlo en los dedos.

Y el tercero, que el tocón también había actuado a modo de aislante e impedido que el calor del suelo llegara a la nieve. La última parte de la solución se antoja más interesante para quienes leemos árboles. Un tocón grande significa que el paisaje aéreo local ha cambiado drásticamente. En aquel tocón en particular había nieve porque no existía cubierta arbórea por encima y los copos podían caer con libertad al suelo. Sin embargo, se trata de algo con un impacto mayor que la nieve.

Siempre que veamos un tocón grande, podemos buscar la forma en la que el árbol desaparecido ha transformado el paisaje. Si hay árboles vecinos, busca la «huella» del árbol que ha desaparecido en sus formas. Un roble alto y solitario que conozco bien tiene un aspecto singular: está inclinado hacia el sur y no tiene ramas de ningún tamaño en su lado norte. Si bien resulta tentador el hecho de pensar que la luz ha esculpido esta peculiar morfología por sí sola, parece demasiado extrema y rara como para que así sea. La respuesta se encuentra en el inmenso tocón situado unos ocho metros al norte del roble. Hasta hace poco, ese roble estaba oculto tras un impresionante fresno que alguien había talado. El tocón es todo lo que queda de un gran árbol que había hecho sombra a su vecino durante muchas décadas, lo que ha dado lugar a su forma asimétrica y curiosa.

Si las buscas, pronto descubrirás ramas que se curvan y alejan de un vasto tocón. Este efecto es el simple resultado de la sombra proyectada por un ejemplar arbóreo que ya no está, aunque a mí me gusta verlo de otra manera. Es casi como si a los árboles vivos no les gustaran los grandes tocones y sus ramas los repelieran.

## Estacas y círculos

La próxima vez que veas un tocón de árbol de aspecto fresco, acércate y míralo bien. Si es nudoso y muy rugoso, es posible que el tronco se haya roto durante una tormenta. La mayoría mostrarán una superficie nivelada, puesto que los técnicos forestales o arboricultores los han cortado deliberadamente. A menudo, cuando observes con atención los que son lisos, verás una «estaca».

En el momento en el que los técnicos forestales talan un árbol, sierran la mayor parte del tronco, lo que deja los elementos planos y nivelados que esperamos ver. Habrá algunas líneas, muescas y ciertos surcos por donde se retiró la sierra, pero la mayor parte de la superficie responde a un corte bastante limpio. En los últimos segundos antes de que caiga el árbol, la persona que lo tala se apartará a una distancia prudencial. Entonces, el ejemplar arbóreo solo se sostiene por una sección débil y muy fina del tronco, que no ha sido aserrada. No es lo bastante fuerte como para mantenerlo en posición vertical y el árbol empieza a derrumbarse. Al precipitarse, esta sección delgada y sin aserrar cede y se quiebra: es el violento crujido que oirás si estás cerca cuando el árbol se venga abajo. Al final, queda una pequeña estaca, estrecha y dentada, de madera que sobresale del tocón. Me gusta buscarlas, y cuando las veo, imaginarme el fuerte crujido y desgarro de los últimos segundos del árbol conectado a sus raíces.

Muchos árboles poseen plantas trepadoras —como la hiedra— adheridas al tronco. Cuando los técnicos forestales cortan estos árboles, rara vez las eliminan ellos mismos, ya que la motosierra las despacha con facilidad. Podemos ver sus tallos como pequeños círculos de madera enclavados junto al tocón principal.

A veces, un ejemplar arbóreo hace crecer madera de manera parcial o total alrededor del tallo de una trepadora (recuerda el cojín del capítulo anterior). Esto puede originar patrones interesantes en el borde del tronco de un árbol vivo, pero también crea otros dibujos fascinantes en los tocones de los muertos.

Un fresno por el que pasé casi todos los días durante muchos años había envuelto completamente varios tallos de hiedra, aunque yo no podía verlo cuando el árbol estaba erguido. Poco después de que cayera, vi estos tallos como pequeños círculos dentro del borde del tocón más grande. Era un poco como esas imágenes en primer plano de la superficie de Júpiter, donde el gran planeta envuelve los círculos de menor tamaño.

# Capítulo 9

## *Las raíces*

*Caminos del deseo y la muerte – Cuatro formas – Adaptarse o morir – Vientos y colinas – Cruces, contrafuertes y el escalón – Dos raíces – Grietas en el suelo – Raíces poco profundas – Claustrofobia – Dedos curvados – Patrones de recogedor*

### *Caminos del deseo y la muerte*

Llegué pronto a una cita con Kevin Martin, director de arboricultura del Real Jardín Botánico de Kew, en el sudoeste de Londres. Este lugar brilla con luz propia en el mundo de las plantas. Es un centro de investigación botánica de renombre mundial, con al menos cincuenta mil plantas a su cuidado, además de ser Patrimonio de la Humanidad de la Unesco. El equipo de Kew sabe lo que se hace.

Me recibió en la puerta y, durante las dos horas siguientes, no dejamos de hablar de árboles o de investigarlos. Nos lo pasamos muy bien. Kevin no necesitaba presentar sus credenciales: su cargo dejaba suficientemente clara su condición de eminencia en el estudio de los ejemplares. No obstante, mi currículum es más raro, así que le expliqué que llevaba más de veinte años investigando pistas en los árboles, con especial atención a las que permiten orientarse sin necesidad de mapas u otras herramientas. Disfrutamos comparando nuestras ideas sobre algunas de las investigaciones más destacadas y las personas que están detrás de ellas.

Hace muchos años que estoy al tanto de que existe una estrecha relación entre la salud de las raíces de un árbol y la copa que se encuentra justo encima de ellas. Si se daña el sistema radicular de un lado de un árbol, la parte del dosel arbóreo inmediatamente superior es la que sufrirá en mayor medida, ya que le resultará difícil echar hojas o morirá por completo. Para orientarme en la naturaleza, necesito entender la forma de las copas de los ejemplares, así que este hecho siempre ha sido importante. ¿Por qué sufre ese lado de la copa de un árbol? ¿Por falta de luz solar, por el viento o porque unas botas pesadas han pisoteado el terreno? Durante décadas, he considerado la relación entre las raíces y las copas de los árboles un dato sin mayor importancia: útil a veces con el objetivo de resolver determinado rompecabezas, pero no algo que buscar de forma activa. Gracias a que me habló de un patrón en el suelo llamado «camino del deseo», Kevin estaba a punto de cambiar esta situación.*

El camino del deseo surge cuando los viandantes siguen un atajo frecuentado. Si un paisajista crea un camino mediante la colocación de piedras en el césped para que la gente lo siga, pero los peatones atajan por la hierba a fin de ahorrar tiempo, dibujarán un sendero en el suelo que se conoce como «camino del deseo». El paisajista quería que la gente siguiera una de-

---

* Los caminos me han fascinado toda la vida. Para alguien como yo, que siempre busca formas de orientarse, son como las partituras para la persona que dirige una orquesta. Estoy tan obsesionado con estas líneas en la tierra que incluso he inventado un nombre para un tipo de camino: así, con «camino de la sonrisa», me refiero a uno curvo que rodea un obstáculo, como un árbol caído o un gran charco. Estos caminos nunca son atajos: siempre siguen una ruta más larga, que es lo que les da su forma de «sonrisa» curvada. Están por todas partes, y probablemente hayas caminado por un camino de la sonrisa en los últimos días, pero la gente no se fija mucho en su presencia ni habla casi de ellos. Antes los llamaba «plátanos», pero «camino de la sonrisa» es un nombre más bonito y mejor, y el aprobado por el Real Instituto de Navegación en 2020.

terminada línea, pero el nuevo camino revela la ruta que las personas deseaban en realidad.

Al principio de nuestro paseo juntos, Kevin me llevó al árbol más voluminoso de Kew.

—¿Ves esa etiqueta? —dijo señalando un pequeño rectángulo de plástico negro clavado en la corteza del árbol.

Di un paso hacia él y leí la inscripción blanca:

ROBLE PERSA
*Quercus castaneifolia*
Cáucaso, Irán

—Sí, la veo —le respondí sin saber qué debía sacar en claro.

—A las personas que visitan el jardín les encanta este árbol y quieren saber más sobre él. Solían dirigirse a leer ese letrero y todas seguían la misma ruta directa. Miles de pies caminaban sobre la misma línea hasta aquel cartelito en el árbol. Antes había un sendero muy trillado en el suelo, todavía puede verse.

Miré al suelo y observé el vestigio de un camino del deseo.

—Tuvimos que acordonarlo y mover la etiqueta de plástico. El trasiego de pies estaba acabando con el árbol. Ahí, por ejemplo, se rompió una gran rama.

Kevin señaló un punto por encima de nuestra cabeza: se veía claramente el lugar donde una gran rama se separó violentamente del árbol y cayó hacia el suelo. Me explicó que la constante compactación ejercida por todos esos pies caminando sobre las mismas raíces había hecho que no funcionaran como es debido y dejasen de abastecer ese lado del árbol. La enorme rama que faltaba era una consecuencia directa del camino del deseo. Se trataba de una contundente demostración de dos conceptos básicos —ninguno de los cuales, en teoría, era nuevo para mí—, pero Kevin me mostró la manera en la que ambos trabajan en conjunto y nos otorgan una perspectiva privilegiada de la historia del árbol. Me hizo ser consciente de que, cuando elegimos el lugar por el que caminamos, podemos estar matando algunas partes de un árbol.

Después de agradecer a Kevin su tiempo, me dirigí alegre y emocionado a casa, a Sussex. No había ni dejado el cuaderno sobre la mesa de la cocina y ya estaba saliendo por la puerta de atrás y adentrándome en el bosque. Di un breve paseo entre los árboles, por un lugar que conozco muy bien, y no podía creer lo que veía. Seguí un camino del deseo, un concurrido atajo a través del hayedo, y, cada pocos segundos, me topaba con una rama que a duras penas se aferraba a la vida. Había ramas muertas a ambos lados del camino, pero siempre en la parte del árbol más cercana al sendero. ¿Cómo no me había dado cuenta antes? Era como si, aun teniéndolas ante mis narices, aquellas ramas muertas se hubieran ocultado a mi vista más de un millar de veces.

Ahora te toca a ti. La próxima semana, aprovecha cualquier oportunidad para detectar un atajo bien trillado entre los árboles, un camino del deseo que seduce a mucha gente; la mayoría de los parques tienen unos cuantos. Fíjate en las ramas que crecen sobre él. No tardarás en reconocer la muerte causada por el deseo.

Quizá no deberíamos seguir estas rutas. ¿Tendríamos que sentirnos culpables cuando lo hacemos? Yo creo que no, por razones que explicaré en un momento. En cualquier caso, mi principal cometido es ayudarte a ver estas cosas. No podemos aprender a leer algo si resulta invisible a nuestros ojos. Es difícil no localizar las ramas muertas bajo las que caminamos en el momento en el que, de repente, nos damos cuenta de que formamos parte de esa historia.

Siempre que caminamos por la naturaleza, corremos el riesgo de dañarla, pero estoy plenamente convencido de que nada corre más peligro que lo que no vemos. Además, al final de este capítulo, sabrás cómo pasar por encima de las raíces de un árbol sin que corra peligro.

## Cuatro formas

Las raíces son los principales motores de un árbol, aunque, antes de ponerse en marcha, necesitan saber hacia dónde dirigirse.

Si una semilla cae en la posición correcta, la raíz emerge desde abajo y sigue bajando antes de ramificarse. Si lo hace al revés, la punta de la raíz emerge de la parte superior, crece una pequeña distancia y, luego, da un giro de ciento ochenta grados y empieza a descender. De nuevo, se trata de geotropismo: su crecimiento responde a la gravedad. Las raíces son tímidas ante la luz y se desarrollan hacia la sombra, una tendencia que los botánicos conocen como «fototropismo negativo». Una vez que la punta de la raíz ha crecido un poco, empiezan a surgir otras laterales, que también saben hacia dónde dirigirse: lejos de la raíz principal y en sentido descendente.

Teofrasto fue un filósofo de la antigua Grecia al que, algún día, me gustaría mucho conocer en el más allá. Se fijó en las cosas grandes y pequeñas de la naturaleza, pero, en especial, le gustaba centrarse en las pistas. Escribió tratados de filosofía pura, pero también una obra sobre los signos meteorológicos, así como dos sobre las plantas. Hace algo más de dos mil trescientos años, Teofrasto observó que, cada primavera, las raíces empiezan a crecer antes que las partes superiores del árbol. Esto es lógico: el árbol no llegará lejos sin agua y minerales, por lo que tiene sentido poner en marcha el flujo de esos nutrientes lo antes posible. Hasta la fecha, los botánicos se esfuerzan por entender y controlar el comportamiento de las raíces. Así, el hecho de que alguien, hace más de dos mil años, se diera cuenta de estas tendencias era algo impresionante e inspirador. Buen trabajo, Teo.

Igual que en todas las demás partes de las plantas, las raíces crecerán según un plan, dictado por sus genes, que se adapta al mundo que encuentran. Cada especie sigue su propio es-

 *Plato*

*Plomada*

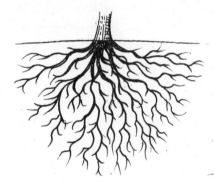 *Corazón*

*Pivotante*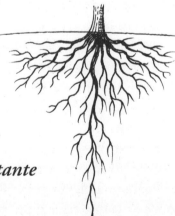

quema, pero podemos agruparlos en cuatro tipos principales: plato, plomada, corazón y pivotante. Los nombres resumen las prioridades del árbol en cuanto a sus raíces: ¿se extienden a lo ancho, con poca profundidad —como un plato— o se desarrollan equilibradamente en dos dimensiones, con una forma que recuerda a la de un corazón?

Cada vez que una de las grandes hayas del bosque de mi zona se viene abajo durante un vendaval, el agujero que deja en el suelo tiene una forma que ya me resulta conocida. El árbol levanta una zona de tierra ancha y poco profunda, muy parecida a la que se obtendrías si enterraras una copa de vino hasta el tallo y tirases de ella. Justo debajo del tronco, hay un agujero de mayor profundidad, pero, fuera de esta zona, su morfología es ancha y sorprendentemente poco profunda. Las hayas, junto con los abetos y las píceas, tienen un sistema radicular de tipo plato.

Algunos árboles, entre ellos, ciertos robles, hacen crecer primero su raíz a lo ancho y, luego, dejan caer algunas raíces nuevas verticalmente desde las que están en posición lateral, lo que origina raíces de plomada.

Las raíces de los abedules, alerces y tilos optan por un término medio: sus raíces son bastante anchas y profundas, y crecen en una forma conocida como «raíces de corazón».

Por otro lado, cuando son jóvenes, algunos robles poseen una profunda raíz pivotante central, aunque es menos llamativa conforme el árbol envejece. Esta característica dura más en las raíces de los pinos,[1] por lo que una tormenta que derriba la píceas puede dejar en pie los pinos de las inmediaciones. El nogal, originario de Asia central, es uno de los pocos árboles que conserva una raíz pivotante considerable en su madurez, razón por la que no le gusta que los jardineros caprichosos lo muevan de sitio.[2] Este tipo de raíz hace que sea más resistente a la sequía.

Entender la forma de los sistemas radiculares en las regiones áridas es todo un arte. Para que las plantas sobrevivan mediante el acceso al agua de fuentes profundas durante largos periodos, necesitan una raíz pivotante. Pero si dependen de lluvias esporádicas, como suele ocurrir en los desiertos, necesitan raíces anchas y poco profundas.[3] A pesar de que las raíces pivotantes son poco frecuentes en las regiones húmedas y templadas, por ejemplo en el Reino Unido, los pocos árboles que las tienen (entre ellos, el nogal) se defendieron bien durante el verano caluroso y seco de 2022.[*]

Por norma, las raíces son capaces de extenderse hasta aproximadamente dos veces y media la anchura de la copa. Pero hay una norma más generalizada sobre la profundidad: es probable que las de un latifolio sean más superficiales de lo que cabría suponer a primera vista. La mayoría de lo que necesita un sistema radicular, como nutrientes y oxígeno, se encuentra cerca de la superficie y la mayor parte del trabajo que llevan a cabo las raíces tiene lugar a solo sesenta centímetros de profundidad.[4]

Hay mucho debate sobre las raíces pivotantes, pero, al igual que con la clase política, es más fácil hablar de ellas que verlas. A la gente parece gustarle la idea de que cada árbol cuente con una fuerte raíz central en lo más profundo del suelo. Sin embargo, resulta sorprendentemente raro ver estas famosas raíces pivotantes cuando se observan árboles desarraigados. Hay tres buenas razones para ello. La primera es que, tal como hemos visto, la mayoría optan por un sistema radicular más ancho y superficial. En segundo lugar, es más probable que veamos ejemplares arrancados tras una tormenta y precisamente las raíces de plato soportan peor los vientos fuertes que las que

---

* En *El mundo secreto del clima,* escribí sobre mi encuentro en Arabia con el *bindii,* una flor del desierto, cuya planta tiene un considerable desarrollo a lo ancho. Sus hermosas flores amarillas eran señal de que había llovido recientemente. Como parte de mis investigaciones para entender la forma en la que sobrevivía en un terreno tan árido, aprendí dos cosas interesantes. En primer lugar, que combina una raíz pivotante con una fina red de otras más pequeñas. En segundo lugar, que su raíz seca tiene fama de mejorar el rendimiento sexual, aunque no existen evidencias científicas de ello. Lástima, no me habría importado creerlo.

cuentan con un sistema que se hunde más en el suelo. Por último, la importancia de las pivotantes es mayor durante la juventud que en la madurez de un árbol. Así, no sería erróneo pensar que todos los árboles cuentan con una raíz pivotante cuando tienen unas semanas de vida y que muy pocos lo poseen a medida que su edad avanza.

En término medio, las coníferas tienen raíces más profundas que los latifolios. Aunque las de los abetos y las píceas son más anchas y superficiales, el sistema radicular de la mayor parte de las coníferas se inclina a favor de la profundidad.

## Adaptarse o morir

En la zona costera de Kalaloch, en el parque nacional Olympic, del estado de Washington, hay una pícea de Sitka que se ha ganado el cariñoso apodo de Árbol de la Vida. Es un homenaje a su determinación por aferrarse a la existencia a pesar de que el entorno natural se lo pone casi imposible.

La pícea de Kalaloch creció alta y fuerte pese a su constante exposición a los elementos costeros. Empezó bien, con buena tierra, mucha luz y el agua dulce de un arroyo. Luego, poco a poco, el suministro hídrico, que había sido una bendición, se convirtió en un problema: había demasiada agua y estaba muy cerca. El arroyo que corría por debajo del árbol arrastraba hacia el mar el suelo donde se asentaba el árbol. La pícea crecía sobre un pequeño barranco, sostenida únicamente por las raíces que se habían extendido lo suficiente como para salvar el desnivel.

El ejemplar arbóreo tenía la suerte de contar con un sistema radicular en forma de plato: un árbol estrecho y de raíces pivotantes no podría sobrevivir si un gran socavón se abriera justo debajo de él. Igual que las yemas de los dedos del héroe de una película que se aferra al borde del precipicio, las raíces de ambos lados tenían la fuerza suficiente como para sostener el árbol por encima del vacío. Sin embargo, lo realmente interesante no es la forma o la fuerza de las raíces cuando empezó el problema, sino la morfología que adoptaron en el momento en el que las cosas se pusieron feas.

Con el tiempo, la corriente arrastró más tierra hacia el mar, y aumentó la profundidad y la anchura del desfiladero hasta que la pobre pícea parecía que estaba suspendida en el aire. Ahora, el tronco y todas las ramas principales se encontraban sobre un agujero casi tan ancho y profundo como la copa principal del árbol. Su respuesta a esta terrible situación puede ilustrar la segunda gran lección sobre el crecimiento de las raíces de un árbol.

Los genes de la pícea de Sitka ofrecieron un buen plan general a las raíces: crecer a lo ancho y con poca profundidad, igual que un plato. En cualquier caso, la genética de cualquier organismo no sabe con qué se va a encontrar. Da instrucciones sobre cómo atravesar una puerta, pero no dice qué hacer al otro lado. Las partes en crecimiento de las plantas responden a los estímulos y las raíces siguen el mismo enfoque del árbol en la tierra. Si perciben estrés, aumentan su tamaño y se vuelven más fuertes.

Las raíces situadas al borde del Árbol de la Vida se vieron sometidas a una enorme tensión, pero, por fortuna, no se ejerció de golpe. En caso de que el agujero hubiera aparecido de la noche a la mañana, como un socavón, el árbol no habría tenido fuerza a fin de hacerle frente y habría desaparecido en el abismo. El arroyo se encargó de mermar el suelo bajo el árbol con la suficiente lentitud como para que la tensión que debían soportar las raíces aumentara de forma constante y les diera tiempo a desarrollar sus músculos leñosos. Las raíces del extremo del plato son mucho más grandes y fuertes de lo que lo habrían sido si el arroyo no hubiera abierto el barranco. Algunas de las raíces se parecen más a ramas de gran tamaño, y considerar así las raíces no es mala idea. Tienen hasta anillos de crecimiento, de la misma manera que el tronco y las ramas.

Las raíces no solo responden ante el estrés: también buscan las cosas buenas de la vida. Crecerán en busca de agua y nutrientes. Y, al igual que la copa del árbol, se bifurcarán y ramificarán si se les priva de su raíz líder.

Es bastante fácil bloquear una raíz, pero rara vez se consigue disuadirla de crecer hacia un determinado lugar. Si la punta encuentra un obstáculo, hará un pequeño esfuerzo para atravesarlo y, en caso de que no lo consiga, se desviará lo mínimo con tal de rodear el bloqueo y continuar en la misma dirección. Existe un malentendido generalizado sobre la fuerza de las raíces para atravesar cosas. A la mayoría no se les da muy bien eso de perforar túneles a través de barreras duras, pero su gran poder consiste en crecer en grosor. Resulta probable que el mito venga de ahí: sabemos que las raíces crecen hacia fuera y que son lo bastante fuertes como para levantar firmes y losas. No obstante, levantar no es lo mismo que atravesar.

Ahora comprendemos las dos influencias principales que rigen la morfología radicular. Por un lado, está la forma general que dicta el plan genético —plato, plomada, corazón o pivotante—, y, por otro, las adaptaciones ambientales.[5] ¿Dónde han crecido las raíces con mayor tamaño, fuerza o longitud? ¿Por qué ahí? Es difícil distinguir estos patrones cuando el árbol está en pie. Por eso, debemos aprovechar cualquier oportunidad que tengamos a fin de disfrutar de las formas que vemos en cualquier ejemplar arbóreo caído, cuyas raíces emergen del suelo.

## Vientos y colinas

El viento ejerce un gran influjo sobre las raíces. Ahora bien, para entenderlo, debemos empezar por recordar que, por mucho que lo parezca, su dirección no es arbitraria. En cualquier lugar del mundo, el viento soplará más frecuentemente en una trayectoria que en otras. Dentro de las regiones templadas, esta dirección suele ser también la misma que la de la mayoría de los vientos más fuertes. Por lo que respecta al Reino Unido, provienen del sudoeste; se dice que este es el lado de barlovento del árbol. El noreste —su lado opuesto— es el de a favor del viento, o sotavento.

Las raíces tienen que hacer frente a los efectos del viento y esto da lugar a que entren en juego dos fuerzas opuestas, nuestras viejas amigas la tensión y la compresión. Esas dos fuerzas hacen que las raíces sean de mayor tamaño y longitud, pero también originan formas diferentes. A barlovento, las raíces se encuentran bajo tensión, como las cuerdas de las tiendas de campaña, y a sotavento, se comprimen: actúan como los puntales que sostienen un viejo muro inclinado.

En general, las raíces de la zona de barlovento son mayores, más fuertes y largas que las demás. Esto puede observarse cerca de la base del tronco, donde se ensanchan antes de hundirse bajo tierra: se trata de una tendencia útil para orientarse en

*Las raíces fijan el árbol contra los fuertes vientos dominantes y sirven para orientarse.*

la naturaleza. Podemos utilizar las raíces de grosor y longitud superiores a modo de brújula: apuntan en la misma dirección desde la que soplan los vientos dominantes.

Las raíces del lado de sotavento suelen ser las más grandes, después de las de barlovento. Esto significa que, en el Reino Unido, normalmente se puede ver un ensanchamiento mayor en la base de los árboles en el lado sudoeste y noreste, y que las raíces también poseen un desarrollo longitudinal superior en estos lados.

Si cortas una raíz hasta el fondo y la observas de canto, ¿qué forma vas a ver? La mayoría de la gente imagina que las raíces crecen como cilindros largos y delgados, y tienen una sección transversal circular, como la de una manguera. Sin embargo, lo cierto es que cada raíz se ve sometida a tensiones diferentes, por lo que las raíces de cada lado del árbol no tienen la misma forma. Las de barlovento están bajo tensión y crecen en forma de reloj de arena o de 8.[6] Las situadas a sotavento se comprimen y la morfología que adoptan es más bien de T. Obviamente, es imposible ver tal efecto en las raíces enterradas: búscalo, pues, en los árboles arrancados.

Tengo la costumbre de rodear con los dedos las raíces de los árboles derribados junto a los que paso. Además de recordarme que debo pensar en los patrones de las partes emergidas del árbol, también me ayuda a percibir formas que mis ojos han pasado por alto.

## Cruces, contrafuertes y el escalón

Si el tronco se adentrara verticalmente en el suelo y las raíces crecieran en horizontal desde la misma superficie, se crearía un ángulo recto y un punto débil. Cada vez que soplara el viento, esta unión soportaría enormes tensiones. Por eso, tanto la base del tronco como las raíces se unen en una curva justo por encima del suelo. Esto suaviza y reparte la carga de dichas tensiones. El efecto varía según la especie, pero una mayor suavidad en la curvatura es indicio de que el ejemplar arbóreo deberá soportar mayores tensiones.

No veremos las raíces en caso de que nos alejamos un poco, aunque seguiremos detectando esta sinuosidad en la base del tronco. Por lo normal, es más pronunciada en un lado del árbol —el de barlovento—, lo que hace que la zona basal del tronco parezca asimétrica. La curvatura da lugar a una forma que me recuerda a la pata de un elefante, cuyos dedos apuntan hacia el viento.

Algunas especies llevan esta lógica al extremo y desarrollan raíces en «contrafuerte». La unión se sustituye por poderosos puntales radiculares que llegan bastante arriba del árbol. Este tipo de raíz es más común tanto en suelos blandos y húmedos como en los árboles (a saber, los álamos) que crecen en ellos. Se trata de una estructura muy extendida en los suelos anegados del trópico.

Las raíces se adaptan a las pendientes. En realidad, ni los árboles ni las raíces saben qué es cuesta arriba o cuesta abajo: simplemente, responden a las fuerzas que perciben. Las raíces del lado de bajada estarán más comprimidas, y las de subida,

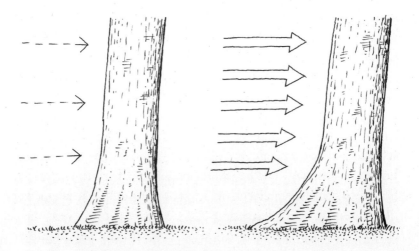

*Los «dedos de elefante», que apuntan hacia el viento dominante.*

más tensas. En ambos lados, las raíces crecen con mayor grosor y fortaleza en función de la tensión. Sin embargo, es posible que las longitudes de las de un lado sean muy distintas de las del otro. A veces, un árbol se sostendrá haciendo crecer raíces cortas y robustas el lado que desciende la cuesta para hacer frente a la compresión adicional y «empujar» contra la gravedad. Esto no funciona en el lado de subida, donde precisan una longitud superior a fin de hacer palanca y mantenerlo erguido.

Es más fácil comprender su lógica, si imaginamos que debemos afrontar un desafío similar. Piensa que tienes que conseguir que un barril lleno de agua mantenga la vertical perfecta en una pendiente pronunciada, utilizando tan solo trozos de madera. Si lo haces desde el lado inferior, seguramente necesites situar unos cuantos tarugos gruesos y cortos debajo de la base para apuntalarlo. No obstante, en caso contrario (esto es, del lado cuesta arriba), te hará falta un puntal largo, sujeto al suelo por un extremo, con el objetivo de mantener el barril vertical. El árbol utiliza ambas estrategias, y, debido a esto, en las laderas, las formas de las raíces son diferentes a cada lado de los árboles. Como siempre, las coníferas prefieren la compresión y el empuje desde abajo, y los latifolios, la tensión y la tracción desde arriba. Las raíces también presentan las morfologías en ocho y en T que hemos visto antes. En pendientes pronunciadas, las raíces se encuentran más expuestas: sobresalen, lo que nos permite observar mejor tales efectos.

Los diferentes ángulos de las raíces de los ejemplares en las laderas ascendentes y descendentes originan otro patrón. Al bajar por una ladera boscosa empinada, te encontrarás con «escalones», como los llamo yo. En el lado del árbol orientado en sentido ascendente, las raíces se extienden lejos de la base, casi horizontalmente, y ello origina una pequeña plataforma plana. Sin embargo, cuesta abajo, las raíces se hunden prácticamente de manera vertical. Esto da lugar a una leve caída repentina cuando pasamos del lado orientado en sentido ascendente al descendente en los árboles maduros. Según mi experiencia,

*El escalón*

el efecto es muy notable en el momento en el que bajamos por una pendiente pronunciada, y utilizamos los árboles como apoyo y equilibrio. Dicha costumbre nos lleva por los terrenos más irregulares en una sucesión de escalones y hace que nuestros brazos ejecuten gran parte del trabajo. No deja de ser un tanto extraño, pero seguramente sea un cambio bienvenido en una larga caminata.

## Dos raíces

Las raíces de los árboles están vivas tanto bajo tierra como en la superficie y muy por encima de ella. Su vida se refleja en las partes más altas del árbol. Antes, vimos cómo el trasiego de pisadas puede acabar con las ramas del mismo lado del árbol que tiene las raíces afectadas. Cuando lo busques, notarás enseguida que, a veces, el ejemplar arbóreo sufre daños graves por unas pocas pisadas, pero, en otras ocasiones, parece bastante sano a pesar de tener un camino transitado muy cerca. Quizá esto resulte confuso hasta que entendemos por qué ocurre. Sin duda, algunas especies son más vulnerables que otras, aunque eso no explica la variación que se observa entre árboles de la misma especie.

Mi familia y yo vivimos cerca de una ciudad llamada Chichester (Inglaterra), que, en su día, fue el asentamiento romano de Noviomagus Reginorum. Los romanos construyeron una de sus famosas calzadas rectas y bien trazadas desde Noviomagus hasta Londinium, y dejaron huellas que aún perduran en el paisaje. En la actualidad, parte de la antigua calzada se encuentra bajo la transitada autovía A-29. No obstante, en un corto paseo desde nuestra puerta trasera, podemos retroceder en el tiempo y entrar en un sendero ancho y recto, que corta los bosques de la zona en una línea clara.

En algunos lugares, este sendero vetusto se estrecha, retuerce y se contorsiona a medida que serpentea entre y sobre las raíces de hayas, espinos, fresnos, saúcos, así como otros árboles. A los romanos no les habría gustado la naturaleza sinuosa y llena de baches del sendero actual, pero a mí sí. Es un camino encantador, por donde transitan caminantes, ciclistas, perros, ovejas, ciervos, conejos y los débiles ecos de botas de cuero con clavos, que martillean acompasadas a las piedras lisas.

Durante muchos años, me ha parecido extraño que un camino tan trillado no haya acabado con los ejemplares que crecen en sus bordes, o al menos, con las ramas de uno de los lados de esos árboles. El trasiego es considerable en los lugares más estrechos y los peatones pasan con tanta regularidad sobre las raíces que, en ciertas partes, están pulidas. Sin embargo, en lo alto, se divisan ramas gruesas y robustas. ¿Cómo es posible que los árboles situados al borde de este camino tan transitado prosperen cuando otros se las ven y se las desean, o directamente perecen, bajo un trasiego menor?

Ciertos árboles de menor tamaño, como el saúco, han evolucionado para prosperar en zonas muy transitadas y poseen raíces que toleran la compactación. No obstante, ocurre algo más sencillo y fundamental en la totalidad de los ejemplares: no todas las partes de la raíz tienen la misma función. Las raíces desempeñan dos tareas principales: sostener al árbol y abastecerlo. Las partes más gruesas de las raíces, más próximas al tronco, realizan una labor estructural, mientras que los «tentáculos» de mayor finura, que se extienden más lejos, transportan agua y minerales.

Las partes de las raíces más alejadas del tronco son las de vulnerabilidad superior. Es probable que una leve pisada cause más daño a la copa, situada sobre ellas, que un fuerte pisotón en las raíces de grosor superior y leñosas, de mayor proximidad al tronco. Si bien las pisadas no suelen romper las raíces sensibles, compactan el suelo y provocan cavitaciones —burbujas de aire— en ellas, lo que ocasiona graves problemas en el suministro de agua del árbol.

Si te sitúas de modo que puedas tocar el tronco de un árbol grande, te encontrarás encima —es muy posible que literalmente— de la parte más gruesa de la raíz; la de mayor dureza y la que puede soportar un gran trasiego. No obstante, si te acercas al borde de la copa, estarás sobre algunas de las raíces de sensibilidad superior. Esta zona se conoce como «línea de goteo» y las delicadas raíces que se encuentran justo debajo de la superficie recogen la lluvia que cae desde el límite del dosel. Este es el lugar adecuado en caso de que quieras regar o alimentar un árbol.[7] Si se forma un camino sobre esta zona, las ramas que están por encima empezarán a sufrir, romperse y caer.

La antigua calzada romana pasa ahora por encima de las partes gruesas y duras de las raíces. Irónicamente, serpentea demasiado cerca de los grandes árboles como para causarles daños graves. A pesar de que el zumbido de las bicicletas de montaña haya sustituido al de los antiguos soldados, siguen creciendo muy bien.

No solo las personas trazan caminos que dañan los árboles. Muchos animales siguen las mismas sendas para ir a buscar comida, agua y refugio. Una vez, paseé entre los extraordinarios olmos de Preston Park, en Brighton and Hove (Inglaterra), con John Tucker, un fanático de este género de plantas.[8] Me habló de un sendero de ovejas que conocía, cuyos efectos se apreciaban tanto en el suelo como en los ejemplares: encima del camino que seguían las ovejas hasta su abrevadero, se divisaban ramas muertas en los árboles.[*]

## Grietas en el suelo

Los mensajes están garabateados en la tierra que yace sobre las raíces. Cuando notes que el suelo está especialmente seco cerca de la base de algún árbol grande, merece la pena investigarlo. Este tipo de terreno se agrieta con facilidad y podemos utilizar tales fracturas para calibrar hasta qué punto un ejemplar arbóreo se encuentra bien asentado. Si hay más grietas en el lado de donde procede el viento predominante, es síntoma de que el árbol es vulnerable a vientos fuertes. Si las grietas se extienden en semicírculos (con el tronco en su centro), quizá el árbol no sobreviva al próximo gran golpe.[9]

Los árboles de las ciudades se encuentran más protegidos que los de las colinas azotadas por el viento, pero los vientos fuertes que soplan en las urbes siguen sus propios patrones. A veces, se pueden apreciar grietas en el hormigón, los adoquines o el asfalto cerca de los ejemplares, y esto es más frecuente cuando los árboles están en largas avenidas, que canalizan el

---

[*] He pasado un rato buscando algo que sé que debe estar ahí, pero que aún no he encontrado. Si sabemos que las raíces situadas bajo el borde de la copa absorben mucha agua y las que están más cerca del tronco no, esto significa que debe haber «círculos» de suelo de mayor humedad y secura a medida que nos alejamos del árbol. Esto tendría que influir tanto en el color del terreno como en las plantas que encontremos allí, ya que los niveles de humedad fluctuantes siempre tienen este efecto. Sin embargo, hasta ahora, no he encontrado señales claras de ello. Tal vez, el agua adicional que fluye por el borde de la copa en la línea de goteo equilibra de modo perfecto la absorción adicional de las raíces alimentadoras, pero eso me parece demasiado simple. La búsqueda continúa.

viento, o cerca de edificios muy altos, que provocan grandes ráfagas.

## Raíces poco profundas

Recuerdo haber explorado una zona agreste y húmeda de Devon. Había ejemplares hidrófilos y plantas inferiores —como sauces y juncos— a mi alrededor, y podía ver muchas raíces de árboles en la superficie. Ambas cosas están relacionadas.

Todos los árboles, incluso los que poseen sistemas radiculares de tipo plato, aspiran a que, al menos, sus raíces se adentren un poco en el suelo. El hecho de poder observarlas en la superficie y que se extiendan muy lejos del tronco es señal de que algo está molestando a las raíces en el suelo. Es posible que el terreno se encuentre anegado: si el nivel freático es anormalmente alto, las raíces se ven obligadas a elevarse por encima de él. Esto no se debe a que no deseen tener agua, sino a que necesitan oxígeno y este gas, fundamental para la vida, no abunda en el agua estancada. Si bien las raíces de las coníferas son más sensibles al terreno anegado que las de los latifolios, ambas sufren sus efectos.[10]

Cuando el agua es la causa de que un árbol tenga raíces poco profundas, este será el doble de vulnerable a los fuertes vientos. Sus raíces están demasiado cerca de la superficie, no se encuentran bien asentadas y el suelo es blando. Los árboles más bajos —a saber, muchos sauces y alisos— soportan las corrientes de aire porque se sitúan muy por debajo de donde soplan las rachas de mayor virulencia. No obstante, resulta interesante que un árbol alto con raíces poco profundas sobreviva a los vendavales que debe afrontar. Esto es señal de que, probablemente, se encuentre a la sombra del viento, tal vez en la parte de sotavento de un bosque o al abrigo de un terreno elevado. Estos ejemplares son extremadamente vulnerables a las raras tormentas que vienen de direcciones inusuales; la tormenta Arwen fue una de ellas. A finales de noviembre de 2021, llegó desde el noreste y arrancó muchos árboles en el parque nacional del Distrito de los Lagos, que, por lo menos, llevaban en pie un siglo.

Cuando las raíces poco profundas no pueden achacarse a un exceso de agua, indica que el suelo es fino y el lecho rocoso no está muy profundo.[11] Así pues, las raíces se han visto obligadas a salir a la superficie. Si este es el caso, verás muchas pruebas de ello en las rocas que hay en el terreno, así como en su tonalidad.

Siempre que observes la presencia de raíces en la superficie y que se extiendan lejos del tronco, fíjate en la copa. Es muy probable que notes que no goza de buena salud. Si las raíces que deben encargarse de la nutrición se encuentran en una situación desesperada y sobreviven a duras penas, tal vez el árbol no esté recibiendo todo lo que necesita para tener una magnífica copa.

## Claustrofobia

Una vez, estaba en un paso de peatones en un cruce de autopistas en el estado de Texas, esperando a que cambiara el semáforo. Había pulsado el botón con la esperanza de que, tras unos segundos, el semáforo me invitase a cruzar. La luz de los vehículos cambiaba constantemente, pero la mano rosa anaranjada seguía indicándome que no podía pasar. Me impacienté y caminé a lo largo de la carretera en la dirección que necesitaba ir, hasta que vi un hueco en el tráfico y corrí hacia una estrecha isleta entre las autopistas de cuatro carriles.

Por desgracia, en lugar de resolver medio problema, me había metido en uno mayor. Estaba atrapado en una isleta de hormigón entre ocho carriles de enormes vehículos que circulaban a gran velocidad. Vi cómo me adelantaba una ancianita en una camioneta con ruedas monstruosas y un tubo de escape tremendo. Imagino que la historia petrolera de Texas explica por qué el coche más pequeño al que se le permitía circular por carretera podía arrastrar un tractor. En cualquier caso, el tráfico fluía espeso y a grandes velocidades durante lo que parecieron horas sin pausa. No tenía forma legal ni segura de salir de mi isleta ahogada de humo. Resignado a empezar una nueva vida en medio de una autopista, busqué cosas que me distrajeran. Había algunos anuncios aburridos, pero me resultó mucho más interesante un buitre negro que se comía los restos de alguna desafortunada criatura al otro lado de la carretera. Entonces, di con el premio gordo: una hilera de arbolitos, creo que árboles de Júpiter, que crecían en un estrecho parterre seco, incrustado allí donde me encontraba.

Para pasar el rato, caminé a lo largo de la hilera de ejemplares y me di cuenta de que cada vez eran más altos, y luego, más pequeños. Los árboles de los extremos eran los más bajos, los siguientes contaban con algo de altura mayor y el del centro era el más alto de todos. Todos eran árboles pequeños, pero había una tendencia definida de menor a mayor altura a medida que caminaba de cada lateral hacia el centro. Esto no tenía nada que ver con la edad: la totalidad de los ejemplares rondaban la misma y, probablemente, los habían plantado a la vez.

Al principio, pensé que se trataba del efecto cuña que hemos visto antes (es decir, que los árboles de los extremos eran más bajos por haber soportado la fuerza del viento, en parte, quizá avivado por el paso de los coches). Sin embargo, luego, descubrí la verdadera causa. El parterre no tenía una anchura uniforme: era enjuto en los extremos, y más ancho, cerca del centro. El hormigón encajonaba las raíces de los árboles situados al borde, por lo que estos debían enfrentar mayores dificultades y, en consecuencia, crecían menos que el del centro, donde el parterre se ensanchaba.

Al final, escapé gracias a que la circulación de camiones se detuvo un momento, pero no sin que antes una frase empezara a dar vueltas en mi cerebro saturado de monóxido de carbono: «Un árbol no puede florecer si las raíces no tienen espacio para crecer».

Ahora que me he acostumbrado a buscar este efecto, me doy cuenta de que está por todas partes, también en paisajes rocosos y, con gran frecuencia, en las ciudades. Es muy común que los paisajistas urbanos planten un árbol allí donde las raíces no cuentan con espacio suficiente. Si ves una hilera de ellos en una urbe y uno (normalmente, situado al extremo) tiene menor altura que todos los demás, lo más probable es que sus raíces sean claustrofóbicas y estén encajonadas.

## Dedos curvados

Me adentré en un bosque de tejos en Sussex y sentí la atmósfera oscura e íntima de los árboles centenarios a mi alrededor. Era el crepúsculo del invierno y los búhos ayudaban a meterse en el ambiente. Avancé unos pasos y me estremecí al ver unos dedos curvados que emergían de la tierra. Ya había pasado por delante muchas veces, pero, a la luz mortecina de diciembre, la oscura mano de madera me dio un escalofrío.

Hay un extraño patrón arbóreo que confunde a casi todas las personas que no son capaces de descifrar la historia del árbol. Cuando las ramas bajas tocan el suelo, el árbol percibe esta situación y desencadena una respuesta: hace brotar nuevas raíces en la rama, que se hunden en la tierra. Las raíces proporcionan a la rama baja una fuente independiente de agua, así como de nutrientes, y ya no necesita al árbol madre. Con el tiempo, el vínculo entre la rama y su progenitor se debilita y desaparece, lo que deja un nuevo ejemplar arbóreo clónico a pocos metros de su progenitor. Este proceso se denomina «acodo» y es más probable que se produzca si el árbol madre sufre algún tipo de daño.

El nuevo árbol siempre tiene una forma peculiar, puesto que empezó su vida como una rama horizontal. Por muy maduro que sea, siempre poseerá una curvatura característica cerca del suelo. A veces, varias ramas del árbol progenitor tocan la tierra y el proceso se desencadena en todas ellas, lo que origina la formación de un anillo —o, más comúnmente, un arco— de nuevos ejemplares. Cuando esto ocurre, los árboles jóvenes siempre empiezan su vida mediante un patrón radial, creciendo alejados del árbol madre en la misma dirección en la que se dirigían las ramas en el momento en el que tocaron el suelo.

Es bastante fácil detectar la historia reciente de un acodo cuando el árbol madre pervive. Todavía somos capaces de localizar algunas ramas bajas, que se inclinan hacia el suelo, y de imaginarnos el resto. Sin embargo, a menudo, en las especies longevas, incluidos los tejos, los nuevos ejemplares sobreviven a su progenitor durante muchos años. Este hecho es el causante del extraño patrón al que nos hemos referido: un anillo parcial de árboles curvados, como dedos que salen del suelo.

Si ves un peculiar anillo de árboles que empezaron su vida cerca de la horizontal y, luego, se curvaron hacia la vertical, mira al centro del círculo que forman. Quizá veas un tocón en descomposición u otro resto del árbol progenitor.

### Patrones de recogedor

Se crean patrones interesantes alrededor de la parte basal de los ejemplares. A medida que se extienden desde ella, las raíces forman una red dispuesta a atrapar cualquier cosa que traiga consigo el viento. Por el suelo, el viento transporta hojas secas, polvo, pequeñas ramitas, plumas y más cosas. Los árboles se interponen en el camino de los restos trasportados por las corrientes de aire, algunos de los cuales caen a tierra y empiezan a acumularse en la base. Se pueden buscar algunos patrones en los pequeños montones que vemos en torno a las raíces.

*Patrones de recogedor*

La hojarasca es el resto flotante más frecuente dentro de los bosques o cerca de ellos. Si estudias los huecos entre las raíces emergidas, empezarás a notar que las hojas tienen preferencias: tienden a juntarse en pequeños montones profundos en un lado de los árboles, mientras que, en el opuesto, apenas hay. En las pendientes, verás que se acumulan más en el lado ascendente (lo que agrava el efecto escalón). Con respecto al terreno llano, el viento origina patrones en los amontonamientos por dos razones aerodinámicas.

Cualquier cosa que sea transportada por el viento es susceptible de caer a tierra si el aire se ralentiza. Siempre que una ráfaga encuentra algún obstáculo, hay lugares a los que no puede llegar y, tal como hemos visto antes, estos puntos resguardados se conocen como «sombras de viento». Actúan como imanes para las hojas muertas, que caen cuando el aire está en calma y permanecen allí porque el viento no puede llegar para llevárselas. Se amontonan en ese pequeño lugar protegido.

La segunda razón es que la morfología de las raíces varía en cada lado. Sobresalen más en el lado de barlovento, mientras que, a sotavento, solo se asoman un poco. Esto forma huecos de mayor anchura y profundidad a fin de que descansen las hojas.

El otro día, crucé una colina boscosa en la que se pasaba del haya al roble, y luego, al cedro rojo occidental. La hojarasca cambiaba según la especie, pero los patrones bajo cada árbol eran consistentes, manifiestos y fáciles de seguir. Había muchos montoncitos de hojas en el lado noreste de las raíces, pero pocos en el sudoeste. Depende de nosotros decidir si nos servimos de estos patrones para encontrar nuestro camino o simplemente para añadir un poco de placer a nuestra travesía.

# Capítulo 10

## *Cómo ver un árbol. Interludio*

Hace unos días, pasé un rato en un pequeño bosque circular en lo alto de una colina no muy lejos de casa. Mientras estaba allí, vi un patrón, tan sencillo, elegante y práctico entre los árboles que me sorprendió no haberme dado cuenta antes.

Lo encontraremos más adelante en el capítulo, pero esta es una buena oportunidad a fin de analizar, de manera sucinta, la ciencia y el arte de la percepción. No podemos leer algo que no hemos visto. Y, tal como me he demostrado a mí mismo muchas veces, aunque lo parezca, percibir algo no es tan sencillo. Las claves para darse cuenta de las cosas se esconden en la siguiente y sencilla historia.

Decidí dar un paseo por el cementerio de East Sheen, en el sudoeste de Londres. Tenía tiempo libre, así que ¿por qué no pasarlo entre los muertos?

En el seto de un pequeño y ordenado cuadrilátero formado por unas cien tumbas, se abría a un agujero que dejaba ver miles de lápidas sobre la hierba. Hilera tras hilera, se alineaban en orden piedras rectilíneas y pálidas, que se extendían hasta límites distantes. Cada una era un individuo y se perdía entre la multitud.

Pasó un Ford Escort azul pálido, muy viejo, entre dos hileras y se detuvo. Me sobresaltó. No tenía ni idea de que un coche pudiera adentrarse tanto en el cementerio. Salió una señora mayor de pelo blanco y un abrigo oscuro, de aspecto limpio y arreglado. Sus movimientos siguieron un ritmo cuidadoso a la par que familiar: una pierna fuera de coche, luego la otra, la mano en la puerta y en pie. Preocupado por si notaba que la estaba mirando —lo que podría estropear un momento de intimidad—, me di la vuelta y caminé en dirección contraria. Uno se siente intruso cuando no conoce a ninguno de los muertos de un cementerio.

En aquel lugar, había muchos árboles, no tantos como sepulturas, pero más de los que esperaba. Y una gran variedad: por supuesto, tejos, pero, también, cedros, pinos, abedules, robles y arces. Me llamó la atención cuántos estaban en parejas o grupos de tres o más. Un par de tejos, otro de arces y, luego, cuatro plátanos de sombra. Esta diversidad respondía a un criterio ordenado y medido, síntoma del cuidado humano.

No éramos muchos: los pocos visitantes se veían superados en número por los jardineros y sus ruidosas máquinas. Los agudos motores de gasolina parecían querer despertar a los fallecidos. Una pareja ignoró mi amistoso «Hola» y pronto dejé de ofrecer una sonrisa siquiera a quienes me cruzaba. Adopté el código de conducta del lugar que vi en los demás: no nos mirábamos, no nos saludábamos. Cada uno a lo suyo.

Me acerqué a un abedul común, cuyas ramas se balanceaban de un modo que me fascinó. Entonces, no pude evitar mirar a un grupo de tres mujeres, una de mediana edad y dos muy jóvenes, posiblemente adolescentes. Colocaban flores en jarrones sobre una mesa de caballete y se estaban riendo.

—No estoy segura de si queda algo por hacer —dijo la mujer de mediana edad.

—Nada. Bueno, pues es la hora de la… fiesta —respondió una de las jóvenes.

Se oyó una carcajada ahogada, tal vez, porque yo estaba cerca.

—Y de ir de compras —añadió la tercera. Se escucharon más risas.

Estaba claro que se preparaban para un homenaje informal o algo semejante, pero seguro que no podían estar celebrando la muerte de un familiar. No tenía sentido. El impulso de intentar acortar la distancia que me separaba de ellas era muy fuerte: necesitaba desesperadamente saber más. Sin embargo, no era de mi incumbencia y mi ardiente curiosidad no podía hacer que lo fuera.

Las cosas en las que nos fijamos destacan de alguna manera. El movimiento atrae nuestra atención, por eso, muchos animales que son presa para los carnívoros (como los ciervos y conejos) se quedan inmóviles si nos observan. No vi todos los árboles del cementerio, pero me fijé en el balanceo de las ramas del abedul.

Las formas, los dibujos y los colores anómalos se abren paso en nuestros pensamientos. Las pálidas lápidas formaban líneas rectas, que destacaban sobre la hierba. No esperaba ver aquel viejo coche, de ese anticuado color azul pastel, en medio de un camposanto. Se movía y era una nota discordante en aquel lugar, así que no pude evitar fijarme en él. Lo que contrasta destaca: el pelo canoso de la señora y su abrigo oscuro.

Hice muchas observaciones de menor importancia en aquel memorable, aunque breve, paseo. Quiero centrarme en las que son fáciles de pasar por alto.

La percepción tiene dos partes: la física y la psicológica. Podemos mejorar nuestra capacidad de observación física mediante el uso de lentes, desde los telescopios hasta las lentillas. También tenemos la capacidad de hacer esto mismo con la parte psicológica y una de las mejores formas para ello es aumentando nuestra motivación. Observamos más cuando nos interesa lo que miramos.

Hay aspectos personales involucrados en nuestra observación: nos damos cuenta de la más mínima sonrisa o tristeza en el rostro de alguien a quien queremos. La evolución nos ha hecho así. (De la misma manera que estamos preparados para entender las motivaciones del resto de personas. Por eso, puede resultar tentador escuchar a escondidas). Existen razones prácticas que explican el hecho de que algo nos motive de manera intensa: si nos servimos de la naturaleza a fin de orientarnos o buscar comida, ciertos patrones útiles brillarán con luz propia, sobre todo, cuando nuestra vida depende de ello. En cualquier caso, lo fascinante es que podemos potenciar nuestra motivación en situaciones en las que no hay una razón personal o práctica para estar interesados con fervor por algo.

Cuando aprendemos lo suficiente de una cosa como para esperar encontrarle sentido, sucede algo mágico de verdad. George Loewenstein, economista conductual estadounidense, ha propuesto multitud de ideas innovadoras, entre ellas, la de la brecha de empatía frío-caliente. Afirma que se nos da mal eso de comprender un estado de ánimo cuando estamos en otro diferente. Es difícil imaginar tener demasiado calor si se tiene mucho frío, o un hambre atroz, después de pasar por un bufé libre.

A principios de los años noventa, Loewenstein propuso una explicación para la curiosidad. A los científicos, incluso a los especialistas en ciencias sociales, les gusta investigar cosas fáciles de definir y medir. El dinero cumple ambos requisitos y es objeto de estudio de todos los economistas, pero la curiosidad escapa a las definiciones y no resulta fácil de cuantificar. Hay muchas menos investigaciones sobre las causas y consecuencias de la curiosidad que sobre los efectos de ahorrar dinero. Y eso a pesar de que cualquier persona en su sano juicio diría que la curiosidad da forma al mundo de maneras mucho más fascinantes que las cuentas de ahorro. La noción de «brecha informativa» es el brillante intento de Loewenstein de corregir el hecho de que, comparativamente, una cuestión tan importante se estudie tan poco.

> La curiosidad es una privación inducida cognitivamente que surge de la percepción de una brecha en el conocimiento y la comprensión.[1]

En definitiva, que la curiosidad es una comezón.[2] La sentimos cuando tenemos cierta información, aunque nos falta algo más. Si esto no te parece innovador, quizá se deba a que tendemos a centrarnos en la parte «que falta», cuando la originalidad reside en el pedacito de información que «conocemos». Para querer cruzar una laguna, hay que reconocer que, enfrente, hay otra orilla. Las implicaciones del trabajo de Loewenstein son profundas: ponen de relieve el hecho de que saber algo nos hace ser más curiosos. Cierta información enciende la mecha de la curiosidad de un modo en el que la ignorancia total no lo hace.

La buena noticia es que podemos originar brechas y engendrar nuestra propia curiosidad. El truco con el que somos capaces de hacerlo a la hora de enfrentarse a algún rompecabezas pasa por rellenar algunos de los espacios en blanco. El hecho de estar a punto de terminar un crucigrama —cuando solo te faltan dos palabras— es una situación de curiosidad más compulsiva que enfrentarte a un puzle de cero.

Cada vez que observamos un árbol, podemos rellenar enseguida y con facilidad muchos de estos huecos: su forma, sus colores o sus hojas. Y tenemos la capacidad de completar otra parte con la misma rapidez: detectando que difieren de la norma de algún modo. Tiene que haber una razón que explique esas diferencias. Esta es la brecha de nuestro conocimiento. Siempre está ahí y, una vez que lo sabemos, siempre la encontraremos. Enciende la mecha de la curiosidad. Aprendemos a buscar esas discrepancias y no podemos evitar preguntarnos qué significan. Y, entonces, por primera vez, vemos el árbol como es debido.

La extraordinaria observación que mencioné al principio del capítulo se refería a la forma de las raíces de los árboles. En el capítulo anterior, «Las raíces», vimos muchos patrones radiculares, entre ellos, el que se genera cuando crecen más grandes, fuertes y largas en el lado de los árboles que mira en dirección al viento predominante, el sudoeste en el Reino Unido.

Aquella tarde, ocurrieron dos cosas en el bosque circular que me permitieron ver algo que, durante décadas, había permanecido oculto ante mis ojos. El sol estuvo escondido detrás de las nubes la mayor parte del mediodía. No obstante, luego, en su camino hacia el horizonte, volvió a hacerse visible e iluminó el paraje con su luz anaranjada. Las copas de los árboles daban sombra a gran parte del terreno, pero la luz llegaba a las zonas más bajas de algunos de los ejemplares que tenía delante. Esto originó un efecto interesante, que resaltó el lugar donde el tronco se ensanchaba hasta las raíces. El contraste de colores, así como el movimiento creado por el paso de la parte inferior de las nubes sobre una sección del sol, atrajeron mi atención hacia las raíces. Me di cuenta de que, claramente, apuntaban en una dirección.

Como era de esperar, mi cerebro quiso llegar a la conclusión de que señalaban hacia el sudoeste, aunque tardé solo un momento en darme cuenta de que eso no podía ser cierto. Gracias al sol, sabía muy bien dónde estaban los puntos cardinales y el astro no permitió que mi mente llegase a una conclusión tan errónea. Las raíces apuntaban al norte.

«Qué raro», pensé, «¿qué está ocurriendo?». Ahora, tenía una brecha de información y una ardiente curiosidad por descifrar el significado de una observación fortuita. La sensación fue lo bastante fuerte como para mantenerme en la zona durante media hora —todo el tiempo mirando atentamente—, hasta que resolví el misterio y llené la brecha de información. El movimiento, los colores, los contrastes y, ahora, la curiosidad me ayudaron a ver cosas que, quizá, había pasado por alto.

Después de estar un rato observando con detenimiento las raíces de los árboles en la linde de aquel pequeño bosque circular, me di cuenta de un nuevo patrón: todas las raíces apuntaban hacia el límite del bosque. De repente, todo tenía sentido. En el perímetro, los vientos son más fuertes en todos los lados de un bosque que en el centro. Las raíces de los ejemplares serán de mayor tamaño y longitud en el lado del que proceden las ráfagas de intensidad superior. Por supuesto, las que están situadas cerca del límite del bosque en una colina apuntarán en dirección a la linde. ¡Las raíces son como un letrero de salida!

Este libro versa sobre cómo entender lo que observamos en los árboles y esto forma parte de un círculo virtuoso. Cuanto más sabemos buscar, más miramos y vemos. Al hacerlo, empezamos a darnos cuenta de cosas que no buscábamos y que plantean sus propias preguntas: espolean nuestra curiosidad.

La gran alegría es que, por extraño que sea el camino que seguimos a la hora de percibir algo nuevo, una vez que lo hemos descubierto y tras descifrar su significado, la próxima vez —y ya siempre— saldrá a nuestro encuentro. Ya no puede esconderse.

# Capítulo 11

## *Hojas que cambian de forma*

*Lo que el tamaño significa – Cambio de forma – No compitas contra ti mismo – El* tick *inverso – Crecer para fluir – Lóbulos más calientes y altos – Has cambiado – Resplandecientes a plena luz – Verdes claros y oscuros – Encanto azul – Amarilleamiento – Evidente e invisible – Líneas blancas – Siento tu dolor – Hojas al acecho – De maniobras – La red de las coníferas*

En la antigua Grecia, cuando la gente tenía que tomar una decisión difícil, pedía consejo a las sacerdotisas, conocidas como «oráculos». Dos de los más famosos eran los de Delfos y Dodona.[1] Pitia, el oráculo de Delfos, era conocida por sus divagaciones crípticas y casi absurdas. Según una teoría, hacía sus predicciones drogada después de masticar hojas de laurel o de inhalar su humo.

En este periodo, el roble era sagrado, como árbol consagrado a Zeus. Cuando los viajeros llegaban a Dodona, buscaban a la sacerdotisa, que dormía bajo un roble muy especial. El oráculo escuchaba su dilema, se volvía hacia el roble en busca de señales y las encontraba en el susurro de sus hojas, pues se creía que era la voz de Zeus.

Las hojas de los árboles poseen señales llenas de significado y, en este capítulo, aprenderemos a interpretarlos sin necesidad de consultar a las sumas sacerdotisas.

## Lo que el tamaño significa

Todas las hojas intentan realizar las mismas tareas: recoger la luz del sol e intercambiar gases de la manera más eficaz posible. Puesto que todas las hojas llevan a cabo funciones idénticas, resulta llamativo que tengan tantas formas diferentes. Ni el sol ni los gases cambian significativamente, así que ¿por qué podemos ver hojas gruesas, agujas finas, óvalos, triángulos, lóbulos, dientes, espinas, arrugas, tonos mate, brillos, tallos largos y cortos, así como patrones simples y complejos, en el mismo paseo? Hay un millón de cosas que observar en las hojas de un árbol y cada una de ellas posee algún significado; la clave está en saber qué rasgos transmiten los mensajes más interesantes.

La naturaleza no es una artista caprichosa que salpica de variedad nuestro paisaje con la esperanza de ganar premios por su creatividad. Tiene que haber una razón para cada una de las diferencias que apreciamos: tras cada signo visible, hay un motivo subyacente. En una misma zona, a pocos metros de diferencia, los árboles deben enfrentar grandes variaciones en el agua, el viento, la luz y la temperatura, y las hojas reflejan estos cambios que nosotros vemos.

La próxima vez que camines por la calle, intenta fijarte en si el resto de la gente anda con los codos recogidos o alejados del cuerpo. Rara vez se ve a personas con los brazos extendidos o levantados cuando hace mal tiempo. Con vientos fríos, los animales se encogen, retraen las extremidades y hacen sus cuerpos más compactos y menos vulnerables a la pérdida de calor. Las coníferas tienen pequeñas agujas o escamas, puesto que estos tamaños compactos soportan mejor los ambientes duros. Los latifolios poseen hojas más pequeñas en zonas frías o expuestas. Por regla general, cuanto más expuesta esté una hoja al viento o al frío, menor será su dimensión.

Un ejemplar arbóreo que crezca en un lugar ventoso contará con hojas más pequeñas y gruesas que si se desarrollara en un lugar resguardado, aunque también podemos buscar esto a escala reducida. El follaje de las partes de mayor exposición de un árbol individual estará formado por hojas de menor tamaño que el de las zonas más protegidas. Si, en una caminata, pasas junto a dos árboles de la misma especie, uno en lo alto de una colina y otro en un valle, es probable que las hojas de la copa del que está en lo alto sean las más pequeñas y gruesas. Las que se encuentran en la base del árbol del valle seguramente serán las más anchas y delgadas.

El follaje también responde a los niveles lumínicos. Los ejemplares tienen dos tipos principales de hojas: las de sol y las de sombra. Las hojas de sol son más pequeñas, gruesas y de color más claro. Encontramos mayor cantidad de hojas de sol cerca de los límites del bosque, así como en la parte superior de la copa y en el lado sur, más soleado. Las de sombra, más anchas, delgadas y oscuras, se dan con frecuencia superior en la zona baja, en el interior de la copa y en la cara norte del árbol.

Las hojas reaccionan a su mundo. Si un ejemplar arbóreo recibe la sombra de un árbol nuevo o un edificio, las de sol pasarán a ser de sombra: se harán más anchas, delgadas y oscuras. Esta capacidad que tiene el follaje de transformarse en función de los cambios de su entorno se denomina «plasticidad». La «decisión» de mutar de una forma a otra se toma cuando el árbol produce nuevas yemas hacia el final de la temporada de crecimiento, listo para el comienzo de la siguiente.

Generalmente, las hojas son de menor tamaño en las zonas secas. Las grandes tienden a sobrecalentarse y las pequeñas conservan mejor el agua. Resulta muy probable que veas hojas grandes y flexibles en regiones húmedas y sombrías, y las mayores, en las selvas.

En resumen, localizaremos hojas o agujas anormalmente pequeñas en zonas soleadas, secas, frías y ventosas. Estudia una hoja cerca del límite arbóreo —que, en cualquier montaña, marca la altitud máxima en la que pueden crecer los árboles— y compárala con la de un árbol situado cerca del río en un valle. Verás una asombrosa diferencia de tamaño.

## Cambio de forma

Algunos lugares son mucho más ventosos, oscuros o húmedos que otros, por lo que es fácil entender que haya tanta variabilidad en el tamaño. Ahora bien ¿por qué existe una cantidad tan diferente de formas? Los botánicos utilizan términos muy diversos —como aovada, deltoide o romboide— para describirlas, y otros más confusos —cordada, bigeminada, imparipinnada o palmatipartida—,* que provocan una sonrisa y son algo difíciles de visualizar.

Existe una relación interesante entre el tamaño de las hojas y el patrón de ramificación, que hemos visto antes cuando estudiamos las terminaciones de las ramas. Merece la pena refrescar esto ahora con las hojas en mente: cuanto menores sean las hojas en un árbol grande, más ramas tendrá. La razón es sencilla: se necesita una rama robusta para sostener una hoja gigante, y muchas ramitas, a fin de rellenar los huecos vacíos con hojas diminutas. Esto nos parece obvio una vez lo sabemos, pero es exactamente el tipo de cosa que se esconde ante nuestros ojos, a menos que nos esforcemos en percibirlo. Es un patrón que también puedes disfrutar si te tiras al suelo. Fíjate en cómo las plantas de hojas gigantes, como el ruibarbo, cuentan con un único tallo grueso bajo cada hoja, pero las herbáceas de cientos de hojas diminutas se dividen en montones de minirramitas.

---

* Aovada: con forma de huevo, ovalada. Deltoide: triangular, como la letra griega «delta». Romboide: con forma de diamante. Cordada: como la silueta de un corazón. Bigeminada: con dos foliolos, cada uno de los cuales tiene otros dos. Imparipinnada: con un número impar de foliolos y un foliolo terminal, y palmatipartida, con lóbulos en forma de palma e incisiones profundas.

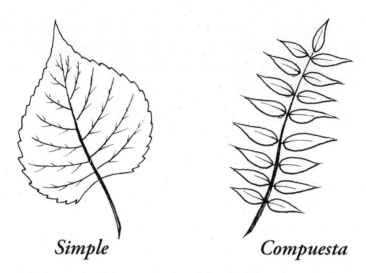

*Simple*                                *Compuesta*

A la hora de observar la morfología foliar, lo primero que debemos saber es si hablamos de hojas «simples» o «compuestas». ¿La hoja que observamos es individual (simple) o forma parte de un grupo de folíolos (compuesta)? Las hojas simples se unen a una ramita cubierta de corteza mediante un peciolo. Los folíolos compuestos brotan del raquis, una nervadura verde. Si de la nervadura verde central salen pares de folíolos, se habla de «compuesto pinnado».

En las regiones de frío moderado, las hojas compuestas pinnadas permiten a un árbol echar muchos folíolos y recoger una gran cantidad de luz rápidamente sin tener que sostener el crecimiento más lento y costoso de una ramita leñosa. Esta disposición favorece un desarrollo ágil, pero funciona mejor en lugares luminosos o ventosos. La abundancia de foliolos y la absorción de la luz van de la mano. Un árbol pionero querrá crecer sin demora si hay una zona de terreno abierto, pero tendrá que lidiar con una gran cantidad de luz solar directa y poco refugio del viento. La luz se filtra a través de los huecos de las hojas compuestas, por lo que las capas inferiores de los multicapa también pueden recoger parte de la luz.[*]

---

[*] En las zonas más cálidas y secas del mundo, el hecho de que un árbol tenga hojas compuestas significa otra cosa. Permiten a los árboles despojarse de todo el raquis en

En resumen, los árboles de hojas compuestas pinnadas —incluidos el fresno y el saúco— son un signo de que el ejemplar arbóreo ha exprimido un hueco al máximo: ha aprovechado una oportunidad. Igual que ocurre siempre con los pioneros, esto significa que el paisaje arbóreo aún es joven y cambiará radicalmente en las próximas décadas.

## No compitas contra ti mismo

Recuerdo haber disfrutado de un pícnic familiar sobre una manta en un parque londinense hace un par de años. Estábamos sentados cerca del camino pavimentado, que bordeaba el parque, y, cada pocos segundos, se nos cruzaba algún corredor jadeante. No sé a ti, pero a mí me gusta hacer ejercicio cuando soy yo quien lo hace, aunque me parece un poco ridículo verlo en el momento en el que estoy en otro estado de ánimo o tengo la boca llena de sándwich de huevo. Una de las personas que pasó por delante de nosotros llevaba una camiseta con el lema «Yo contra mí». Tuve que aguantarme la risa hasta que pasó su grupo. Cuando les entrevistan, hay deportistas profesionales que afirman que no compiten contra otras personas, sino contra sí mismos. Si bien esto es absurdo y carece de sentido, es una manera frecuente de desviar preguntas que no aportan nada.

Todos los organismos compiten por los recursos, y, a menudo, con otros de la misma especie. La vida ya es bastante dura de por sí y lo último que necesita una planta es añadir una lucha interna. Si un árbol cae en un bosque, los dos árboles vecinos lucharán entre sí y contra el pionero advenedizo por la nueva luz. No pueden permitirse hacerlo consigo mismos.

Imagina que todas las ramas y hojas de un ejemplar arbóreo crecieran unas hacia otras en un intento de alzarse por encima de las demás y hacerse sombra mutuamente. Esto no

épocas de sequía y, así, se deshacen de racimos de follaje para ahorrar agua.

sería sostenible. Las hojas necesitan mucha energía para crecer: no hay recursos de sobra a fin de que se desarrollen amontonadas en la misma rama. Tienen que cooperar, y lo hacen siguiendo un plan.

El más sencillo pasa por que una rama sostenga las hojas en un plano llano, como un plato. Si no existen ramas por encima del plato plano, no hay peligro de que les hagan sombra. A pesar de que las hayas y los arces prefieren esta disposición,[2] se trata de un escenario idealista que solo funciona a largo plazo para los árboles monocapa. Muchos ejemplares no pueden ceñirse a este plan y deben hacer crecer algunas hojas más altas que las existentes en una rama inferior. Otras ingeniosas estrategias permiten la cooperación en lugar de la competencia, y las más comunes implican cambiar los ángulos o la longitud de los tallos.

Si la planta se asegura de que la hoja de arriba crece en un ángulo diferente a la de abajo, se reduce el peligro de que le dé la sombra. Visto desde arriba, esto produce un efecto parecido al de una escalera de caracol, en la que cada peldaño es una nueva hoja. Se trata de un enfoque de más fácil detección en las plantas inferiores que en los árboles. La próxima vez que pases junto a un pequeño arbusto frondoso o una herbácea, intenta mirarlo desde una perspectiva cenital. En primer lugar, no se ve mucho del suelo, ya que la planta ha cubierto con sus hojas la mayor parte del área disponible. En segundo lugar, si imaginas que trazas una línea vertical desde tus ojos hasta el suelo, comprobarás que la línea atraviesa más de una hoja, porque la planta las ha dispuesto de tal manera que se evite su duplicación, hecho que resulta ineficiente.

Hay otra forma de que un árbol eche una hoja sin hacer sombra a la que tiene debajo. Si el ejemplar arbóreo acorta el tallo para que la hoja que se encuentra a mayor altura esté más cerca del tronco, esta no proyectará sombra directamente sobre la hoja inferior. La hoja superior también es de menor tamaño, lo cual es lógico: sería absurdo que las hojas más grandes estuvieran arriba.[3] Las plantas no son tontas.

Estas estrategias son mucho más fáciles de observar cerca del suelo que en lo alto de la copa. Así que, siempre que veas hojas en ramas cerca del suelo, asegúrate de detenerte y buscar el plan que permite a las hojas cooperar. ¿Están dispuestas en un plato ancho o en ángulos bien pensados? ¿Sus tallos son más cortos, y sus hojas, de menor tamaño en la parte superior? ¿Se trata de una ingeniosa combinación?

## *El* tick *inverso*

Tal como hemos visto, las ramas de los árboles crecen hacia la luz, lo que provoca el efecto *tick* (en forma de ✓): las del lado sur están más cerca de la horizontal, y las del norte, más próximas a la vertical.

También se da esto en las hojas, pero a la inversa. Las del lado sur se encuentran a mayor proximidad de la vertical: apuntan hacia el suelo, y las del lado norte, de la horizontal. La razón es sencilla: las ramas crecen hacia la luz, pero las hojas se orientan perpendicularmente a ella, porque necesitan seguir su misma orientación para recogerla. Llega más cantidad de luz en el lado sur , pero, en el norte, la mayor parte procede de arriba.

Aunque esto puede resultar un poco confuso, quizá sea de ayuda imaginarse una extraña situación. Pongamos que estamos sentados en un árbol, abrazados al tronco, y que tenemos un pequeño panel solar en la mano libre. Esta oscuro cerca de esa zona, pero queremos recoger tanta luz como sea posible. ¿Cuál es la mejor estrategia para hacerlo?

Depende del lado del árbol en el que nos encontremos. Si estamos en el lado sur, percibimos el sol por ese lado y nos dirigimos hacia él (crecimiento horizontal de las ramas). Luego, cuando llegamos al borde de la copa, sujetamos nuestro panel solar (hoja) de modo que quede orientado hacia el astro rey (más cerca de la vertical).

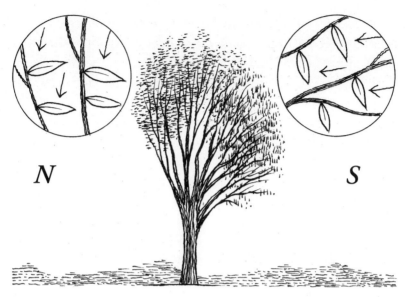

*«Efecto* tick» *en las ramas y «*tick *inverso» en las hojas*

Si nos situamos en el lado norte, no percibiremos la luz de la parte sur (hay demasiados árboles de por medio), pero sí notaremos algo de luz por encima. Por lo tanto, tenemos que trepar hacia arriba (crecimiento vertical de las ramas). Cuando subamos a un lugar donde la luz llegue con suficiente fuerza, llevaremos allí el panel para captar esa luz procedente de arriba (más cerca de la horizontal).

Este fenómeno acontece en todos los latifolios, así como en las plantas inferiores. De vez en cuando, veremos una hoja orientada de un modo que no parece tener sentido: tómatelo como una gran oportunidad para hacer una pausa y recordar algo importante. A las hojas no les importa el norte o el sur, sino la luz. De la misma manera que encontraremos ramas que crecen hacia los ríos y los caminos sin preocuparse por su aspecto, descubriremos que las hojas también se orientan en dirección a las zonas más claras. Y, sea cual sea el lado de un bosque hacia el que caminemos, el follaje de los latifolios estará frente a ti: siempre hay luz desde donde venimos.

## Crecer para fluir

Hay tantas especies y tantos híbridos de sauce, que no resulta muy divertido intentar identificarlas o nombrarlas a la perfección. Sin embargo, su morfología foliar es interesante y fácil de leer. Hay una especie de sauce, el cabruno, que veo todos los días cuando paseo cerca de casa y que la mayoría de la gente no la reconoce en el acto, puesto que sus hojas son ovaladas y anchas. Veo otros sauces con menos frecuencia, entre ellos, la mimbrera, que tienen la clásica hoja de sauce, larga y muy fina, llamada lanceolada.

Sin necesidad de precisar los nombres, el follaje del sauce que veo sigue una regla sencilla: cuanto más cerca del agua en movimiento está el árbol, más delgadas suelen ser sus hojas. Los sauces cabrunos de hojas ovaladas se encuentran en suelos húmedos, pero casi nunca cerca de agua en movimiento. Tanto la mimbrera como otros árboles de hojas delgadas me indican que estoy cerca de la orilla del río. La hoja lanceolada soporta mucho mejor las corrientes de agua que la de formas ovaladas más anchas.

Los alisos crecen cerca de estos flujos hídricos, pero cuentan con hojas de anchura superior, lo que parece quebrantar la regla. Sin embargo, en realidad, nos ofrecen otra pista. Los alisos y los sauces se desarrollan al borde del agua, pero siguen estrategias diferentes. Los sauces esperan perder la lucha contra una corriente rápida y, de hecho, pueden convertir esto en su ventaja. Cuando el agua rompe la ramita delgada y débil de un sauce, la transporta río abajo hasta que se engancha en el lodo de la orilla, donde el árbol puede volver a empezar su vida a partir de este esqueje natural. Un solo sauce puede propagarse río abajo: se trata de una de sus estrategias para bordear las orillas de los ríos durante tramos largos. Los sauces pierden la batalla, pero ganan la guerra.

Los alisos adoptan un enfoque diferente: sus troncos y raíces son más fuertes, y están construidos a fin de resistir la corriente. No solo eso, sino que defienden la ribera contra la

Colores blancos y azules causados por la abundante cera
de las hojas en la cara sur de un abeto.

Una hoja de avellano con una punta pronunciada para canalizar la lluvia.
Las puntas puntiagudas son más comunes en las regiones húmedas.

La corteza de un cerezo realiza el «gran cambio». Se desprende de la epidermis joven, con sus rayas de lenticelas, para revelar la peridermis más dura que se encuentra debajo.

Los nogales de Wiltshire han envenenado el suelo alrededor de sus raíces.

Una horquilla débil con una unión «corteza con corteza», con pequeños «ojos del sur».

El mismo árbol visto de perfil. Observa la «madera de reacción» hinchada en la horquilla para hacer frente a las tensiones que allí se producen.

Las flores o frutos al final de la rama dan lugar a estructuras desordenadas, como en el barbadejo o «árbol caminante».

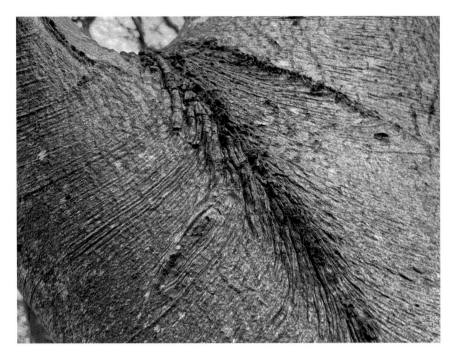

Las uves apuntan hacia arriba, hacia una saludable unión
en horquilla en forma de U.

Stephen Haydon me muestra la lesión causada por el sol en la cara suroeste
de un cerezo en el Jardín Botánico de Fort Worth, Texas.

Un lobanillo gigante en un haya del bosque de mi zona.

Los hongos que sobresalen del tronco son señal de un árbol con problemas.
Tras observar durante muchos años cómo los hongos de corchete prosperaban en esta
haya, finalmente se quebró durante una tormenta. También hay brotes epicórmicos
en la base del árbol, otro signo de estrés.

La espiral natural en la corteza de un castaño común. Las ramas inferiores más antiguas apuntan hacia abajo. Las hojas se reúnen en una sombra de viento en la base.

El estuche rosa de un brote de arce.

Las raíces se adaptan a la forma del terreno y a las tensiones que pueda sufrir el árbol. Son más anchas y menos profundas de lo que muchos esperan.

La madera parece arrastrarse para sellar la abertura donde antes había una rama importante.

En lo alto de la cara sur de un haya, los colores otoñales empiezan a aparecer.

Los latifolios dominan el valle, y las coníferas, el terreno más elevado en Snowdonia, Gales. Efecto bandera en la alta conífera que asoma por encima de la cresta. Una brújula de tronco-rama en el roble de la izquierda. Los colores otoñales son más intensos a la derecha, en el lado sur de los latifolios expuestos. Miramos hacia el sureste.

El autor ha tomado todas las fotografías,
muchas de ellas cerca de donde vive, en Sussex Occidental.

Un pino heliófilo que se ha desprendido de las ramas inferiores.
Las hayas, tolerantes a la sombra, han conservado las suyas.

Ramas defensoras. En la primavera, las ramas inferiores
echan hoja antes que las superiores.

Brújula de tronco en un roble. Miramos hacia el oeste.
También es destacable el «efecto *tick*» en las ramas del árbol de la izquierda.

El efecto isla en Win Green Hill. Miramos hacia el norte. Es más densa a la izquierda, a barlovento, y las ramas llegan más lejos a la derecha, a sotavento.
Presta atención también a la rama «rezagada solitaria» en el extremo derecho.

Los troncos se alejan de las paredes en busca de la luz de Londres.

Dotty, nuestra Jack Russell, inspecciona un árbol arpa o fénix.

Una casa de hadas en un viejo olmo de Brighton.

Un fondo de campana y un abombamiento de olas en un plátano
de sombra en apuros, en Londres.

Duramen y albura, y el efecto «corazones solitarios».

En el tocón de este fresno talado se ve una infección en forma de porción de pastel (hongo de la acronecrosis del fresno).

Las cabras han creado una «línea de ramoneo» en un majuelo de las montañas españolas.

Un roble, que en algún momento tuvo otro árbol creciendo a su izquierda (hoy un «tocón repelente»), muestra una tremenda asimetría y obtiene la luz del sur a su derecha.

El trasiego sobre las raíces ha matado las ramas de un pino en
un terreno arenoso «común» en Sussex.

El efecto avenida en las ramas de las hayas.

Alisos inclinados sobre un río en Montgomeryshire, Gales.
Las ramas se mantienen por encima del nivel del agua.

erosión. Ahora bien, este planteamiento tiene un límite. Así, los alisos crecen junto a corrientes más suaves y, sobre todo, en amplias zonas de aguas tranquilas o poco profundas de movimiento lento, donde pueden formar bosques húmedos, conocidos en inglés como *carrs*. Además, mantienen sus hojas muy por encima del agua a diferencia de las hojas del sauce, que pueden tocarla o colgar a un palmo de ella.

En Amberley Brooks, un humedal que me encanta explorar, hay sauces y un bosque húmedo de alisos. Una tarde de verano, pasé media hora sentado sobre unos troncos en una zona elevada y seca cerca de este bosque, observando los alisos y esperando a que otros se unieran a mí para dar un paseo. Me encontraba en un periodo de inactividad forzosa y esos momentos son buenos para la mente. El resto llegó un poco tarde, pero no me importó. Hacía buen tiempo y mi mente estaba ocupada, dándole vueltas a la diferencia entre las hojas de los alisos y las de los sauces. Cuando se reunieron conmigo, ya tenía un par de frases en la cabeza.

Las hojas del aliso son más altas.
Las del sauce crecen bajas.

## Lóbulos más calientes y altos

Muchos árboles tienen hojas lobuladas, y el patrón más común es el de cinco dedos o lóbulos en cada una, sobre todo, en la familia del arce. Los lóbulos son bonitos, pero la naturaleza no puede permitirse el lujo de crear algo solo porque sea bello, así que ¿por qué existen? Los lóbulos rompen los bordes de la hoja, lo que cambia el flujo de aire sobre ella y a su alrededor: esto facilita que la hoja se desprenda del exceso de calor. Estos actúan a modo de ventilador en un día caluroso.

Los árboles de hojas lobuladas tienen lóbulos más profundos y pronunciados en las hojas donde el sol incide de manera directa, por lo que podemos esperar ver lóbulos más marcados a mayor altura del árbol y en el lado sur. Por «lóbulos más profundos», quiero decir que las hendiduras no pasan desapercibidas. Podemos pensarlo así: si trazamos una línea alrededor del borde de una hoja, los lóbulos significan que habrá momentos en los que daremos un pequeño rodeo hacia el centro. La profundidad será mayor a medida que nos acerquemos a él.

Una agradable mañana de diciembre, pasé unas horas en Kensington High Street, en Londres. El día se echó un poco a perder por la necesidad de hacer algunas compras navideñas. Me gusta el hecho de encontrar un regalo y darlo, pero las tiendas me cuestan más; me resultan agotadoras. Después de enfrentarme a tres tiendas y comprar algunos regalos, sentí una gota de sudor en la frente y me concedí una pausa al aire libre.

Me paré en la amplia acera y respiré el cansado aliento del consumidor reticente. Al mirar el escaparate de una pastelería de lujo, vi unos *cupcakes* con más glaseado por encima que bizcocho por debajo a un precio tan incendiario que, según me pareció, podría derretir la glasa y prender fuego al resto. Abatido por este robo azucarado, aparté la mirada y mis ojos se posaron en un par de plátanos orientales.

El plátano oriental tiene hojas muy lobuladas y observé que los lóbulos se hacían cada vez más profundos a mayor altura. Cerca de la cima del árbol, los lóbulos eran excepcionalmente largos y las hojas parecían las patas de un monstruoso pájaro de cinco dedos. Fue muy satisfactorio el hecho de observar esta variación en su follaje y me alegró más que cualquier *cupcake* de precio desorbitado.

## Has cambiado

Hay un viejo dicho que dice: «Los generales siempre están librando la guerra anterior». A veces, los directores también. En mi adolescencia, cuando iba al colegio, la norma sobre la longitud del pelo era sencilla: no debía tocar el cuello de la camisa. El colegio creía haber encontrado una forma sencilla de evitar que repitiéramos los pecados de la generación, plagada de jipis, de nuestros padres.

No obstante, éramos adolescentes y sabíamos que las reglas están para encontrar la forma de saltárselas. Nos dejábamos crecer el flequillo lo suficiente como para que nos llegase a la barbilla. Luego, nos lo echábamos hacia atrás hasta que casi nos llegaba al cuello. En cuanto terminaba la jornada escolar, sacudíamos la cabeza y, como los imbéciles rebeldes y llenos de vitalidad que éramos, nos expresábamos a través de nuestras descuidadas greñas. La generación de mis hijos ha decidido que hay que resucitar este peinado. Todos se dedican a dejarse el pelo corto por delante y por los lados, y a hacerlo crecer largo y desaliñado por detrás. Es una evolución espantosa, pero cada generación tiene su locura.

Hay pocas cosas de las que podemos tener certeza en la vida, pero, con casi total seguridad, nuestro aspecto cambiará a medida que maduremos. Y lo mismo ocurre con muchas hojas. Si observamos un conjunto de ejemplares de la misma especie, nos daremos cuenta de que las hojas de los de mayor edad son diferentes de las de sus vecinos más benjamines.

Algunas especies vegetales tienen hojas juveniles y adultas diferentes: su forma cambia entre la fase joven y la madura de la vida de una planta. Los científicos siguen investigando por qué ocurre esto. La teoría que me parece más lógica es que los árboles jóvenes dedican buena parte de su energía a construir y precisan mucho carbono.[4] Los más viejos son supervivientes y necesitan hacer frente a una larga vida a la intemperie. La morfología foliar se adapta a tales prioridades. Los investigadores han descubierto que, en ocasiones, el estrés ambiental (como las olas de calor o frío) es un factor desencadenante del paso de una planta joven a adulta:[5] lo que no mata a un árbol lo hace más maduro.

Algunos árboles cambian de una manera tan marcada que, si no supiéramos de qué especie se trata, no lo reconoceríamos por su tipo de hoja. Por ejemplo, las de los eucaliptos pasan de redondeadas a largas y delgadas a medida que el árbol madura. Sin embargo, no es necesario buscar especies individuales que den cuenta de cambios extremos: resulta más satisfactorio buscar otras transformaciones evidentes, pero también más sutiles, que nos rodean. Las hojas de las coníferas jóvenes casi siempre tienen un aspecto y un tacto muy diferentes a las de sus vecinas mayores. Varían según la especie, aunque su follaje suele ser más corto, fino, suave al tacto y aseado que el de los árboles añejos. La gracia de este juego es que no todas las partes de un ejemplar arbóreo pueden considerarse coetáneas. Solemos pensar que las personas tienen una única edad, que hay bebés de un mes y adultos de cuarenta o noventa años, pero nunca pensaríamos que alguien pueda tener estas tres edades a la vez. Sin embargo, el número de años de una persona es una conveniencia cultural. En cierto sentido, alguien puede tener esta tríada: las células de sus uñas quizá tengan un mes; las de su corazón, cuarenta años, y las de sus ojos, noventa.

Cuando miramos la parte superior de un árbol joven, vemos la que es más reciente y, a medida que bajamos, retrocedemos en el tiempo hasta observar las de mayor edad, cerca de la base. Las coníferas producen hojas de corta edad en lo alto, y más maduras, en zonas inferiores o en las ramas laterales. Las partes más jóvenes del árbol también se encuentran al final de cada rama, alejadas del tronco.

A veces, se aprecian hojas jóvenes más cerca del tronco, y maduras, en zonas próximas a los bordes de la copa. Esto refleja su edad, pero también que la vida es más estresante en los márgenes, lo que desencadena el cambio. Cualquier situación traumática que obligue al ejemplar arbóreo a empezar de nuevo —como la poda— dará lugar a hojas jóvenes, que no maduras,[6] por muy viejo que sea el tocón del que procedan.[*]

* Verás este efecto tanto en plantas bajas como en árboles. Yo lo observo a diario en la hiedra (Hedera hélix), la trepadora común, una planta que me ha enseñado mucho sobre botánica. Su hoja incipiente posee varios lóbulos y puntas,

## Resplandecientes a plena luz

El hecho de darse cuenta de que la infinidad de formas, dibujos y colores que apreciamos en el follaje son un reflejo del microcosmos en el que crecen las hojas lleva su tiempo. Es una verdad que nos empuja a realizar una predicción sencilla: deberíamos encontrar las mismas tendencias en aquellas partes del mundo que compartan condiciones medioambientales parecidas.

Durante mis paseos por el sur de España, Grecia y Australia, he visto muchos árboles diferentes, la mayoría de ellos bajo un sol implacable. Al principio, puede parecer que tienen muy poco en común, pero, en cuanto notamos que hay alguna similitud entre ellos, es difícil pasarla por alto.

Si bien los olivos y los eucaliptos son originarios de zonas muy distintas del mundo, ambos se dan bien en regiones cálidas.[7] Los olivos crecen en los climas cálidos y secos del sur de Europa, y los eucaliptos son el árbol predominante en las zonas cálidas y secas de Australia (al menos, allí donde pueden sobrevivir). Estas dos familias arbóreas han evolucionado con el objetivo de hacer frente al intenso calor y al sol en hemisferios distintos. Aunque poseen muchas características diferentes, sus hojas cuentan con el mismo tinte plateado. Este color refleja parte de la luz solar y hace más habitable sus calurosos hogares.

y su aspecto es muy diferente del de la madura, que solo tiene una. A veces, cuando voy a la cabeza de una caminata, aprovecho esta diferencia para jugarle una mala pasada a alguien. Espero a que nadie me vea, arranco una hoja joven y otra madura de la hiedra que crece en el tronco de un árbol, camino un poco y muestro ambas a alguien, una en cada mano: «¿Puedes identificar la planta a la que pertenecen cada una de estas hojas?». Algunos sí, pero la respuesta más común es que la víctima mire perpleja, señale la inmadura —más oscura y con múltiples lóbulos— y diga: «Esta es hiedra, pero no estoy seguro de la otra».

## Verdes claros y oscuros

Te habrás dado cuenta de que muchos ejemplares tienen hojas de distintas tonalidades, y, a veces, incluso de distintos colores en el haz (la cara superior) y el envés (la inferior). Este efecto se observa en la mayoría de los árboles; además, debido a esto, algunos latifolios ofrecen un verdadero espectáculo en días de viento. En ciertas especies, como el álamo blanco, es lo bastante llamativo como para dar nombre al árbol. (Su follaje es profundamente lobulado. Así pues, no debe sorprendernos el hecho de que las regiones de donde es originario [por ejemplo, Marruecos] posean un clima cálido y seco).

Tanto el haz como el envés de una hoja tienen un aspecto diferente porque desempeñan funciones distintas. La mayor parte de la luz directa incide en el haz; por ello, aquí se concentra casi toda la clorofila verde, necesaria para la fotosíntesis. El envés ejecuta un papel de mayor importancia en el intercambio de gases.

El verde implica clorofila, pero hay clorofilas y clorofilas.[8] O, para ser más precisos, hay distintos tipos de clorofila y su tonalidad verdosa varía de la clara a la más oscura. El tipo de clorofila que contiene cada hoja cambia según su función. Las hojas que se han adaptado a niveles lumínicos inferiores y las más viejas poseen cantidades superiores de clorofila de color verde oscuro. Esta es una de las razones por las que las hojas que suelen estar a la sombra tienen esta tonalidad frente a las de sol, y por las que se oscurecen a medida que avanza el verano.

## Encanto azul

Mi trabajo implica pasar más tiempo en la carretera del que me gustaría, pero he aprendido una técnica muy sencilla a fin de que esto resulte más positivo de lo que cabría pensar. Como siempre, aprendí la lección a la fuerza y de forma estúpida, aunque se me quedó grabada. Y eso, a su vez, me llevó a descubrir una encantadora pista en un árbol.

Creé mi escuela de orientación natural en 2008, y sabía que no iba a ser fácil sacar mi proyecto adelante. Incluso cuando mis amigos y familiares me deseaban lo mejor, sus ojos me decían que consideraban que mi apuesta profesional estaba condenada al fracaso. Así que, como casi cualquier otra persona que va en contra de lo que dicta el sentido común, albergaba la serena determinación de demostrar que mi idea podía funcionar.

Entre otras cosas, me atuve a una regla muy sencilla: decir «sí» cuando me pidieran que hiciese algo. Al principio de mi aventura, recibí en mi buzón de correo electrónico una invitación para hablar ante un grupo muy reducido, en un lugar a varias horas de distancia, al norte de Inglaterra. Revisé mi agenda, que tenía muchos huecos libres, y contesté con un «sí».

Un par de meses después, descubrí un problema. Ahora me parece increíble que me haya podido suceder, pero, por aquel entonces, no le había cogido el tranquillo a eso de gestionar mi agenda. Estaba libre a las 20.00 del día acordado, aunque había aceptado otra invitación para trabajar a las 9.00 del día siguiente en el Cornualles más profundo, a ocho horas en coche de la cita de la tarde anterior.

Después de la primera charla, conduje hasta allí esa noche, parando cada pocas horas para dormir, y cumplí con mis dos compromisos. Gané menos de lo que me costó el combustible, pero, igual que ocurre siempre en cualquier emprendimiento nuevo, aprendí un par de lecciones valiosas. La primera es que la parte numérica de una fecha en un diario no cuenta toda la historia de ese día. La segunda, que es una tontería tener que marcharse deprisa y corriendo de destinos en los que no has estado antes por culpa de una planificación deficiente. Si hubiera tenido un par de horas libres en el primer lugar al que acudí, podría haberlas dedicado a explorar el maravilloso paisaje agreste sin coste adicional.

Desde entonces, me he impuesto el principio de, al menos, intentar encontrar un poco de tiempo en cada destino y en los lugares de paso. Ha resultado ser de los hábitos más valiosos de entre los que he implementado en la última década. Ahora, cuando mi trabajo implica hacer un viaje largo, a menudo, aprovecho para hacer una pequeña exploración de algún lugar que me pille de camino, otro cerca del destino y un tercer paraje de vuelta a casa. Esta sencilla costumbre me ha llevado a realizar más descubrimientos serenos que la mayoría de mis viajes planificados juntos. Así fue como descubrí la brújula del árbol azul.

Un día de noviembre, volvía de un trabajo en Galloway (Escocia). Escogí la ruta menos directa, a través de unas montañas que nunca había visitado, en la zona de Glenkens. Aparqué y me dispuse a aventurarme por las laderas a fin de orientarme en la naturaleza de un modo que me resultara desafiante. Para mí, este tipo de retos que uno consigue encajar en medio de un viaje suelen seguir un esquema sencillo: caminar el tiempo que me parezca adecuado y, luego, dejar que la naturaleza me guíe de vuelta al coche por un camino diferente.

Estaba orientándome antes de salir cuando me llamó la atención el azul de una pícea. Estoy seguro de que, en alguna ocasión, todos nos hemos deleitado con el tenue brillo azulado que cubre algunas coníferas, que, muchas veces, se da la mano con su agradable aroma cuando les da el sol. Sin embargo, había algo muy llamativo en él: era extraordinariamente azul. A menudo, si miramos a las coníferas y decimos que vemos esta tonalidad, lo que queremos decir es que es verde azulado. No obstante, este árbol destacaba porque era más azul que verde, al menos, a mis ojos.

Me detuve a admirarlo y caminé a su alrededor. Estaba en el extremo sur de una plantación de coníferas y, en cuanto di unos pasos, noté que el árbol parecía menos azul. Al principio, lo achaqué a un cambio de luz: el sol asomaba entre las nubes y pensé que sus ángulos habrían influido mucho en los tonos que veía. Esto era cierto, pero había una tonalidad azulada que iba más allá de ese efecto y solo coloreaba el borde sur del más meridional de los árboles.

No lo sabía por aquel entonces, pero el color azul que vemos se debe a la cera. Lo que observaba era consecuencia de la existencia de una capa de cera protectora de grosor superior en las agujas, que las resguarda de un peligroso tipo de luz solar ultravioleta. La cera es más gruesa en el follaje de la cara sur de estos ejemplares, pues es donde se da una mayor incidencia del sol. Por eso, su cara sur es más azulada. Desde que hice este pequeño descubrimiento, me entrego a la búsqueda de brújulas de árboles azules. Cualquier viaje en el que se produzca un hallazgo tan dichoso como este siempre merecerá la pena.[*]

## Amarilleamiento

Los árboles extraen la clorofila de sus hojas a medida que se acerca el otoño para atesorarla: no se atreven a desperdiciar un recurso tan valioso. Los típicos colores (amarillos, naranjas y marrones) que vemos en las hojas en esta época del año son los colores de los niveles mínimos de clorofila.

A veces, verás hojas que se han vuelto amarillas mucho antes de la llegada del otoño: están pidiendo a gritos alimento. El amarilleamiento, conocido formalmente como «clorosis», es señal de que el ejemplar arbóreo carece de uno o varios de los nutrientes clave, por ejemplo, el nitrógeno o el magnesio. Es poco frecuente en la naturaleza y más común cuando los seres humanos exi-

---

[*] Es extraordinaria la manera en la que el descubrimiento de una característica hace que otras similares brillen con luz propia. Durante las semanas siguientes a mi regreso de Escocia, no pude evitar fijarme en los cambios de color de las coníferas. Veía su tinte azul casi todos los días, pero, de repente, otros colores en los que no me había fijado durante años asaltaron de nuevo mi vista. Un saludable tono dorado se extiende por algunas coníferas soleadas, sobre todo, en su cara sur. Es un efecto genético que resulta hermoso de contemplar y los arboricultores lo potencian, por lo que, a menudo, lo verás en árboles de jardín.

gimos demasiado a un árbol en un suelo pobre, sobre todo, en zonas urbanas o en una silvestre que hemos destrozado.

En los árboles, el color amarillo resulta interesante porque es un efecto negativo: vemos este color, pero, en realidad, nos encontramos ante la ausencia de verde. La clorosis es síntoma de que el ejemplar arbóreo carece de los ingredientes necesarios con los que producir clorofila. Merece la pena saber esto, ya que ayuda a dar sentido a otras cuestiones sobre el color de las hojas que, sin este conocimiento, podrán resultar difíciles de comprender. En lugar de preguntarnos qué ha originado el color amarillo o naranja, en ocasiones, podemos desvelar el misterio más rápidamente si nos preguntamos dónde ha ido a parar el verde y por qué.

El agua, los niveles de pH, así como las perturbaciones, intervienen en la coloración de las hojas. Apreciaremos cambios de color en cualquier paisaje que vaya desde zonas bajas húmedas a más altas y secas, o desde áreas de virginal pureza a bosques muy poblados. Por esta razón, siempre veremos fluctuar los colores dentro de una misma especie cuando observamos un bosque desde lo alto.

En determinados lugares, los picos de acidez del suelo pintan las hojas de un color fuerte. La tierra ácida tiene pocos nutrientes y los niveles de pH no son uniformes en ningún paisaje. Intento detectar esto cuando miro hacia abajo desde las laderas de las montañas en zonas mineras, porque esto siempre lleva a grandes fluctuaciones en el agua, los niveles de pH, además de otro tipo de perturbaciones. Por lo común, es posible detectar una suerte de ondas en las tonalidades cercanas a los lugares de mayor actividad.

Por otro lado, algunos árboles —especialmente las coníferas, como la pícea común— se sienten más a gusto en suelos ácidos y pierden parte del intenso verdor de su follaje si el terreno es demasiado alcalino. Los ríos y las carreteras modifican los niveles hídricos y la química del suelo, por lo que resulta raro que el follaje mantenga el mismo tono cerca de estos lugares que en el resto del bosque.

Siempre hay espacio para la variación. En cualquier caso, con el objetivo de facilitar las cosas, lo más sencillo es considerar que un color verde intenso y uniforme en los árboles es señal de que los principales elementos que influyen en su tonalidad entran en un rango de tolerancia aceptable. El hecho de observar una zona de ejemplares con un color «apagado» es síntoma de que una de estas variables está elevando los niveles de peligro para esa especie. Si hemos tratado el agua y las perturbaciones como causas probables de las fluctuaciones de color, merece la pena tener en cuenta los problemas relacionados con la química del suelo.

## Evidente e invisible

Mientras daba un paseo hace unos años, prestaba toda la atención al color de las hojas que me permitía el resbaladizo terreno de creta. Me deleité fijándome en el tono oscuro de las hojas a la sombra y en cómo habían perdido color las que estaban en lo alto, en la cara de barlovento, de un roble que había sufrido los efectos de un vendaval.

Decidí observar con más detalle una docena de hojas de un arce campestre del camino, junto al que me detuve, y mantenerme fiel a mi creencia de que los colores de un árbol siempre significan algo y tienen un valor, aunque me costó descubrirlo. No sucumbí a la idea de que los colores que veía carecían de importancia; tan solo consideré que, hasta ese momento, no había logrado descubrir qué significaban. Unos minutos después, en el mismo camino, repetí el ejercicio con un roble joven un poco más lejos. Ocurrió lo mismo: tampoco noté ningún mensaje llamativo en el color de su follaje. No voy a mentir, fue una experiencia un poco frustrante. Las tonalidades de cada grupo de hojas eran similares entre sí y también a los del otro árbol.

Sin embargo, sentí que el color que veía era distinto. Los recuerdos que albergaba sobre las hojas anteriores no me permitieron determinar qué era diferente, así que, cogí un par de hojas del roble y volví al arce. Cuando las sostuve junto a las del arce, comprobé que sus colores eran parecidos. También sus hojas mostraban lóbulos profundos, pero no se podían confundir: su forma era muy diferente. Y, sin duda, su tonalidad era distinta, de un modo que resultaba evidente, aunque difícil de precisar. ¿Era un brillo más intenso en las hojas de roble? No, no parecía eso. Entonces, me di cuenta. Me asaltó una característica del follaje que había permanecido invisible a mis ojos durante muchos años, pero que, ahora, no podía dejar de causarme la mayor impresión. Los haces vasculares de una hoja eran totalmente distintos de los de la otra.

Los de la hoja de arce salían de su base en líneas, que llegaban a cada lóbulo, mientras que la de roble poseía una nervadura central fuerte con venas más débiles, que manaban de ahí hacia cada lóbulo. La venación era de un color más pálido que el de la hoja principal y sus patrones rompían el color de forma diferente. Al instante, los tintes que veía dejaron de parecerme similares. Compararía esta sensación de epifanía con la que experimentamos cuando miramos una foto aérea de una gran ciudad y todo nos parece un poco igual. De repente, vemos un barrio que conocemos bien, la generalidad desaparece y lo particular brilla con luz propia. Y lo maravilloso es que el cerebro disfruta de esa sensación y se aferra a ella. Una vez descubierto el patrón, resulta imposible obviarlo.

El hecho de saber que las hojas de algunos árboles —incluidos los arces— tienen venaciones principales, que parten de una base central cerca del tallo, y que las de otros —entre ellos, los robles y las hayas— cuentan con una nervadura central ayuda a explicar muchas de las variaciones más sutiles de color que observamos. Por ejemplo, en otoño, podemos observar patrones de color cambiantes dentro de las hojas individuales, lo que, a menudo, se encuentra estrechamente relacionado con la pauta principal de las venas. En lugar de ver manchas, en apariencia arbitrarias, de amarillos o naranjas dentro de una misma hoja, apreciamos que esas manchas de colores están dispuestas de manera equidistante de las venas principales. Tenemos el mapa que explica sus colores.

Las nervaduras de las hojas son únicas y forman parte de la identidad de cada árbol. Y, como ocurre con muchas señales distintivas visuales, reconocemos ciertos patrones antes de poder describirlos. Ahora, soy capaz de reconocer muchas hojas de árbol gracias a los patrones de sus venas sin ninguna otra pista; el cornejo es un buen ejemplo. A veces, he visto hojas viejas, rotas o desgarradas en el suelo y, al instante, he reconocido que eran de cornejos, gracias a la singular naturaleza de «curvatura paralela» de sus nervaduras. Todo ello a pesar de que su forma y sus colores no daban ninguna pista debido a su desgaste. Llegado el momento, tú también descubrirás —a menudo, de inmediato— que identificas la firma de la venadura de las hojas que ves. Lo curioso es que pronto conocerás mejor este patrón que las líneas de tu propia palma.

Aunque los patrones más evidentes y descarados son los que mejor se detectan, también encontrarás por el camino algunas peculiaridades seductoras. Por ejemplo, la hoja del nogal, cuyas venas se alejan de la nervadura principal y se dirigen con aparente determinación hacia el borde, pero, en el último momento, renuncian y se curvan.

Me resulta extraño el hecho de haber visto miles de hojas, tanto de roble como de arce, y no haberme dado cuenta antes de esa simple y clara diferencia en el patrón de sus venas. Ahora, me asalta como el resplandor de un relámpago en la oscuridad. El acto de detenerse y mirar puede hacer evidente lo invisible.

## Líneas blancas

Algunas coníferas tienen hojas con líneas blancas, y otras no. Muchas especies de abeto —como el de Douglas, el común y el gigante— tienen dos líneas en paralelo en el envés de las hojas, pero no así la mayoría de los abetos. ¿A qué se deben estas líneas blancas?

Son consecuencia de un fenómeno denominado «floración estomática».[9] Los estomas son las pequeñas aberturas que todas las hojas utilizan para el intercambio de gases. Estos orificios son una necesidad a la par que una debilidad. Las hojas no pueden ser estancas; tienen que intercambiar gases para realizar la fotosíntesis, sin embargo, cada abertura es una oportunidad de que se escape el agua. (Uno de los recursos que un árbol debe vigilar con mayor recelo). Resulta lógico que la mayoría de las hojas tengan más estomas en el envés, donde la exposición al calor, así como la pérdida de agua, es menos grave, y el espacio para la fotosíntesis no es crítico.

Los estomas son fáciles de ver con lupa, aunque resultan demasiado pequeños como para detectarlos a simple vista sin hacer un esfuerzo. No obstante, algunas especies tienen una capa protectora cerosa blanca alrededor de los diminutos orificios. Esto es la floración estomática y observaremos sus líneas blancas en el envés de muchas hojas de abeto.

Si bien resulta satisfactorio saber qué son las líneas blancas, las cosas se vuelven más fascinantes cuando profundizamos en este pequeño misterio. Algunas especies también muestran líneas blancas en el haz de sus hojas, pero ¿por qué? La respuesta está relacionada con la brújula del árbol azul que conocimos antes en este mismo capítulo. Los árboles con floración estomática en el haz protegen a los estomas que allí se encuentran de los efectos desecantes y dañinos de la radiación solar. Este fenómeno es más común en aquellos ejemplares que crecen bien con luz solar directa. (Los que toleran la sombra tienen que utilizar esta parte de su follaje para la fotosíntesis, por lo que no vemos floración estomática en el haz de las hojas que están en sombra).

Lo más probable es que veas estas líneas blancas en el haz de las hojas de coníferas aisladas, que crecen en zonas abiertas o por encima del límite arbóreo principal, porque es el lugar en el que mejor se desarrollan las especies ávidas de sol. A la hora de orientarse en la naturaleza, si apreciamos esta floración blanca en el haz de las que se encuentran al borde de un bosque, es que estamos viendo el lado sur de la arboleda.

En este punto, es posible que ya te hayas percatado de la existencia de un patrón más amplio. Siempre hay una razón detrás de la presencia de colores interesantes en las hojas. El hecho de que el color sea plateado, azul o blanco supone una pista de que el sol es una causa de ello. Y, siempre que este astro da forma a lo que vemos, somos capaces de encontrar una brújula.

## Siento tu dolor

Si percibimos una anomalía en una hoja, hay buenos motivos para decirle a ese árbol: «Siento tu dolor». Cada vez que notamos que es más gruesa, dura, pegajosa, peluda o afilada de lo que esperamos, podemos estar seguros de que ha hecho algún esfuerzo para enfrentar un reto que le ha planteado la vida. La única pregunta es: ¿cuál?

El hecho de que las hojas parezcan duras es señal de que han soportado un clima difícil, frío o caluroso. El laurel, el eucalipto, el olivo y la encina hacen frente a estaciones cálidas y secas en sus zonas de origen, y sus respectivos follajes poseen un tacto áspero y curtido. Ya hemos visto que las hojas grandes son un lastre en los inviernos fríos. Esto explica que no haya muchos latifolios perennes, pero las hojas de los pocos que las mantienen durante esta estación, como el acebo, son resistentes. Las hojas del acebo sobreviven todo el año: son inusualmente gruesas y su tacto es diferente al de casi todas las demás hojas. Poca gente se toma la molestia de palparlas debido a sus espinas foliares, que, por su parte, son síntoma de otro reto que el árbol debe afrontar.

Los árboles que presentan espinas foliares se defienden del ramoneo de los herbívoros. Se trata de una respuesta dinámica en muchas especies, incluido el acebo, y cuantas más espinas observamos en las hojas, mayor es el esfuerzo que han de realizar a la hora de defenderse de los animales. Esta es la razón por la que las hojas de acebo cercanas a la base del ejemplar arbóreo tienen mayor número de espinas que las de la parte superior. También, el motivo por el que los setos de acebo que las cuchillas de poda de los jardineros rozan son extremadamente espinosos.

Las espinas caulinares no son lo mismo que las foliares: las primeras se forman a partir de ramitas. En cualquier caso, ambas actúan como defensa contra los animales. Resulta irónico que, siempre que nos encontremos con un árbol con ambos tipos espinas, valga la pena detenerse a buscar señales de animales. La mayoría de los árboles con espinas son mucho más bajos que aquellos que forman el grueso del dosel arbóreo: no hay necesidad de defenderse del ramoneo de un corzo a treinta metros del suelo. Algunos animales, incluidos muchos pájaros pequeños, han descubierto que las espinas caulinares y las foliares impiden que los depredadores entren y salgan de estos ejemplares, por lo que son un buen refugio y hogar. En determinadas épocas del año, esto se puede comprobar de manera especialmente notable. Es raro pasar por delante de un acebo, un espino o un endrino en invierno o primavera sin notar alguna señal de actividad de pequeños animales, aunque solo sea un pájaro cantor que revolotea entre las espinas. Más adelante, las aves se alimentarán de los frutos de los mismos árboles y esparcirán sus semillas. Me gusta pensarlo así: «Las espinas son dedos que señalan a los animales».

Algunas de las plantas inferiores utilizan pelos individuales para retener sustancias químicas con fines defensivos, como los urticantes de la famosa ortiga. Sin embargo, los pelos que tienen muchas hojas de árboles son más amables: así, aquellas que parecen extraordinariamente suaves tienen una capa aterciopelada de pelo corto. Estos pelillos, que son diminutos, atrapan una fina película de aire junto a la hoja, que la salvaguarda de la evapotranspiración:[10] impiden que la hoja se seque. El revestimiento límite de pelo también sirve de protección frente a las heladas, y en algunas hojas, contra los ataques de insectos. Siempre están ahí por algo. En muchas especies, como las hayas del bosque de mi zona, se puede apreciar esta capa vellosa cuando las hojas son incipientes, pero se desvanece a medida que maduran.

Las hojas grandes de aspecto brillante y tacto ceroso llevan protector solar e impermeable al mismo tiempo. La capa cerosa impermeable las protege contra las inclemencias del sol y la lluvia intensa, y es muy común en las selvas tropicales. Estas hojas suelen terminar en una marcada punta, y la superficie cerosa canaliza la fuerte lluvia hacia las puntas y fuera de la hoja lo más rápidamente posible. Como regla general, cuanto más en punta acabe la hoja, mayor cantidad de lluvia cabe esperar en la zona.

Cuando busques y palpes estas diferencias, te darás cuenta de que el haz y el envés de muchas hojas no solo tienen un as-

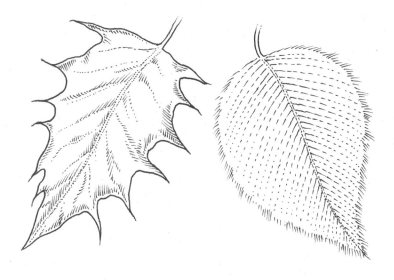

*Hojas espinosas del acebo y el haya.*

pecto distinto, sino también un tacto, muy diferente. El haz es más ceroso, puesto que necesita más protección contra los nocivos rayos solares, pero el envés suele ser más velloso, porque la desecación lo castiga más severamente. Un fieltro velloso de pelillos confiere a las hojas de álamo blanco su brillante envés.

Mi último consejo cuando se trata de sentir las hojas es involucrar de igual manera a los pies. No sugiero que debas ir sin calzado, aunque seguro que, a su modo, es placentero. Siempre que siento que mi pie resbala sobre las hojas en la ciudad o en el campo, doy por hecho que hay un arce blanco cerca; efectivamente, cuando lo busco, suele estar ahí. En el momento en el que su follaje se descompone, forma una capa resbaladiza y viscosa. En los bosques, encontrar de repente un profundo manantial en el suelo te recuerda que debes mirar a lo alto, a los alerces que se han desprendido de sus agujas. En los mejores días, cuando te puedes tomar las cosas con más calma, quizá sientas las piñas bajo tus pies al dejar que tus ojos vaguen por las ramas de arriba. Las de las píceas son silenciosas y blandas; las de los pinos, mucho más crujientes.

## Hojas al acecho

¿Alguna vez has pasado por delante de una persona que vendía comida callejera y te has sentido perfectamente capaz de resistir la tentación, pero, en cuanto has olido su aroma, no puedes evitar caer en ella? Yo soy inmune a este tipo de situaciones, pero he oído que es muy difícil resistirse a las creperías de la Bretaña del sur.

Los frutales se enfrentan a una dura competencia. Necesitan atraer a los insectos para la polinización, pero tienen que lidiar con cualquier otra planta polinizada por insectos, y el tiempo apremia. A pesar de que las flores actúan como señales atractivas, no siempre son una baza segura. Por eso muchos árboles frutales y algunos de los que producen frutos secos tienen nectarios,[11] unos abultamientos en la base de las hojas que segregan un néctar dulce, rico en energía y que los insectos encuentran irresistible.

Me gusta palpar estas protuberancias cerca de la base de las hojas de los cerezos, ciruelos, almendros y melocotoneros. Y, cuando lo hago, pienso en las abejas, que intentan pasar volando junto a las flores de los árboles, pero su fuerza de voluntad se desmorona y se desvían hacia la crepería…, quiero decir, el nectario.

Cuando palpes una hoja cerca de su base, observarás que cada tallo también cuenta con su carácter distintivo. Los colores varían —algunos tienen un rojo característico, sobre todo, cuando son jóvenes— y hay más diversidad morfológica de la que podríamos imaginar. La mayoría de los tallos tienen una sección transversal más o menos redondeada, pero cualquier desviación es digna de reflexión e investigación. Los tallos planos han evolucionado a fin de aportar mayor flexibilidad a la hoja.

Todas las hojas se mueven con la brisa, pero su flexibilidad varía mucho según la especie. Las hojas de los ejemplares que crecen en zonas abiertas y luminosas se bambolean con el viento. Por su parte, las de la mayoría de los árboles pioneros, como el abedul, parecen revolotear. Las hojas de muchos árboles que toleran la sombra, por ejemplo, el laurel, permanecen más quietas. También podemos buscar este efecto en las coníferas: a los pinos y alerces les encanta la luz del sol y sus agujas fluyen un poco con el viento. Los tejos y los falsos abetos soportan pasar a la sombra una gran cantidad de tiempo y su follaje solo se verá agitado por un vendaval.

La heliófila familia de los álamos posee hojas de gran movilidad y, en el caso del álamo temblón, el efecto es tan sorprendente que ha llegado a definirlo. En el Reino Unido, quienes se dedican a escribir sobre la naturaleza se apuntan a cursos en los que se los obliga a escribir «álamo temblón», «álamo tremolante» y «álamo tiritante» cien veces en una pizarra digital.* A continuación, los encierran en una habitación con un diccionario de sinónimos y antónimos, y les dicen que no les abrirán la puerta hasta que hayan resuelto una forma de evitar estos clichés. Salen de la habitación para escribir sobre álamos nerviosos, agitados y neuróticos, sin aportar nada al concierto de los habitantes del mundo. Hago aquí un inciso. Los árboles cuyo follaje se mueve con la más mínima brisa han encontrado la manera de permitir que todas sus hojas soporten el viento y compartan la luz. Por eso, tienen tallos planos.

¿Te has dado cuenta de que, aunque las personas que se dedican a la construcción utilizan muchas vigas de acero, rara vez su sección transversal es redonda o maciza? Verás este tipo de piezas en forma de H, I, L, T y U, pero no redondas. La razón no es que las vigas redondas sean débiles, sino que son muy pesadas para la resistencia que aportan.

Los ingenieros saben que algunas formas proporcionan toda la resistencia necesaria sin aportar un peso que no lo sea. Construyas lo que construyas, no necesitas soportar fuerza en todas las direcciones. El peso es una fuerza descendente fiable y siempre lo será, así que a los ingenieros no les quita el sueño el hecho de preocuparse por lo que le ocurriría, por ejemplo, a un puente si la gravedad invierte su dirección de improviso. La forma de cada viga puede elegirse en función de las fuerzas a las que deberá enfrentarse, no de las que nunca le causarán problemas. La naturaleza obró de la misma forma con anterioridad; de hecho, más de cien millones de años antes.

A veces, verás que el tallo de una hoja tiene forma de U. Esto es señal de que la planta quiere sostener algo pesado sin cargar con el peso que implica uno redondo. En muchas plantas y numerosos árboles, observarás este efecto en distintos grados, pero, cuanto mayor sea la hoja, más probabilidades tendrás de notarlo. Si alguna vez has visto una fronda caída de

* En inglés, tanto *quaking aspen* como *trembling aspen* y *fluttering aspen* son nomenclaturas populares para el *Populus tremula* o álamo temblón. *(N. de la T.)*

una palmera, te habrás dado cuenta de que el tallo tiene una característica forma de U o V. La palma está en el suelo porque ha experimentado una fuerza inusual, como una ráfaga de viento procedente de una dirección que su morfología no ha sabido resistir. También detectarás este efecto en plantas más pequeñas, como el ruibarbo.

## De maniobras

Las hojas se orientan a fin de captar la luz del sol y esto no solo ocurre en plantas latifolias, sino también en las coníferas. En cuanto puedas (a ser posible, un día de buen tiempo y justo antes de que salga el sol), elige una planta protegida del viento y estudia su hoja. Observa hacia dónde mira y escoge un referente en esa línea.

Repite el experimento antes de la puesta de sol y notarás la diferencia. Elegir una hoja es todo un arte: por supuesto, necesitas una que se flexione durante el día, pero no una que revolotee con la más mínima brisa. Suelo escoger varias de la misma planta y calcular la dirección en la que están orientadas. Yo recomendaría empezar por las hojas que son anchas de las plantas inferiores; luego, pasar a los árboles latifolios, y, finalmente, a las coníferas.

Muchas hojas de las plantas responden a los cambios de temperatura, al frío y al calor. Durante las olas de calor, las plantas pierden más humedad a través de sus hojas de la que pueden reponer, lo que reduce la presión del agua en su interior. Como esto sostenía las hojas, se caen y las vemos marchitarse.

El rododendro es un árbol diminuto, que rara vez supera los cinco metros, y muchos dirían que es más un arbusto que un árbol. Tiene algunos admiradores y muchos enemigos debido a sus costumbres invasoras; una vez se afianza en una zona, se extiende con determinación y puede barrer de su camino a

las especies autóctonas. Aunque hay muchas especies de rodo-
dendros, la mayoría prefieren suelos ácidos.*

De manera reciente, el Reino Unido ha experimentado uno
de los inviernos más suaves registrados en el país. Sin embargo,
Jack Frost no tardará en volver y, cuando lo haga, conduciré
media hora hacia el norte, a un lugar llamado Black Down. Es
la zona más alta de Sussex Occidental (Inglaterra) y un entorno estupendo para salir de exploración tras una nevada. Black
Down no se sitúa en una cumbre colosal: está a menos de trescientos metros de altura, pero su modesta altitud basta para
encontrar allí mucha más nieve que donde yo vivo. (Además,
la diferencia resulta incluso mayor, porque Black Down está en
el interior y la capa de nieve se vuelve más profunda a medida
que nos alejamos de la costa).

Black Down se asienta sobre Greensand Ridge, un acci-
dente geológico compuesto por una línea de rocas de ácida
arenisca que han resistido mejor los elementos que las que se
sitúan al norte y al sur. Antes incluso de bajarme del Land Rover, puedo sentir que la acidez del suelo ha hecho que cambie
toda la vida vegetal y animal que me rodea. Predominan las
coníferas, y se dan bien el tojo y el brezo.

Después de aparcar, subo hacia la cumbre y exploro la zona,
sacando los pies de entre la nieve más profunda. Los rododen-
dros me dan la bienvenida; sus hojas apuntan al suelo y dicen:
«Aquí hace frío». Sus hojas son famosas por la costumbre que
tienen de enroscarse y marchitarse encorvadas, señalando al
suelo cuando hace frío.[12]


## La red de las coníferas

Cuando veas una tupida red de hojas de conífera, echa un vistazo a lo que hay en su interior. Su follaje actúa como una

---

* Literalmente, «árbol de rosas», compuesto de *rhodo* ('rosa') y *dendron* ('árbol').
Fue descrito como «bestial» en un boletín de una sociedad botánica de Sussex.

red, que atrapa muchos objetos interesantes. En función de la estación y del tiempo que haga, es posible encontrar hojas muertas, plumas, heces, polvo, insectos, seda de araña, polen y mucho más. En numerosas ocasiones, una pluma que yacía en un lecho verde oscuro me ha recordado que debía buscar un nido de pájaro.

En definitiva, conviene desarrollar la inteligente costumbre de mirar en esa red: pronto, descubrirás allí algo que no buscabas. Es imposible no fijarse en cómo cambia la forma de cada árbol según el terreno. Por ejemplo, te resultará mucho más fácil cotillear dentro del follaje de las ramas inferiores de los tejos en los bosques que en el de los pinos en campo abierto, ya que, tal como sabemos, la morfología de los árboles refleja el paisaje. A los pinos les gustan los lugares abiertos a la par que soleados y tienen pocas ramas bajas. Los tejos crecen bien en la sombra y cuentan con muchas.

# Capítulo 12

## *Señales de la corteza*

*Fina, gruesa, rugosa o lisa – Vestidos para la oficina –*
*Los tiempos de la corteza – El gran cambio – Cambio*
*tardío – Un mapa de estrés – La cresta de la corteza de*
*rama – Hay un problema con las horquillas – Madera*
*de cicatrización – Bultos y protuberancias – Historias de*
*animales – Curvas y giros – Abriendo camino*

He tenido la suerte de ver algunos cuadros de Vincent Willem van Gogh en museos, pero hay uno que nunca he apreciado de cerca y me encantaría: *Los grandes plátanos.* A pesar de que es una imagen deslumbrante que no obedece a ningún interés especial por los árboles, hay un hecho que llama particularmente mi atención al considerar sus cortezas.

En realidad, no es un cuadro, sino dos. Van Gogh pintó la escena por primera vez en 1889 y la tituló *Los grandes plátanos;* luego, lo repitió y lo llamó *Los camineros de Saint-Rémy.* Los contornos son casi iguales. Los mismos árboles y edificios, así como idénticas figuras, aparecen en los lugares análogos. En cualquier caso, la segunda pintura dista mucho de ser una copia, y, sobre todo, ambos cuadros se diferencian por sus colores.

A Van Gogh se lo conoce por su uso pionero de colores enérgicos y, en *Los camineros de Saint-Rémy,* estos son aún más vivos, aunque no de manera uniforme, puesto que las personas pierden la mayor parte de su color. Así, por ejemplo, una mujer pasa a ser una mera silueta con una canasta en el regazo. No obstante, los árboles se encuentran saturados de color. En la segunda versión, las hojas otoñales son de un amarillo dorado intenso, pero a mi ojo le llama más la atención la corteza, que parece salirse del lienzo.

Los plátanos de sombra poseen una corteza extraordinaria, descrita por una persona que la observaba como «camuflaje militar». A otra le evocaba un «leopardo con las manchas invertidas»,[1] gracias a su inusual patrón de colores. Van Gogh era inusitadamente sensible al color, pero incluso él pasó por alto el espectáculo que ofrece la corteza de estos árboles. Es un reto fijarse en ella, pero nosotros tenemos ventaja sobre los demás, porque vamos en busca de un significado. La piel de dos ejemplares nunca es idéntica.

## Fina, gruesa, rugosa o lisa

Marrón, gris, oliva, óxido, roja, blanca, plateada, negra, lisa, con textura de papel, rugosa, rayada, fibrosa, arrugada, en espiral, descascarillada, sangrante... La corteza de los árboles tiene muchos colores y texturas. ¿Por dónde empezamos? Por algunas de las mayores diferencias y las señales más llamativas. Por descontado, el contraste es superior entre las distintas familias. Observa la corteza fina y lisa de un haya, y compárala con la de un abedul común maduro, que es rugosa y nudosa. Los dos árboles comparten objetivo —crecer a lo alto para que sus hojas tengan tanta luz como sea posible— así que ¿de dónde salen estas diferencias en su corteza? Se trata de una especialización de nicho: las primeras esperan estar en hayedos densos dentro un mundo sombreado y bien protegido. Los abedules deben estar preparados para vivir solos: además de luchar contra los elementos, tendrán que hacer frente a los animales. Los ejemplares que han evolucionado a fin de soportar la sombra cuentan con una corteza más fina. La de los árboles pioneros y otros que crecen aislados o en pequeños grupos, como algunos frutales, suele ser más gruesa. Desde mi cabaña, veo un cerezo silvestre y admiro su dura corteza. Está en la linde del bosque, y su áspera piel es una coraza contra el sol, el viento, la lluvia, el granizo y la nieve, que lo golpearán a lo largo del año.

(Hay una pista superpuesta: una corteza lisa es señal de que el árbol se desarrolló poco a poco, tomándose el tiempo necesario para rellenar los huecos de su corteza a medida que aumentaba la circunferencia del tronco. Una rugosa indica que el ejemplar arbóreo creció rápidamente y reventó su propia piel. Tal como hemos visto, solo los que están adaptados a la sombra pueden permitirse un ritmo lento en su crecimiento, las «tortugas», como las hayas).

¿Cómo podemos saber el grosor de la corteza con solo mirarla? Es sencillo si presenta roturas o lesiones importantes, pero también hay una forma de calibrar el grosor simplemente observando la piel de un tronco sano. La textura conforma un buen indicador. La rugosidad es un signo de grosor: una corteza lisa es, por lo general, muy fina.[2] Esto no es infalible, pero funciona en la mayoría de los casos.

Hay más probabilidad de localizar cortezas rugosas paseando por espacios abiertos que en los bosques. Por mi zona, o estoy en el bosque y entre las pieles lisas de hayas, carpes y acebos, o paso junto a las texturas ásperas y toscas de sauces, álamos, espinos, endrinos, abedules, alerces y saúcos. Todas las reglas tienen sus excepciones. El tejo crece a la sombra y cuenta con una corteza que hace que la frente de un abuelo preocupado parezca lisa; quizá sea porque planea vivir unos cientos de años más que sus vecinos.

La misma regla se aplica a las coníferas, aunque es relativa, porque todas tienden a una cierta rugosidad en su corteza. Los pinos buscan el sol y poseen una corteza muy rugosa; en zonas más interiores del bosque, tal vez encuentres píceas con la corteza menos áspera.

Algunos árboles tienen una corteza muy fina, porque esto les permite recoger un poco de la luz que les llega.[3] Si observas una mota de verde en la corteza fina de un árbol (sobre todo, si es uno de corta edad), estás ante una corteza que se alegra de aportar su granito de arena a fin de ayudar a las hojas. Esto es habitual en los fresnos jóvenes.[4] Me gusta pensar que eso es una especie de prueba de trabajo en equipo que la evolución pone a los árboles, igual que en esos juegos en los que dos equipos compiten para ganar algo. En ellos, el que riñe fracasa, mientras que prevalece el que trabaja unido. Imagino que, hace millones de años, dos especies arbóreas compitieron y lucharon por sobrevivir en un paisaje sombrío. Las hojas de ambos árboles jóvenes se dirigieron a la corteza para preguntarle: «Amiga, ¿nos echas una mano y haces un poco de fotosíntesis? Es solo durante unas pocas estaciones. Cuando hayamos crecido, podrás volver a tu tarea principal de proteger el tronco y las ramas».

La corteza de la especie de árbol cuyos genes respondieron «eso me costaría mi empleo» acabó por extinguirse.

Por su parte, la del otro árbol dijo: «Por supuesto. Nos quitaremos la coraza y nos pondremos manos a la obra unos años, tomaremos el sol y nos arriesgaremos con los elementos y las criaturas. No tiene sentido proteger el tronco si nos morimos de hambre». Esta es la especie que vemos hoy en lugares umbríos.

En el otro extremo de la escala, algunas especies cultivan cortezas muy gruesas con la misión de protegerse de los incendios forestales. Árboles como el alcornoque, que han evolucionado para sobrevivir a uno de los ataques más feroces de la naturaleza, necesitan una protección adecuada. Sin embargo, el mensaje es el mismo en todos los casos: una corteza más gruesa significa que el ejemplar arbóreo busca una mejor protección contra los elementos: el sol, el viento o el fuego.

## Vestidos para la oficina

Hay cientos de tonos y colores de corteza, pero la mayoría tiende al marrón con toques de gris, verde o negro. No es necesario fijarse en todos ellos: basta con que nos preguntemos sobre el sentido de los menos comunes. Si el color de la corteza destaca o rompe los esquemas típicos, merece la pena detenerse a plantear una cuestión que un historiador podría hacerse: «¿Qué problema pretende resolver esta rebelión?».

La corteza del abedul común es de un blanco brillante, que refleja bien la luz y protege al árbol de la radiación solar. Es una buena solución a un problema que deben enfrentar los pioneros.

En *Los camineros de Saint-Rémy,* Van Gogh captó el efecto de mosaico moteado que presenta la corteza de los plátanos de sombra. Estos árboles acostumbran a desprenderse de ella en grandes placas, lo que les permite tolerar mejor la contaminación que la mayoría de las especies y explica por qué los encontramos en ciudades de todo el mundo. La contaminación es un problema reciente en términos evolutivos o, tal vez, los plátanos de sombra fueron los primeros en crecer bien en torno a las hogueras de nuestros antepasados lejanos.

La corteza roja o morada (sobre todo si es brillante) es señal de un nuevo crecimiento,[5] lo que nos lleva a la cuestión del tiempo.

## Los tiempos de la corteza

Busca un árbol alto y viejo, así como uno pequeño y joven. Compara la corteza de ambos. Tal como es de esperar, hay bastante diferencia. Ahora, hazlo con árboles a diferentes alturas. Mira la corteza que está a tus pies y la que se encuentra en línea con tu cabeza. Existe una divergencia mayor de lo que muchas personas podrían suponer.

La corteza cambia a medida que el ejemplar arbóreo envejece. Sabemos que la parte más baja del árbol es la de mayor edad y que, efectivamente, la corteza cercana a la base parece añeja. La corteza de algunos árboles envejece con gracia: la que presenta un haya centenaria se parece a la de otros árboles con un cuarto de su edad. No obstante, la mayoría de los ejemplares tienen una corteza que exagera su propio carácter. Si la que posee un árbol de corta edad exhibe zonas rugosas, estas se acentuarán más con el tiempo; si hay fisuras, su profundidad aumentará.

Muchas plantas y numerosos animales se enfrentan al reto de perder y reemplazar la piel. Es necesario sustituirla, pero no se puede vivir sin ella: ¿qué opciones tiene una criatura? Podría mudar regularmente una fina capa externa, igual que las serpientes y los seres humanos, sabiendo que posee más debajo. O hacerlo por partes, tal como lo hacen otros tantos árboles.

Una de las técnicas que emplean los ejemplares es mantener parte de la capa exterior, incluso cuando las interiores están creciendo y se expanden, lo que da lugar a los patrones mixtos que vemos. Cuando observes un patrón entrecruzado en la corteza, notarás que está formado por una serie de rombos elevados rodeados de valles hundidos, o al revés, donde las zonas elevadas son las que cierran a los rombos. En cada caso, el área inferior son los huecos que se forman en el momento en el que la capa interna crece bajo la externa más antigua y fuerza a que esta se separe. La manera en la que aparecen las nuevas capas tiene un toque característico en cada especie. La corteza de la pícea parece barro seco, los pinos tienen grandes placas gruesas y el carpe parece que va a reventar una chaqueta que le está demasiado pequeña.

Todos los árboles pierden y reemplazan la corteza a medida que envejecen, y es habitual que pierdan más en la parte superior que en la inferior. Esta es otra razón por la que la zona basal tiene tanto carácter. En cualquier caso, cada uno tiene sus peculiaridades. Los pinos silvestres maduros pierden más cantidad de corteza cerca de la copa que en la base, por lo que las partes superiores presentan cierto tinte anaranjado. Esto es muy espectacular a finales de la estación estival. Los ejemplares se despojan de una cuantía superior de corteza en esta época del año y, en el cielo, el sol se encuentra más bajo que en pleno verano, lo que acentúa el efecto.

El plátano de sombra pierde más placas de corteza en su cara sur, lo que hace que las septentrionales y meridionales de estos árboles posean un aspecto bastante diferente. He comprobado esto cientos de veces: es uno de los métodos de orientación natural urbana más divertidos, pero aún no estoy seguro de la razón científica que lo explica. El sol es la causa más probable. Quizá, el árbol intenta hacer la fotosíntesis con su corteza interior o se debe a quemaduras. O porque los ciclos de hielo y deshielo afectan con mayor rigor al lado sur. Tal vez, la floración de algas y líquenes en la cara sur obstruye la corteza.[6] O quizá se deba a una combinación de todos estos factores. Cualquiera que sea la causa, vale la pena fijarse: ahora que sabes cómo utilizar la corteza de un árbol urbano como brújula, resulta difícil resistirse.

## El gran cambio

Cada verano, el suelo del bosque se salpica de pequeños arbolitos verdes. Los fresnos son los más comunes en los bosques de mi zona. Podría tocar uno distinto a la vez con cada mano y pie, pero no lo hago, porque, entonces, ya nadie tendría dudas de que, efectivamente, soy un poco raro.

Un árbol joven que emerja del terreno será verde y blando; su piel no se parecerá en nada a la de un veterano de tronco grueso que se encuentre en las proximidades. Esperamos ver cambios significativos en su tejido externo con el paso del tiempo, pero la mayoría de la gente piensa que se trata de un proceso gradual. Aunque a lo largo de la vida del ejemplar arbóreo se producen cambios graduales en la corteza, esta también experimenta un momento de enormes transformaciones.

Cuando un árbol es muy joven, tiene una piel suave llamada «epidermis». A determinada edad, diferente según la especie, la peridermis —de mayor dureza y grosor— sustituye a la primera. El tejido peridérmico posee células vivas en el interior, y muertas, en el exterior, un poco como nuestra propia piel. En muchas especies, el ejemplar arbóreo refuerza la capacidad defensiva de la peridermis, rellenando los huecos con taninos, resina o goma.

Es fácil percibir un cambio tan grande en la corteza. Rascar el borde exterior de un roble viejo e inmenso con una uña no le causará daño, pero hacer lo mismo en un árbol de nuestra altura sería como provocarle una herida, y, en efecto, lo sería. En esta primera fase, el ejemplar arbóreo resulta en especial vulnerable, puesto que la piel es muy fina, aunque también porque transporta nutrientes vitales en una capa cercana a su borde exterior. Si un animal o un ser humano arranca un anillo completo de corteza joven, cercena este canal de suministro vital, lo que acabaría con el árbol por encima de esa línea. Esto se denomina «anillado». Las ardillas, los ciervos, los castores o las cuchillas metálicas cortan la epidermis del ejemplar arbóreo en un santiamén.

La peridermis —la piel secundaria— crece bajo la corteza incipiente. Esta sustituye a la epidermis, aunque la manera en la que lo hace explica gran parte de la variedad observable. Hay cuatro tipos principales de corteza de árbol: fina, rayada, con patrones e irregular. El modo en el que se produce el gran cambio describe cada uno de ellos. Veamos primero el más simple.

*Corteza delgada.* Algunos árboles, incluidos muchos cítricos, así como algunas especies de acebo y eucalipto, tienen una epidermis que sobrevive hasta la madurez. Estos poseen una piel fina y vulnerable. Los eucaliptos son famosos por su corteza descamada y escamosa, pero la de los limoneros y tilos es mucho más compacta, y la mayoría de los árboles de este grupo parecen lisos. En todos los casos, la corteza es notablemente fina. Suele ser de un color más claro que la mayoría de las otras cortezas.

*Corteza rayada.* Habrás observado que muchos ejemplares —entre ellos, los enebros y las tuyas, como la gigante y la occidental— cuentan con largas líneas verticales en la corteza. Su peridermis se forma en un anillo entero, que da una vuelta completa al árbol.

*Corteza con patrones.* Esta amplia categoría engloba las numerosas cortezas que presentan una textura rugosa y cierto orden, pero nunca están perfectamente ordenadas. En esta categoría, se incluyen tanto pinos como robles. Por lo general, hay secciones de corteza algo elevadas, más pequeñas que la palma de la mano en cada caso. En estos árboles, el tejido peridérmico se forma en abultamientos curvados.

*Corteza irregular.* Si bien los plátanos de sombra forman la peridermis de la misma manera que los de la categoría anterior, las protuberancias o placas son tan grandes que crean un efecto distintivo, de ahí su aspecto de «camuflaje».

## Cambio tardío

Lo cierto es que el hecho de adentrarse en el modo específico en el que cada especie hace el proceso de muda resulta algo endiabladamente complejo y técnico, y diría que no me ha ayudado a leer mejor la corteza de un árbol. Reconforta saber que los patrones que vemos tienen una razón sencilla y que, si queremos, es posible profundizar en la historia de su peridermis.

Hay otra parte del gran cambio de la corteza de un árbol que merece tenerse en cuenta: el momento en el que se produce. Cuando tienen diez años, la mayor parte de las especies ya la ha cambiado, aunque las excepciones son interesantes y vale la pena prestarles atención.[7]

Los cerezos silvestres fascinan a mucha gente, incluido un servidor, que valora conocer la naturaleza. Su corteza, supuestamente capaz de curar desde la tos hasta la gota y la artritis, se ha utilizado durante siglos en la medicina tradicional. Cuando están heridos, la corteza de todos los cerezos y ciruelos exuda una goma espesa, muy masticable y nutritiva. Fredrik Hasselqvist, viajero y naturalista sueco del siglo XVIII, cuenta una historia un tanto sospechosa sobre cien hombres que sobrevivieron a un asedio durante dos meses, alimentándose en exclusiva de la goma de los cerezos.[8]

Podemos reconocer al instante la mayoría de los cerezos silvestres gracias a su corteza: tiene un color oscuro, rojizo y lenticelas, finas rayas horizontales que permiten el intercambio de gases. Muchos árboles poseen lenticelas. Son comunes tanto en la corteza como en las frutas —las diminutas motas marrones que se aprecian en una manzana son lenticelas—, pero las de los cerezos silvestres resultan llamativas y distintivas. (He aquí un truco para recordar una técnica de orientación natural: imagina que las líneas horizontales de las lenticelas de la corteza de los cerezos son los raíles de una valla, que hace que los árboles no se escapen del bosque. Los cerezos silvestres se encuentran en sus lindes).

No obstante, incluso después de llevar muchos años familiarizado con esta especie, la corteza de un cerezo silvestre, que veo a diario, me confundió hasta que descubrí su secreto. Se ven las familiares rayas lenticeladas en parte de ella, aunque también cuenta con grandes secciones que no las tienen y parecen mucho más ásperas. Pensé que el árbol estaba enfermo, pero ahora sé que la mezcla de texturas es la peridermis que sustituye a la epidermis. Esto ocurre mucho más tarde en la vida del cerezo que en la de la mayoría de las otras especies, y nunca habría pensado que eso sería posible si no hubiera conocido esta costumbre de los cerezos.

Un grupo algo extraño de árboles comparten este cambio tardío de epidermis a peridermis en la corteza. Por ejemplo, es el caso de los cerezos, abedules, abetos, almendros, albari-coqueros, ciruelos, las píceas y nectarinas. A veces, no realizan este proceso hasta pasados cincuenta años o más, y debemos contar con que la corteza de los ejemplares jóvenes y añejos tenga un aspecto totalmente diferente.

El cerezo del que he hablado posee amplias manchas de corteza, que han hecho el gran cambio, así como otras que aún conservan la epidermis rayada original, de mayor finura. En una década, la peridermis se impondrá y todo el árbol parecerá más rugoso.

## Un mapa de estrés

¿Alguna vez has pegado dos cosas y, poco después, has notado que el pegamento seco en tu mano se arrugaba, agrietaba y se despegaba al mover los dedos? A mí me resulta extrañamente satisfactorio. Una fina capa fijada sobre otro elemento da cuenta de cualquier movimiento que se produzca debajo.

Si, en la estructura de un árbol, hay algún movimiento o cierta tensión inusual, su huella quedará inscrita en la corteza. El profesor Claus Mattheck, a quien conocimos en el capítulo 5 «Las ramas que faltan», se refiere a esta como el «barniz que permite localizar las tensiones del árbol»:[9] sus grietas y patrones revelan tensiones profundas que el árbol intenta gestionar.

Siempre que veas un árbol inclinado, merece la pena detenerse a estudiar la corteza. Si una persona inclina la cabeza y los hombros hacia la derecha, la piel de esa zona del torso se amontona y la de la izquierda se estira. A los árboles les ocurre lo mismo: en el momento en el que el tronco ladea a causa de un viento fuerte, la corteza se amontona en el lado de sotavento, y se estira o rompe en el de barlovento. Esto hace que la corteza tenga más huecos en la parte superior, y que aparezca amontonada y arrugada en la inferior. El efecto es mayor en los ejemplares de corteza gruesa; en los que la tienen fina, hay mayor probabilidad de apreciar el arrugamiento que el estiramiento.[10]

Los árboles se están adaptando todo el tiempo a nuevas tensiones, incluso cuando no han enfrentado una situación dramática. Con un poco de práctica, somos capaces de empezar a ver cómo los patrones de la corteza revelan las tensiones a las que se ha visto sometido cada árbol. Un buen lugar para observar esto es en el cuello de la rama, la unión entre una rama grande y baja con el tronco.

Recuerda que los ejemplares no tienen previsto el tamaño de sus ramas. Todas empiezan siendo pequeñas y ligeras, y muchas se desprenden del tronco con ese tamaño, por lo que el árbol no espera tener que soportar una enorme. Si una rama sobrevive hasta la madurez y crece hasta adquirir dimensiones inmensas, quizá el ejemplar arbóreo tenga dificultades a la hora de soportar el peso y se hundirá. El ángulo de la rama cambiará, pero, antes, habrá indicios en la corteza que rodea el cuello de la rama. En la parte inferior, se producirá un amontonamiento y, en la superior, seguramente la corteza muestre grietas o huecos. De nuevo, este efecto impresionará más cuanto mayor grosor tenga la corteza.

Si observas que la unión se ha hinchado y que el cuello que rodea el punto en el que una rama se une al tronco tiene una forma inusualmente grande, esto quizá sea señal de que el árbol está a punto de cortarla.[11] Se está preparando para cerrar esa «puerta» una vez que la rama caiga y evitar que se cuele cualquier patógeno. Hay una gran diferencia entre una rama de grandes dimensiones, que se rompe abatida por una tormenta, y otra que el árbol deja caer de manera deliberada. Un cuello engrosado es la pista de que es intencional.

## La cresta de la corteza de la rama

En cuanto empieces a buscar estos efectos, notarás una interesante línea que recorre la parte superior de la unión de las ramas. Se llama «cresta de la corteza de la rama»: aparece en muchos árboles y es un poco como una cicatriz oscurecida. En mi opinión, también se parece a una junta de soldadura: es una buena comparación, pues aquí existe una aguda tensión y el árbol intenta sujetar la rama al tronco.

La línea en sí está presente en los árboles sanos, porque estos deben formar un tipo especial de madera a fin de unir la rama al tronco y sostenerla. Sin embargo, si el árbol tiene dificultades para sostenerla, la cresta se ensanchará o mostrará grietas. (Si regresamos por un momento al capítulo 5, «Las ramas que faltan», tal vez te acuerdes de los «Ojos que miran al sur», los pequeños patrones ovalados que quedan en la corteza donde se han caído ramas viejas. Los ojos suelen tener «cejas», líneas oscuras que se arquean por encima de ellos.[12] Estas líneas son los restos de la cresta de la corteza de la rama).

Cuando no ves la línea de la cresta de la corteza de la rama, pero, en su lugar, parece que rama y tronco no se han ensamblado de manera adecuada en absoluto, es posible que hayas detectado una unión «corteza con corteza» (su nombre científico es «inclusión de corteza»), una grave debilidad estructural para un árbol. Parece como si la corteza de la rama y la del tronco se tocasen, aunque no están de verdad unidas. Es mucho más frecuente en las ramas cuasiverticales que en las horizontales.

Si separas el pulgar del índice y observas la piel que los separa, no hay duda de que el primero está unido a la mano mediante una membrana cutánea. Ahora, coloca las palmas de las manos una contra otra, como si estuvieras rezando, y junta las bases de los dos pulgares, de modo que los laterales de las yemas estén bien juntos. Imagina que uno es el tronco; el otro, una rama grande, y nuestra piel, la corteza. Están unidos de manera temporal, pero, si observas donde se conectan, verás que es solo una grieta fina y oscura entre ambas yemas. Se trata de una unión corteza con corteza y resulta fácil comprobar lo débil que es: en cuanto reducimos la presión, los pulgares siguen su propio camino.

La unión de corteza con corteza se forma cuando el árbol no percibe que una rama crece y, cada vez, se hace más pesada, por lo que no proporciona madera de unión para sostenerla. ¿Por qué ocurre esto? En no pocos casos, se debe al «apuntalamiento».

En el momento en el que una rama toca otra situada más arriba —del mismo ejemplar arbóreo o de otro distinto—, quizá la segunda actúe a modo de soporte de la primera. El árbol no se percata de que su rama se está haciendo más grande o pesada, porque otro carga con lo peor del trabajo. El árbol no hace crecer la madera necesaria a fin de afianzar su propia rama, lo que provoca una unión corteza con corteza.

Si, por alguna razón, la segunda rama de soporte se quiebra, la unión no será lo bastante fuerte como para soportar la tensión y es probable que se rompa. Esto no siempre ocurre enseguida. Igual que todas las fallas arquitectónicas, puede permanecer ahí hasta que, en un determinado momento, soporta una gran tensión —por ejemplo, durante una tormenta— y, entonces, se parte.

Todo depende de la altura, la escala y el tiempo. No importa mucho el hecho de que una rama de un dedo de grosor se apoye en otra durante un par de días: ocurre continuamente en los avellanos que tengo cerca. No obstante, puede haber un problema si otra de tamaño pequeño se convierte en una grande y un puntal la sostiene más arriba, aunque no cause ningún drama durante muchos años.

## Hay un problema con las horquillas

Los mayores embrollos empiezan cuando los árboles son muy pequeños. Si la unión de una pequeña rama tiene un punto débil corteza con corteza y crece hasta convertirse en inmensa, el problema es serio. El árbol presenta una grave debilidad arquitectónica en su estructura y no hay forma de dar marcha atrás.

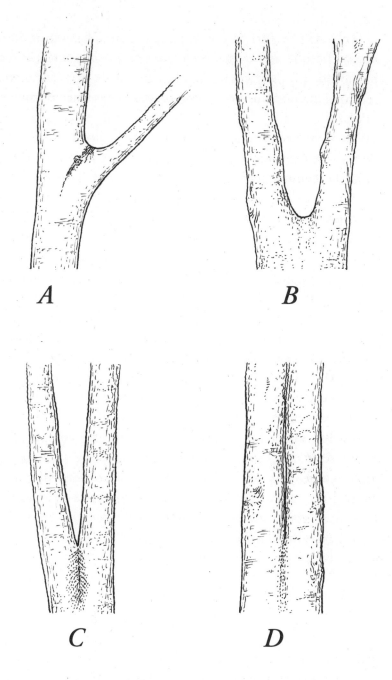

*A- La cresta de la corteza de la rama; B- Forma de u acusada;[12] C- Forma de v más suave con dientes de sierra en la unión. Apuntan hacia arriba, señal de salud; D- Unión corteza con corteza.*

Es probable que algo falle y el ejemplar arbóreo corra peligro: solo es cuestión de tiempo. Este es un problema común en las horquillas de los troncos.

Con un único tronco sano, las tensiones que soporta el árbol son sencillas. Sin embargo, en cuanto surge una horquilla, la gravedad se convierte en problemática: es imposible que ambos troncos mantengan una línea vertical. A pesar de que los brotes jóvenes pueden crecer juntos hacia arriba durante unos años, al final, uno, o ambos, deberá empezar a hacerlo alejado del otro. Esta divergencia provoca enormes tensiones en la unión de la horquilla. Si el ejemplar arbóreo la percibe con suficiente antelación, hará crecer madera de unión, y veremos cómo se hincha y se forma una cresta de la corteza de la rama en la línea divisoria. De lo contrario, es más probable que se forme una ensambladura corteza a corteza mucho más débil.

Quizá un ejemplar arbóreo joven con una horquilla de corteza a corteza no presente problemas, pero llegará un momento en el que los dos troncos sean macizos y crezcan separados. Entonces, las tensiones en la unión serán insostenibles. Se trata de una situación potencialmente letal, ya que la mitad de un gran árbol puede venirse abajo. Por eso, los profesionales nunca dejarán que esta situación se prolongue en parques o zonas públicas. La buena noticia es que quienes sepan leer árboles detectarán el problema y, a menudo, predecirán su desarrollo décadas antes de que suponga un peligro. Es probable que, en los próximos días, pases junto a uno de estos y seas capaz de prever que, en algún momento futuro, a ese árbol le acontecerá un gran desastre mientras de él brota un sonido aterrador. Durante las tormentas, pienso en algunas de las horquillas más frágiles que conozco bien y, más o menos una vez al año, cuando cesa el temporal, alguno de los troncos ha caído a tierra.

Las uniones corteza con corteza son el archienemigo de las horquillas de los árboles, pero el hecho de descifrar la salud de la que gozan las más fuertes también tiene su arte. Una unión en U, con una suave curvatura entre dos troncos, es más fuerte que una en V pronunciada. Yo lo veo así: si puedes das un golpe de kárate en la horquilla y tu mano queda atrapada en ella, la ensambladura será más débil que si resulta posible apoyar la palma boca abajo en el valle.

Al estudiar la corteza, encontraremos pistas incluso en las uniones en V menos sólidas. La cresta de la corteza en las horquillas es como una versión exagerada de las mismas líneas en las uniones de las ramas; la mecánica es idéntica, pero las tensiones, mucho mayores. Esto genera patrones peculiares en la corteza donde se produce la unión. Si ves dientes de sierra a lo largo de la línea de la cresta, intenta fijarte en qué dirección apuntan. Son como flechas: si apuntan hacia abajo, la unión es débil, y, si lo hacen al revés, algo más fuerte. Una flecha en dirección descendente significa que hay una parte del árbol que es vulnerable: probablemente, se fracturará en algún momento y caerá al suelo. Cuando la flecha apunta hacia el cielo, el árbol se mantendrá en pie durante más tiempo. Lo recuerdo así: «Si las flechas señalan al suelo, hacia allí se dirigen las cosas».

Hemos visto que dos ramas pueden fusionarse donde se tocan. Si alguna vez observas esto en un par de ramas de gran tamaño, por ejemplo, encima de la bifurcación del tronco, fíjate bien en la horquilla en sí. Es probable que veas una unión corteza con corteza u otros indicios de que el árbol no ha desarrollado una ensambladura fuerte y que se venga abajo en el futuro.

Podemos mirar un ejemplar arbóreo desde muchos ángulos, y es sorprendente lo fácil que olvidamos esto. Una vez hayas observado una horquilla desde el punto de vista que te permite ver a través del hueco, muévete para hacerlo de lado, desde una posición en la que no puedas ver sus dos dientes. Ahora, fíjate en el perfil del árbol. ¿El tronco está hinchado en la unión? Lo más probable es que así sea y, seguramente, el nivel que ha alcanzado esta protuberancia te informará de la cantidad de tensión con la que está intentando lidiar. El tamaño de cualquier hinchazón funciona como indicador: una tensión mayor implica una protuberancia superior.

Consideradas en conjunto, todas estas señales de la corteza nos proporcionan muchas de las herramientas que utilizan los profesionales a la hora de predecir la salud actual del árbol, así como cualquier peligro futuro en las uniones de ramas o troncos.

## Madera de cicatrización

Cada vez que un árbol sufre una herida que perfora la protección de la corteza, comienza una carrera. ¿Podrá desarrollar una capa protectora lo bastante rápido como para cubrirla y sellarla a fin de evitar la entrada de oxígeno, o se introducirá un invasor por ella, que se dará un festín con los vulnerables tejidos internos? Si los hongos o las bacterias se hacen fuertes, el ejemplar arbóreo tendrá dificultades para cubrirla y, muy a menudo, veremos un cambio de color o incluso un goteo de la herida. Se trata de un «cancro», un término amplio con el que se hace referencia a una infección.

Cada especie arbórea cuenta con sus patógenos fúngicos, víricos y bacterianos asociados, muchos de ellos especializados en una sola especie. Los *Cytospora* son menos quisquillosos que la mayoría y por eso tiene tanto éxito: se encuentra en sauces, álamos, pinos y píceas. En los bosques de mi zona, veo a menudo una sustancia cerosa blanca, que gotea de una herida en las píceas: se trata de *Cytospora*.

Los cancros son como una herida humana infectada. Hay una apertura, una infección, pus, y, a veces, olores fuertes, todo lo cual conduce a una cicatriz. A pesar de que no es una comparación demasiado apetitosa, resulta fácil de recordar.

Si un árbol consigue cubrirla con una nueva capa, el nuevo crecimiento se conoce como «madera de cicatrización». Parece reptar desde los bordes de la herida, igual que una melaza dura y lenta. La madera de cicatrización no es lo mismo que la corteza o las capas que se encuentran debajo de esta, de ahí que las cicatrices de los árboles duren muchas décadas.

Volé a Texas hace poco. Me habían pedido que formara a las personas que integran Dauntless Air, una empresa de extinción aérea de incendios. Este increíble equipo de pilotos y tripulación apaga los incendios forestales volando en pequeñas aeronaves hasta los lagos, donde recogen agua, luego, se dirigen hacia el fuego y la descargan en las zonas más calientes. Me uní a uno de los pilotos líder en un entrenamiento para buscar señales en el agua del lago que yo pudiera ayudarles a interpretar. Fue una experiencia que nunca olvidaré. Imagina una mezcla entre una montaña rusa y un atracción acuática, pero sin raíles y diez veces más ruidoso. Y vibra tanto que parece que los ojos se van a salir de las cuencas.

Durante este breve viaje a Texas descubrí aquellas raíces claustrofóbicas en medio de la autopista que conocimos antes. También visité el Jardín Botánico de Fort Worth y allí conocí a Stephen Haydon, un horticultor profesional expatriado y compatriota británico. Me mostró unos cerezos con graves cicatrices verticales en un solo lado, el sudoeste. En los bordes, se veía con nitidez cómo la madera de cicatrización avanzaba gradualmente. Era obvio que estos árboles habían sufrido una importante lesión, y resultaba fascinante el hecho de que las heridas aparecieran solo en un lado. Cualquier rasgo natural que acostumbre a aparecer con determinada orientación es un caramelito para quien busca pistas con el fin de orientarse sin nada más que las señales de la naturaleza. Le pregunté a Stephen cuál era la causa y me respondió que una quemadura solar, que solo aparece en el lado sudoeste de los cerezos.

Di saltos de alegría: conozco este fenómeno desde hace décadas. También se llama «lesión invernal del sudoeste», y es famoso por surgir entre los lados sur y oeste de los árboles. Pensé que podría resultar una brújula rara, aunque maravillosa. Me había costado años de búsquedas encontrar ejemplos claros de ella; sin embargo, aquí estaban, en un jardín botánico del estado de la Estrella Solitaria.

A pesar de que la luz solar que se refracta en la escarcha durante una mañana fría da lugar a una hermosa escena, resulta difícil imaginar las fuerzas implicadas en este fenómeno. La expansión de un cuerpo durante un ciclo de congelación-descongelación es literalmente capaz de romper una piedra y puede causar graves daños a cualquier planta. Texas es conocido por su calor seco, pero también experimenta grandes oscilaciones de temperatura. Incluso en el poco tiempo que estuve allí en marzo, un cálido viento del sur dio paso a uno del norte durante la noche, y el termómetro se desplomó casi veinte grados entre la puesta y la salida del sol. Si hay temperaturas bajo cero por la noche y, luego, el sol calienta con rapidez un árbol, esta oscilación puede acabar con la delicada capa que se encuentra justo debajo de la corteza exterior. El aire de la tarde es mucho más cálido que el de la mañana y, en ese momento, el sol se encuentra en el sudoeste, por lo que las heridas y cicatrices aparecen en ese lado. Tal como vimos en el jardín botánico, el árbol hace crecer madera de cicatrización sobre la herida. Los cerezos son en especial propensos a las quemaduras solares, puesto que tienen una corteza oscura que absorbe la luz y, tal como sabemos, mantienen su fina epidermis durante más tiempo que la mayoría de los árboles.

(Existe un tipo de cicatriz en la corteza que puede confundirse fácilmente con una herida por quemadura solar. Cuando se tala un árbol, este puede chocar con otro vecino y dañarlo en su caída. Esto origina una línea vertical de corteza deteriorada, y luego cicatrizada, en el lado del árbol afectado.[13] Es algo frecuente, que merece la pena buscar en los «bosques sostenibles».* El truco consiste en mirar las cortezas cada vez que ob-

---

* En el original, *managed forests*. Con esta expresión, se hace referencia a bosques en los que se practica una silvicultura poco invasiva. Tanto aquí como en sucesivas apariciones, se ha mantenido el matiz del original. Resulta pertinente

serves que los vehículos forestales han dejado sus huellas entre los ejemplares).

## Bultos y protuberancias

Una vez, una amiga —a quien, hasta cierto punto, se podría considerar una celebridad— me contó un truco que utiliza para no preocuparse por su aspecto. Si nos miramos en un espejo antes de salir, es posible que veamos imperfecciones e imaginemos que los demás también las notan. No obstante, ella ha aprendido a verse en los escaparates en vez de en el espejo. «Esa imagen borrosa y sin detalles, apenas vislumbrada, es lo que ven los demás (los pocos que se fijan en nosotros)».

No debemos preocuparnos por la vanidad de los árboles y, cuando nos tomemos el tiempo de observar bien su piel, veremos imperfecciones. Ningún árbol la tiene perfecta y nos resultaría extraña si lo fuese. A menudo, encontraremos bultos y protuberancias en la corteza de aquellos ejemplares que no resultan del todo elegantes.

Si ves una protuberancia lisa y redondeada en un tronco, como si la corteza aún lo cubriera, estás ante un esferoplasto. Su tamaño varía: puede ser como una ciruela o alcanzar dimensiones mucho mayores. Una vez, vi uno que debía de pesar tanto como un coche. Aunque esta excrecencia reciba tal nombre científico, que ello no te haga pensar que los científicos estudiosos de los árboles saben exactamente lo que sucede debajo, porque no es así. De lo que sí estamos seguros es de que los árboles tienen yemas bajo la corteza, que pueden desarrollarse cuando las hormonas se lo ordenan. Y sabemos que también hacen crecer madera para afrontar heridas. A veces, este proceso sale bien, pero otras no. El hecho de que la corteza presente

porque, en ellos, se pueden observar fenómenos a medio camino entre los propios de un bosque «natural» y los típicos de aquellos en los que se practica una silvicultura industrial. *(N. de la T.)*

bultos redondeados es síntoma de que el plan se ha torcido un poco. La buena noticia es que los bultos, incluso los grandes, no son signo de una enfermedad grave o debilidad en el árbol. Al igual que las verrugas, normalmente son más una cuestión estética que un problema de salud que revista importancia.

Cuando localices una protuberancia rugosa, con una superficie de aspecto nudoso y muy diferente de la corteza circundante, estás ante una lupia, un tipo específico de esferoplasto. Una vez más, a la ciencia aún le queda mucho por entender, pero tales abultamientos son, por lo general, el resultado de una lesión, un virus u hongo. Esto provoca una reacción exagerada de las yemas, lo que origina un gran tumor rugoso.

Resulta mucho más fácil reconocer una corteza sana que diagnosticar un problema específico: esto puede antojarse complicado incluso para las personas expertas. Me recuerda a la famosa frase de León Nikoláyevich Tolstói con la que comienza *Ana Karenina*: «Todas las familias felices se parecen unas a otras, pero cada familia infeliz lo es a su manera».[14] La corteza puede albergar miles de organismos diferentes, como musgos, líquenes y otras epífitas. La mayor parte de estos huéspedes hacen poco daño al árbol, pero algunos son una señal de que tiene problemas.

Bajo tierra, quizá los árboles trabajen en colaboración con los hongos, pero, por encima del suelo, cada árbol es vulnerable a los patógenos atacantes. Por regla general, los musgos y líquenes no generan grandes perjuicios. No obstante, tanto la mera presencia de hongos como el hecho de que hagan gotear líquido suponen un problema más grave.

Los hongos que brotan sobre las raíces pueden establecer relaciones simbióticas con el árbol, pero los que crecen fuera de la corteza son harina de otro costal. Ningún árbol quiere que un hongo se alimente de su tronco, así que, si observas alguno ahí, es señal de que estos seres vivos heterótrofos lo están atacando o de que el árbol ya está muerto. Cuando veo políporos en los abedules, sé con seguridad que el árbol tiene problemas o que ya no vive: es frecuente verlos brotar de un tronco que llega a los seis metros y, luego, se frena de repente. Los saprótrofos, una gran familia de hongos, solo crecen en la madera en descomposición y no molestan a los árboles sanos. En cualquier caso, los que brotan de la corteza de un ejemplar arbóreo son signo de mala salud.

## Historias de animales

Es muy probable que falten tiras de corteza en dos zonas: cerca de la base del tronco y en la proximidad de la unión entre las ramas y el tronco principal. Los animales se alimentan de la corteza, sobre todo, de la de los árboles jóvenes, y las cicatrices que dejan pueden durar decenios. Los ratones, topillos campesinos, conejos y ciervos se comen la corteza. Las ardillas no solo la roen para alimentarse, sino también a fin de marcar territorio frente a sus rivales. Si ves que la corteza está arrancada cerca de la unión de una rama, es probable que las ardillas sean las culpables: usan las ramas como asidero y se agarran a ellas mientras ingieren la corteza cercana a la ensambladura.

Los ciervos no trepan a los árboles, por lo que las consecuencias de sus actos vandálicos se observan cerca de la base, aunque, a menudo, algo más arriba de lo que podríamos suponer. Recuerdo haber visto cientos de líneas cortas, verticales, a la altura de la cabeza, en los robles del parque nacional de New Forest. Eran obra de gamos hambrientos, que se encabritaban y apoyaban las patas delanteras en el árbol para ganar altura.

Tal como vimos en el capítulo dedicado a las ramas, si descubres lugares en los que la corteza exterior se ha desprendido, merece la pena examinarlos más de cerca. Fíjate en la corteza interior que se ve debajo: a veces, descubrirás pequeños «granos», diminutas protuberancias que asoman. Son las yemas latentes, que aguardan bajo la corteza a entrar en acción si un mensaje químico se lo indica. Por desgracia, el hecho de que se haya perdido la corteza que las cubría significa que, probablemente, no sobrevivirán, pero de todos modos, resulta interesante verlas.

## Curvas y giros

Siempre que veas un árbol curvado o inclinado, estudia su superficie. Los musgos y líquenes son muy sensibles a los niveles de humedad, y estos varían enormemente cuando el tronco de un ejemplar arbóreo se inclina o se dobla. Después de llover, la parte que mira al cielo permanece mojada durante más tiempo: la humedad es un buen hogar para los musgos y nutre los líquenes de la zona inferior.

Un tronco curvado o inclinado no es igual que uno en espiral. Algunos parecen retorcidos y es posible que la corteza presente un patrón caracoleado. Hay dos razones principales para esto: genéticas y ambientales. A algunas especies, como el castaño, les encanta retorcerse. Delante de la casa de un buen amigo, hay un árbol muy alto, cuya corteza en espiral me marea igual que una imagen psicodélica.

Si un árbol está expuesto a fuerzas de torsión —por ejemplo, si se sitúa en la linde del bosque y el viento lo azota en un lado, o si uno de sus vecinos ya no está en pie—, las ramas pueden torcer el tronco. Este efecto se detecta mejor en la corteza lisa.

## Abriendo camino

Abrir camino es una práctica antigua, pero, en los últimos tiempos, esta expresión ha adquirido un nuevo significado. Hoy en día, cuando se dice que alguien «abre camino», solemos tener en mente una persona que se adentra en territorio inexplorado y se mueve en él con facilidad. Se trata de una imagen utilizada con frecuencia, aunque implica una ligera desviación del significado original del término. «Abrir camino» significa marcarlo para poder reconocerlo en caso de tener que volver sobre nuestros pasos o ayudar a otros a seguirlo. Cuando caminaba por Borneo Central acompañado de miembros de la tribu dayak, los indígenas practicaban incisiones en los árboles del camino con sus largas cuchillas. Esto se consideraría un acto vandálico en muchos países, pero, para ellos, es una manera sensata de marcar su ruta. En el folclore de muchos lugares, se registran este tipo de costumbres, porque resultan prácticas: son sencillas, funcionan y, literalmente, todas las personas pueden seguir el camino que señalizan.

Si observas marcas antinaturales en los árboles, líneas brillantes o manchas de color en la corteza, que claramente no son obra de la naturaleza, estás ante señales deliberadas y formas modernas de abrir camino o marcarlo. Para ello, los seres humanos emplean pintura u otras sustancias brillantes por dos razones principales, y una hunde sus raíces en la ancestral costumbre que acabamos de ver. Cuando una carrera de atletismo, ciclismo u otra prueba atraviesa un bosque, la gente que la organiza suelen marcar los árboles con pintura con el objetivo de señalar el camino. (Aunque está ganando popularidad una técnica más respetuosa con el medioambiente, que recuerda a la historia de *Hansel y Gretel,* de los hermanos Grimm. En los cruces, se emplean unas flechitas de harina blanca, trazadas sobre el barro, que indican el camino a las personas participantes. Es una solución temporal, pero mejor que las migas de pan).

Los árboles también se pintan por otro motivo que no indica un futuro muy halagüeño para el árbol. Los guardabosques lo hacen para comunicarse con otros profesionales y transmitirles qué se debe hacer con cada árbol. Por ejemplo, el jefe examinará un «bosque sostenible» en busca de ejemplares enfermos o que supongan un peligro, y los señalizará con una mancha de pintura fluorescente. Casi siempre, es la marca de la muerte, y el siguiente equipo que pase por allí se encargará de talarlos. Sin embargo, a veces, estas manchas codifican un mensaje menos severo: un color implica la tala, y otro, la eliminación de una rama peligrosa. Diviértete descifrando el código.

Por último, hay un patrón de corteza que merece la pena buscar en ramas o troncos caídos. Si ves un árbol tirado en el suelo, comprueba si eres capaz de detectar por dónde pasan los animales. Cuando uno lo hace por encima de una rama o un tronco, raspa la corteza con las patas. Los animales son criaturas de costumbres, así que, si cruzan por un sitio una vez, es probable que lo hagan mil veces y dejen un rastro. Puedes practicar buscando este efecto en los senderos que recorren las personas en el bosque. Fíjate en cómo un tronco caído que no se ha limpiado muestra marcas de rozaduras allí donde las personas y los perros lo pisan. La corteza de esa parte del árbol se desprenderá pronto. Una vez que lo hayas percibido, serás capaz de detectarlo en los troncos y las ramas por donde pasan los senderos de los corzos y otros animales. Los animales del bosque abren senderos en las cortezas de los árboles que podemos seguir.

# Capítulo 13

## *Las estaciones ocultas*

*Primavera rosa y pálida – ¿De hoja caduca o perenne? – Pequeño significa temprano – ¿Cuándo es el momento adecuado? – Rarezas de otoño – Cubierto de relojes – Vientos otoñales – Flores tímidas y presumidas – Formas extrañas – El imperio de la fealdad – Brújulas florales – Las flores como arquitectas – Frutos y semillas – Vecería – La caída de junio – Brotar en pleno verano – Las diez etapas de la vida – Calendarios de los árboles y relojes del bosque*

Los árboles están desnudos en invierno; las hojas brotan en primavera; hay una sensación plena en verano, que luego se torna afrutada, y, en otoño, se caen las hojas. Este ciclo se repite una y otra vez, así que, pasemos al siguiente capítulo. Aunque mejor no, no tan rápido.

Mi familia me riñe a menudo por vestir como si viviera en una zanja. Durante casi toda mi jornada laboral, llevo ropa que me permita sentarme en el suelo o tirarme al barro sin dudarlo: así logro acercarme más a la acción. Incluso mientras escribo esto, en una habitación cálida y seca, voy vestido con ropa sucia de andar por el campo, porque, tarde o temprano, mi instinto me llevará a salir al bosque. Ahora bien, muy de vez en cuando, tengo que lavarme.

Hace unos cinco años, me senté a almorzar con mi agente literario y mi editor en la azotea de la impresionante sede de mi editorial en Londres, y vestía un traje de lino color crema pálido. Bebíamos al sol y mirábamos los barcos pasar por el Támesis. En la mesa de al lado, un grupo de jóvenes editores, hasta las cejas de cafeína, gesticulaban con la mano que no sujetaba una taza mientras discutían los planes de lanzamiento de un nuevo libro. Durante unos peligrosos instantes, me sentí más George Gordon Byron que vagabundo, pero resistí la tentación de inclinarme sobre la barandilla y declamar a los transeúntes:

Hay placer en los bosques sin senderos,
hay éxtasis en la costa solitaria.
Está la soledad donde nadie se inmiscuye,
por el océano profundo y la música con su rugido:
no amo menos al hombre, pero sí más a la naturaleza.

Los tres nos habíamos reunido con la intención de ponernos al día y discutir ideas para mi próximo libro. Después de diez minutos de cumplidos, adelanté mi silla y lancé mi idea:

—Desnudez, brote, estallido de las hojas, flor, fruto y caída: *Las seis estaciones de los árboles.*

No desarrollé más.

Mi editor hizo una mueca como si me hubiera presentado vistiendo mi ropa de andar por el campo:

—No estoy seguro. Cuando empiezas a separar las estaciones tradicionales, ¿dónde paras? ¿Acaso se puede seguir dividiendo el año hasta el infinito?

En aquel momento, su reacción me sorprendió y decepcionó un poco, aunque estaba en lo cierto. Según una tradición japonesa, cada año tiene setenta y dos microestaciones.

Salimos de aquella reunión de buen humor, pero sin planes en firme. Me sigue gustando ese título, pero más todavía la idea que subyace a él.

La idea de ese libro surgió de mi emoción al entender que no bastan cuatro estaciones para entender los grandes cambios que experimentan los árboles. Si estamos atentos, descubriremos multitud de ellas: menos de setenta y dos, pero suficientes como para que la concepción de que solo existen cuatro parezca ingenua. A la hora de detectar estos cambios, la clave está centrarse en las fronteras de las estaciones tradicionales: empecemos por ver la primavera antes que las demás.

## Primavera rosa y pálida

Cada primavera, busco un momento estacional específico. El año 2022 ha sido el mejor que recuerdo, ya que el sol brilló con todo su poder y el viento ha soplado a favor. Un día, caminaba por un ancho sendero del bosque cuando empezaron a llover pequeños objetos rosas desde lo alto, arrastrados por una brisa constante. El sol se colaba por entre los árboles e iluminaba estos «copos» de colores secos en su caída.

Los ejemplares planifican con bastante antelación. No les queda otra si quieren empezar a crecer con energía al principio de la primavera, porque no hay mucha energía disponible a principios de año: las temperaturas son todavía bajas y el sol no brilla ni de lejos con la fuerza con la que lo hará en verano. La solución pasa por poner parte de la energía del año anterior a buen recaudo y empaquetarla en pequeñas porciones listas para el año siguiente. Estos paquetes son los brotes.

Hacia el final de la temporada de crecimiento, los árboles de hoja caduca hacen crecer yemas en sus ramas, preparadas para brotar de nuevo en la próxima primavera. Las yemas contienen todo lo necesario para las hojas o flores, sus nuevos retoños, y la energía almacenada les permite estallar en un vigoroso crecimiento. Son como un cruce entre una semilla, una pila y un plan. Las condiciones del verano anterior son una importante influencia, por lo que una floración o una fructificación excepcionales nos hablan tanto de la estación predecesora como de la actual.

Las yemas de los ejemplares de hoja caduca están protegidas por escamas y muchas tienen tonalidades rosadas o rojizas. Antes de que nadie note la aparición de las hojas, las yemas se han hinchado y han añadido una nota de color a los árboles, salpicándolos de rosas y rojos. A partir de enero y una vez a la semana, fíjate en los colores que ves en los ejemplares desnudos: así podrás detectar el rosa que los baña antes de que las hojas hagan su aparición. Acércate a las ramitas y verás las yemas individuales. Cada especie tiene su forma y color característico (las yemas pueden servir para identificar árboles), las de algunas son más rojizas que las de otras. Las hayas de mi localidad se tiñen de un rosa intenso y habrá árboles cerca de ti que también lo hagan. A principios de cada primavera, antes de que la gente hable de que están saliendo las primeras hojas, una lluvia seca cae de los ejemplares. Una mezcla de rosas, rojos y marrones matizará la luz del sol cuando salga el follaje de los brotes y sus escamas caigan al suelo.

Los árboles pronto tendrán hojas, pero merece la pena buscar un par de colores primaverales más, que son fáciles de pasar por alto. Algunas de las primeras hojas también tienen un tinte rosado o rojo. Esta tonalidad se debe a la antocianina, un pigmento que ayuda a proteger las hojas incipientes de los daños debidos al exceso de luz solar directa.[1] La coloración rosa-roja es más común en las hojas que se encuentran en el lado sur de los árboles y en otras plantas, como las zarzas, que reciben la luz de forma directa. Me gusta imaginar que las plantas ponen protector solar a sus hijos.

Por supuesto, la mayoría de las hojas no son rosas, sino verdes, pero, incluso aquí, hay pequeñas sorpresas. Las más tempranas son de un color más claro que las que veremos a mediados o finales del verano. Las hojas caducas suelen empezar teniendo un tono pálido y se oscurecen a medida que avanza la estación, sobre todo, en su haz. La mayoría de la gente pasa esto por alto, porque solo se fija en cómo las hojas se vuelven marrones conforme se acerca el otoño. Por eso, a finales de agosto, disfruto haciendo una foto mental a las hojas que son de color verde intenso. (Aunque también es fácil apreciarlo en las fotografías propiamente dichas, no resulta tan satisfactorio).

Hay numerosas teorías que explican el hecho de que las hojas sean en particular pálidas a principios de primavera. No obstante, la más convincente es que se trata de una época vulnerable para las hojas y a los árboles no les gusta perder demasiada clorofila a manos de animales glotones.[2] Las hojas tienen menos color porque los ejemplares no invierten plenamente en ellas hasta que su maduración sea mayor y estén mejor protegidas.

A medida que el invierno afloja sus rigores, mantén un ojo abierto para ver estos tonos rosados y pálidos; más adelante, cuando el apogeo del verano haya pasado, busca un oscurecimiento en las hojas. Pronto descubrirás las estaciones que se esconden entre las cuatro grandes.


## ¿De hoja caduca o perenne?

Es fácil ver dónde predominan las coníferas y el lugar en el que lo hacen los latifolios desde una buena atalaya. Sin embargo, también se debe considerar otra división: la que existe entre los árboles de hoja perenne y los de hoja caduca. Visto desde lo alto, resulta sencillo comprobar cuáles son las especies arbóreas dominantes en Crandon (Wisconsin);[3] entre ellas, están la pícea negra y el alerce. Ambos son coníferas, pero el alerce tiene la particularidad de ser, además, caducifolia: pierde sus agujas cada otoño y las vuelve a regenerar en primavera.

El hecho de desprenderse de las hojas cada otoño significa deshacerse de gran cantidad de agua y minerales, incluso de las hojas marrones: los árboles recuperan solo la mitad de los minerales que contienen las hojas antes de que caigan. En los alrededores de Crandon, allí donde el suelo está seco, las píceas perennifolias superan a los alerces, que tienen mayores requerimientos de agua. Los alerces ganan en las zonas donde abunda el agua. Los suelos húmedos también suelen ser más fértiles, con una mayor concentración de los nutrientes que los árboles necesitan. Este caso concreto ejemplifica una regla más amplia y sencilla: allá donde veamos ejemplares de hoja caduca —latifolios o coníferas—, el suelo es bastante amable.

En un registro coloquial, las cosas se simplifican diciendo que los árboles de hoja perenne las mantienen durante todo el año y los de hoja caduca las pierden en otoño para sustituirlas en primavera. Si bien «perennifolio» y «caducifolio» son etiquetas útiles, es mejor pensar en ellas como dos cajas que contienen una gran variedad de costumbres posibles. Ambas son simplificaciones excesivas que ocultan muchos comportamientos individuales interesantes.

Empecemos por los perennifolios. No hay muchas hojas que puedan durar más de cinco años, ni siquiera en los árboles de hoja perenne, porque sus células empiezan a descomponerse a partir de ese tiempo. En cualquier caso, los ejemplares de hoja perenne no esperan un lustro y, luego, se deshacen de todas sus agujas a la vez. Cada uno tiene su propia forma de mudar y reemplazar las hojas, y esto refleja los lugares donde se encuentran.

## Arremangarse

Si salimos de una habitación fresca y nos exponemos al sol, es muy probable que nos cambiemos de ropa a fin de adaptarnos. Nos quitamos una capa y nos remangamos. Algunos árboles de hoja perenne hacen algo parecido: se despojan de un gran número de hojas en épocas de estrés, como en periodos de sequía.

Si vives en una zona seca, con frecuencia, verás ramas enteras desnudas. Aunque resulta tentador pensar que están muertas, vuelve después de una estación húmeda y comprobarás que tienen un follaje sano: se han bajado las mangas de nuevo. (Los árboles consiguen esto gracias a contar con algunas hojas caducas y otras perennes).

La analogía de la ropa está bien, pero no es perfecta: los árboles reaccionan a la falta de agua, pero no así al calor. El nombre científico de esta costumbre es «heteroptosis».[4] Si, durante la próxima década, echásemos una moneda a la hucha cada vez que usáramos esa palabra, no nos llegaría ni para comprarnos una manga de camisa.

## Adelgazar en invierno

Algunos árboles de hoja perenne pierden parte de sus hojas en invierno: hacen más enjuto su follaje antes de engrosarlo de nuevo. Es el caso del acebo y el carpe americano. Por regla general, cuanto más duro es el invierno, mayor cantidad de hojas pierden algunos perennifolios. Si una de estas especies está presente en varios lugares con climas distintos, veremos que, en pleno invierno, tiene menos hojas en las zonas más duras, pero abundantes en la más templadas.

Este efecto variará a grandes distancias, pero, gracias a los microclimas, también puede detectarse a una escala mucho menor. Seguramente, un acebo de una zona del bosque donde las heladas sean severas tenga menos follaje que otro situado a pocos metros del anterior, pero en un entorno más cálido. Algunos botánicos denominan «brevicaducifolios» a los árboles que siguen esta costumbre; yo digo que adelgazan en invierno.

## Semiperennifolios

En 1762, William Lucombe,[5] un horticultor que trabajaba en Devon, observó que un roble que había cultivado a partir de una bellota se comportaba de forma extraña: no se le caían las hojas en invierno.

Algunos árboles son semiperennifolios o semicaducifolios, sobre todo, los de las zonas tropicales. Mudan las hojas en poco tiempo, pero las reponen casi con la misma rapidez. Es como si el otoño y el invierno se comprimieran en unos pocos días.

El roble de William es un híbrido, estrechamente emparentado con el roble de Turquía, y ha sobrevivido hasta el presente, si bien solo existe una ínfima cantidad de ellos. Aparte de este extraña mezcla, otras especies, como la teca brasileña,[6] también tienen esta costumbre, pero no es algo que ocurra en muchos árboles. Lo menciono solo como curiosidad.

Tras cultivar clones a partir de ese árbol original, William lo taló en 1785, porque quería que lo enterrasen en un ataúd hecho con su madera. Guardó los tablones bajo su cama, listos para ser utilizados en la caja donde descansaría para siempre. Cuando murió, a la impresionante edad de ciento dos años, la madera se había podrido por la humedad del aire de su casa de Devon.

## Verde invierno

Esperamos ver árboles caducifolios con una copa llena de hojas en verano, y desnuda, en invierno. Esto funciona bien cuando el invierno es duro, y el estío, benévolo, que es lo que ocurre en los climas templados. No obstante, los árboles han aprendido a invertir este ritmo en sus copas, en zonas del mundo donde los inviernos son más benignos, y los veranos, más extremos.

En los climas mediterráneos —presentes en varios lugares del mundo, incluidos partes de Chile, Sudáfrica y California—, el periodo estival es muy seco y caluroso, pero el invernal es suave y lluvioso. Aquí, las copas de árboles, como el falso castaño de California —o castaño de Indias californiano—, están llenas de hojas desde finales del invierno hasta la primavera, y las pierden a mediados del verano. Es otro ejemplo del poder de los microclimas. En California, los veranos son más suaves y húmedos en función de la proximidad de la costa, y hay mayor probabilidad de que un árbol conserve su follaje durante el estío.[7]

## Pequeño significa temprano

Si un ejemplar arbóreo pequeño ha evolucionado para crecer a la sombra de una copa llena de hojas, es justo decir que debe de haber jugado muy bien una mala baza. Tomarse las cosas con calma y constancia puede servir de ayuda. Tal vez, en verano o en invierno, no exista mucha luz cerca del suelo del bosque, pero, durante todo el año, hay más que suficiente para un árbol pequeño. Una sencilla solución es ser uno perenne.

Si paseas por un bosque caducifolio en invierno, enseguida verás que algunas especies arbóreas de menor tamaño todavía conservan sus hojas. A menudo, veo acebos, tejos, bojes y otras especies. En verano, todos están a la sombra, aunque aprovechan la escasa luz solar en otras épocas, sobre todo, a principios de primavera y finales de otoño. (Si caminas bajo las coníferas de un bosque siempre verde, tal vez de abetos o píceas, no verás ninguno de esos pequeños árboles y arbustos de hoja perenne, lo cual demuestra lo importante que es la luz para ellos. En invierno, primavera y otoño, la reciben a través de las copas desnudas de otros ejemplares).

Cuando busques el rubor rosado de las yemas a finales del periodo invernal, asegúrate de bajar la vista. Muchas flores silvestres saben que el tiempo corre: pronto, no quedará mucha luz en los bosques a ras de suelo. Las que son tempranas tienen que asegurarse de vencer a los árboles en su carrera por recibir a la nueva estación. En el bosque de mi zona, las campanillas vencen a las hayas y despliegan un espectáculo extraordinario: una alfombra lila, que parece mágica, y la gente acude de todas partes para contemplarla.

Los árboles de escaso tamaño utilizan el mismo truco que las flores silvestres y echan hojas antes que los ejemplares con copas más altas. Donde yo vivo, el avellano, el saúco y el espino siempre ganan el pulso a las hayas, los fresnos y los robles.

La regla de la dimensión funciona hasta dentro de la misma especie: los árboles jóvenes empiezan a echar hojas un par de semanas antes que sus padres y esta es una de mis imágenes favoritas al principio de la primavera. Todos los años, hay una quincena (normalmente, a mediados de abril) en la que puedo pasear por los bosques de mi localidad y contemplar colores maravillosos. Todavía no hay hojas en el dosel principal: si miro hacia arriba, el cielo se distingue con facilidad y puedo observar las nubes pasar entre las ramas, que se recortan contra el azul y el blanco. No obstante, si bajo la cabeza y lanzo la mirada de manera horizontal a través del bosque, compruebo que hay una saludable cubierta de hojas. Los árboles más jóvenes se han adelantado a los de mayor edad y han echado hojas a fin de captar parte de las primeras luces de primavera, antes de que sea demasiado tarde. Puede que sea la única ración generosa de luz solar directa que reciban ese año.

Una vez percibas este fenómeno, te darás también cuenta de que, aquí, se combinan dos efectos con gran intensidad. Las primeras hojas de los árboles jóvenes son muy pálidas. Cuando el sol atraviesa la copa desnuda para iluminarlas, se crea una escena sorprendente. A la altura de las cabezas, se agita un mar de hojas iluminadas y de apenas color, pero las de la copa tienen tonalidades más vivas. No habrá nadie que no se conmueva ante semejante espectáculo; el hecho de saber buscarlo aumenta las posibilidades de encontrarlo y entender por qué ocurre enriquece nuestra experiencia. Es algo maravilloso.

## ¿Cuándo es el momento adecuado?

En una fría y húmeda tarde de enero, encendí la lumbre en casa, puse una tetera y me senté en un cómodo sillón con una copia de un artículo publicado en 1963 por la Sociedad Filosófica Estadounidense:

EL OLOR DEL TIEMPO[8]
Estudio sobre el uso del fuego y el incienso para
medir el tiempo en los países orientales

Gracias a los escritos del poeta Yu Chien-ku, sabemos que las barritas de incienso se utilizaban para medir el tiempo en la China del siglo VI. Y, en la dinastía Tang (618-907), los relojes de fuego se habían vuelto más sofisticados y podían utilizarse a fin de controlar el tiempo que los monjes pasaban meditando.

El tiempo es un elemento fundamental para orientarse y, a lo largo de los años, he disfrutado aprendiendo sobre muchos de los primeros y fascinantes dispositivos de medición de esta magnitud. Mucho antes de que existieran los relojes atómicos o los iPhone, había relojes solares, de agua y de vela. En nuestra casa, seguimos quemando una vela de Adviento cada diciembre, aunque, a menudo, nos olvidamos de encender la mecha unos días y, luego, tenemos que quemar todos los días que nos hemos saltado. Más adelante, se nos vuelve a pasar y quemamos otros tantos días después de la fecha: no creo que nos ayude a ganar puntos en el más allá. Esta situación provoca risas y aumenta mi respeto por aquellos que habrían recibido un castigo por semejante falta de disciplina en el milenio pasado. Quizá, en algún lugar de los armarios de tu casa, tengas uno de los muchos juegos de mesa que marcan el tiempo con un simple reloj de arena: hay otros más relajantes que estos.

El ser humano ha aprendido a medir el tiempo de muchas maneras, diaria y anualmente, y cada una de ellas tiene sus ventajas e inconvenientes: por ejemplo, los relojes de agua funcionan despacio cuando hace frío. La naturaleza dispone de muchos relojes y calendarios, y todos funcionan bien, aunque también tienen sus defectos. La regla básica es sencilla: las señales astronómicas son más fiables que las meteorológicas, pero las plantas deben ser sensibles a ambas.

Si bien podemos decir con certeza el minuto exacto en el que se producirá el solsticio de invierno, no somos capaces de saber si veremos el sol ese día. Nos cuesta predecir en qué semana empezará a echar hojas un ejemplar arbóreo y ni siquiera podemos discernir con exactitud si lo hará antes que el árbol vecino, aunque así haya sido durante el último lustro. De ahí la siguiente pregunta: ¿cómo saben los árboles cuándo es primavera?

Entendemos bastante bien, casi a la perfección, el modo en el que los árboles miden el tiempo. Estiman la estación en la que se encuentran de dos maneras principales: la duración de la noche y la temperatura. Cuando el invierno se convierte en primavera, las noches se acortan: este es el elemento más fidedigno del calendario de los árboles. En cualquier caso, si solo cuantificasen el tiempo que dura esta parte del día, la primavera sería como un reloj: podríamos esperar que las hojas aparecieran en la misma fecha cada año. Sería un poco aburrido, así que, agradezco que no sea eso lo que vemos.

La parte de la temperatura es poco de fiar. El verano será más cálido que el invierno, pero, cada año, hay sorpresas en primavera. El termómetro puede desplomarse en mayor medida durante una semana de abril que de febrero, y, con frecuencia, así pasa.

Sabemos que echar las hojas pronto tiene sus ventajas, sobre todo, para las plantas y los árboles pequeños. No obstante, también es arriesgado: los caducifolios lo pasan mal a temperaturas bajo cero y una sola noche de helada puede ser fatal.[9] El objetivo de los ejemplares es sencillo: que las hojas broten lo antes posible, pero tratando de evitar las últimas heladas. Cada década, se producen más de corte atípico, que llegan anormalmente tarde. Acaban con multitud de plantas y algunos árboles, por lo que el objetivo de estos nunca puede ser evitar todas las heladas, ya que la única manera de hacerlo es perderse la primavera por completo. Si fueran personas, los árboles caducifolios se dedicarían a la gestión de riesgos.

La duración de la noche es el gigantesco péndulo de Foucault, que permite a los ejemplares estimar el momento adecuado del año en el que hacer brotar sus hojas, sea cual sea el tiempo que haga. Ello explica que no los veamos echar hojas durante las raras olas de calor de enero. Es mucho más complicado utilizar la temperatura para medir el tiempo. Los árboles no tienen una bola de cristal ni pueden predecir el tiempo. Lo único que son capaces de hacer es observar lo que ocurre y lo que ya ha sucedido. Tienen un truco muy ingenioso: saben contar y cada especie registra las horas de calor acumuladas. Por ejemplo, en Canadá, el arce azucarero necesita ciento cuarenta horas de calor para que llegue la primavera. Y este reloj monitorea las temperaturas a lo largo de las estaciones: la floración, la caída de las hojas y el letargo poseen sus desencadenantes. Estos mismos árboles tienen que contar dos mil horas de frío antes de sentir que el invierno ha pasado.[10]

El modo en el que muchas especies cuentan el tiempo cálido es interesante. Los árboles son sensibles a la temperatura y a la duración, por lo que un periodo más corto de tiempo cálido cuenta lo mismo que otro algo más largo de condiciones templadas. Esta forma de calcular se denomina «suma térmica» u «horas-grado». Resulta complejo de visualizar, pero podemos pensar que el calor total necesario es como la arena del reloj al que le da nombre. El árbol no brotará hasta que toda la arena haya entrado en la mitad inferior. Esto puede suceder de forma constante, mediante dos semanas de temperatura templada, o correr mucho más rápido, con siete días cálidos. (En esta analogía, el agujero que comunica la parte superior e inferior del reloj de arena se ensancha y alcanza un tamaño mucho mayor durante las olas de calor).

Muchos frutales también necesitan un periodo de frío en invierno y, sin él, no florecen ni fructifican; esto siempre me ha parecido extraño. Es como si no confiaran del todo en las noches largas y necesitaran estar absolutamente seguros de que ha habido un periodo invernal antes de poder creer que de verdad es primavera. Al igual que con las temperaturas cálidas, las plantas cuentan los días fríos; algunas, como el arce azucarero, necesitan mayor cantidad que otras. A veces, los inviernos en el Reino Unido apenas son lo bastante fríos como para convencer a las hayas, que necesitan un clima gélido.[11] Los inviernos suaves hacen que los árboles vacilen en la estación primaveral, lo que podría hacerlos muy vulnerables al cambio climático.

El reloj del frío tiene un poderoso efecto en especies tales como el manzano, el albaricoquero, el melocotonero, así como muchos árboles de frutos secos: un invierno anormalmente cálido puede devastar la cosecha de los agricultores el verano siguiente. En 1931-1932,[12] tras un invierno suave, algo inusual, se perdió toda la producción de melocotones en el sudeste de Estados Unidos.*

Puede parecer un sistema extraño, pero el tiempo también puede comportarse de manera muy poco común. Los ejemplares intentan reconocer todas las formas en las que el invierno da paso a la primavera. Es posible que, durante tres semanas, haya una climatología muy fría, interrumpida por una ola de calor, o que las condiciones sean templadas a lo largo de semanas enteras. Tal combinación de astronomía con relojes meteorológicos es la forma que tienen los árboles de vencer a las heladas sin esperar demasiado y perderse toda esa preciosa luz. Si alguna vez has planeado hacer una gran

---

* El reloj de la temperatura varía según las especies y subespecies. En el caso de las plantas, cuyo cultivo comercial es de gran valor, la investigación y la evidencia científica son asombrosamente detalladas. Algunas variedades de melocotonero, como la Mayflower, no florecen, a menos que los brotes hayan estado por debajo de 7,2 grados durante mil horas; otras, como la Okinawa, están listas para hacerlo después de solo cien.[13]

248

reunión al aire libre en abril, comprenderás el reto al que se enfrentan los árboles.

Llegados a este punto, podríamos abrir el cajón de nuestro escritorio, donde tenemos la tarjeta que pone «Auxiliar de la Evolución», y hacer la siguiente consideración: «Un momento, seguramente, sería mucho más fácil guiarse por el siempre fiable reloj astronómico. Esperemos a que las noches tengan la duración adecuada y llamemos a eso el "comienzo de la primavera"».

Inténtalo: elige una fecha para que un árbol de hoja caduca que conozcas bien eche hojas y anótala a fin de que no puedas hacer trampas. Luego, observa lo que ocurre en los próximos años. Lo más probable es que, durante unas cuantas primaveras, creas que has dado en el clavo. Sin embargo, llegará entonces una larga y temprana estación templada, y los árboles de tu vecindario te ganarán, echarán hojas quince días antes de lo normal y te robarán toda esa preciosa luz. Después, pasan unos años y, de repente, tu fecha obliga al ejemplar arbóreo a echar hojas en medio de una fuerte helada tardía: fin de la partida. La naturaleza tolera muchas cosas, pero raramente la pérdida total de energía y la muerte. Esta última no le gusta en absoluto.

Si continuamos con este experimento mental, podríamos empezar a elegir fechas de primavera diferentes para cada especie de nuestro vecindario. Pero luego, nos daríamos cuenta de que también tenemos que elegir fechas diferentes para cada árbol, dependiendo de dónde crezca. Una fecha de primavera más tardía para el roble que crece en la parte del bosque donde las heladas son más severas que para el mismo roble, cercano a los edificios cálidos. Un otoño más temprano para los árboles propensos a la sequía, situados en la ladera, que para los del arroyo. Cuando hayamos hecho esto con todos los ejemplares de la zona, podríamos aventurarnos a hacerlo con el conjunto de nuestra región, y luego —¿por qué detenernos ahí?—, con el del país. Llegados a este punto, quizá nos sintamos un poco agotados después de haber pasado un minuto considerando los efectos de la sombra de un abeto de Douglas sobre un abedul joven que deberían cambiar la fecha de la primavera para ese árbol. Entonces, tal vez nos sintamos agradecidos de que cada árbol se ocupe de esto por sí mismo, a través de la calibración de la luz y el calor en su ubicación exacta. Por eso, vemos que, en un país, es invierno cuando en otro aún no se ha marchado el otoño; que, por ejemplo, la estación primaveral llega antes a las latitudes bajas que a las altas, y que ya es primavera para esos robles que crecen junto a unos edificios que desprenden calor. Tenemos suerte: podemos olvidarnos de echar cuentas y dejar que los relojes de los árboles hagan su trabajo. Tal vez no sean perfectos, pero saben lo que hacen.

Cada especie da una importancia diferente a los patrones solares y a las temperaturas. Los árboles pequeños dependen en mayor medida de la duración de la noche: las temperaturas cerca del suelo fluctúan mucho, así que, incluso a la sombra, la luz es más fiable que la temperatura.[14] Los árboles son menos sensibles a la duración de la noche que las plantas de tamaño inferior, pero el pino silvestre y los abedules están más en sintonía con esa duración que la mayoría del resto de ejemplares.[15] El reloj interno de cada especie se debe a su carácter y debilidades. Las moreras son famosas por su costumbre de cubrirse repentinamente con un pesado manto de frutos oscuros y jugosos. Recuerdo la relación de amor-odio que mi madre tenía con las moreras: le encantaba salir a buscarlas, pero odiaba lavar sus manchas. Igual que la mayoría de las plantas con bayas, no toleran nada bien las heladas; las moreras son uno de los muchos frutales que se toman su tiempo a la hora de echar hojas en primavera.

En el Reino Unido, la sabiduría popular predice el tiempo en base a la carrera entre robles y fresnos:

Si el roble se adelanta al fresno, de agua apenas nos salpicaremos.
Si el fresno gana al roble, no habrá quien no se moje.[16]

Es una tontería: ninguna planta puede anticipar los fenómenos meteorológicos futuros; reflejan el tiempo pasado y el actual. En cualquier caso, el dicho resulta interesante por otras razones: la primavera de los robles y fresnos es relativamente tardía, porque tienen la misma debilidad.[17] Antes de echar hojas, desarrollan nuevos vasos especialmente vulnerables a las heladas. (El hecho de que, a veces, se adelanten es un reflejo del reloj de la temperatura. El roble echa hojas ocho días antes por cada grado de aumento de temperatura; el fresno reacciona con menos entusiasmo y acelera solo cuatro. Por eso, los robles suelen ganar la carrera en las primaveras cálidas, y los fresnos, en las más frías).

Existe variación genética dentro de cada especie arbórea. Los árboles de la misma especie no son idénticos, lo que influye en sus respuestas a la temperatura y la luz.[18] Si observáramos un bosque con las mismas especies arbóreas, que, en teoría, experimentan exactamente lo mismo, veríamos fluctuaciones en los colores durante la estación primaveral u otoñal. Esto no hace sino aumentar la belleza de la escena.

## Rarezas de otoño

Vemos a la gente envejecer hasta que llega el «otoño de su vida». A medida que lo hacen, empiezan a tener un aspecto diferente, un poco más «curtido»; luego, se arrugan y, al final, fallecen. Resulta tentador pensar que las hojas caducas se hacen viejas, cambian de aspecto, les salen arrugas y mueren en otoño.

Sin embargo, estas hojas cambian y mueren a consecuencia de un proceso deliberado y activo, que está mucho más cerca de la eutanasia que de un largo proceso de envejecimiento natural. El doctor Peter Thomas es catedrático emérito de Ecología Vegetal en la Universidad de Keele (Staffordshire [Inglaterra]). Es un buen cargo, pero no hace justicia a su condición de eminencia en el estudio de los árboles: hay poca gente en el mundo que haya hecho más por mejorar nuestro conocimiento sobre los árboles. Una vez, tuve la suerte de pasar un rato con él, observando ejemplares en un bosque de Oxfordshire (Inglaterra). Peter propone un experimento sencillo y práctico, que todas las personas podemos poner en práctica, y que demuestra la diferencia entre lo que muchas creen que ocurre en otoño y lo que de verdad acontece.

En verano, tenemos la posibilidad de encontrar una rama en el suelo, que se ha desprendido de un árbol cuando aún tiene sus hojas verdes. En las semanas siguientes, veremos cómo las hojas se vuelven marrones y mueren; tienen un aspecto similar al del follaje de ese árbol en otoño. Sin embargo, ambos tipos de hojas no son iguales y la diferencia es notoria. Si cogemos una de las hojas marrones de la rama caída e intentamos arrancarla, se nos resiste: sigue firmemente sujeta.

Las hojas caen después de que el ejemplar arbóreo retire determinadas sustancias químicas fundamentales de ellas y las lleve a las ramas. A continuación, sella la hoja en un proceso denominado «abscisión». El árbol no se limita a interrumpir su suministro de agua y alimentos, y a esperar a que la hoja se rinda. La abscisión rompe el vínculo de la hoja con el árbol, razón por la cual estas caen en otoño.

Cuando hayas hecho el experimento que propone Peter con las hojas del suelo, empezarás a notar el mismo efecto en las ramas individuales que han muerto de manera prematura, pero que han permanecido unidas al árbol, quizá tras fracturarse durante una tormenta. En esa rama, aparecen hojas marrones, que duran allí un tiempo sospechosamente largo, y que, a menudo, siguen en el árbol hasta el invierno, mucho después de que las sanas se hayan precipitado en la estación otoñal.

A menudo, cuando alguien se toma el tiempo de buscar algo, acaba viendo también otra cosa. Si vas en busca de ramas dañadas que hayan conservado sus hojas marrones durante el invierno, no tardarás en localizar algunos árboles pequeños de hoja caduca, así como ramas bajas de otros más altos, que parecen haberse rebelado y conservan muchas hojas marrones hasta bien entrado el invierno.

Esto no se debe a ningún tipo de daño. Es consecuencia de la marcescencia, un saludable proceso, común en robles, hayas, carpes y algunos sauces,[19] pero que es más visible en los ejemplares de menor tamaño y edad, o solo en las ramas inferiores de los árboles más maduros. En los hayedos de mi localidad, veo cientos de ramas que conservan hojas marrones a la altura de la cabeza hasta en enero, pero ninguna en la copa superior.

Gracias a la marcescencia, existen multitud de setos de haya que exhiben hojas durante gran parte del año: verdes de primavera a otoño y, luego, marrones hasta, aproximadamente, febrero. El árbol permanece desnudo uno o dos meses y, después, el ciclo vuelve a empezar.

Es evidente que esta costumbre supone cierta ventaja evolutiva, aunque no está claro cuál. Una teoría es que a los animales ramoneadores no les gustan las hojas marrones muertas, por lo que protegen a los árboles jóvenes de los herbívoros. Otra idea es que mantener sus hojas tanto como pueden es una forma de esparcir sus minerales sobre las raíces en el momento adecuado, justo antes del crecimiento primaveral.[20] Se me ocurren peores objetivos de doctorado que intentar resolver este pequeño misterio de una vez por todas.

Sería razonable esperar que el calendario otoñal de un árbol reflejase el de la primavera. Ahora bien, tanto sus objetivos como sus riesgos son ligeramente diferentes otoño, por lo que la manera en la que lee los relojes también cambia. En otoño, los árboles se basan mucho más en el solar —la duración de la noche—, por lo que podemos predecir con mayor exactitud la fecha en la que las hojas se vuelven marrones que la correspondiente a cuando las echa. En parte, el énfasis se aleja de la temperatura porque, quizá, los árboles tengan una segunda oportunidad de crecer en primavera si pierden las hojas por una helada, pero no así en otoño. Si se ven sorprendidos por una helada otoñal, ya no podrán recuperar todos los preciados minerales, atesorados en las hojas verdes:[21] los perderán con la helada.

En la estación otoñal, el suelo también ha mutado y la tierra puede estar reseca. Los riesgos de adelantarse demasiado al otoño son menores que los de retrasarse, y el estrés puede acelerar un poco las cosas. Escribo esto el último día de julio de 2022: este mes, ha sido uno de los más secos y cálidos de los que se tiene constancia. Los periódicos reflejan algo que es posible observar en buena parte del país: «Los árboles están dejando caer las hojas y la fruta está madurando semanas antes de lo previsto, debido a las temperaturas récord y la falta de agua».[22]

La luz solar directa acelera y potencia muchos procesos naturales, entre ellos, los cambios de color de las hojas, razón por la cual, en otoño, la cara sur de los árboles puede tener un aspecto bastante diferente de la norte. Durante nuestro paseo por el pequeño bosque mixto de latifolios de Oxfordshire, Peter nos explicó por qué las hojas de la cima suelen perder su verdor antes que las de las ramas inferiores. Se produce una fricción en los vasos que llevan el agua de las raíces hasta las hojas y, cuanto más largo es el viaje, mayor es el rozamiento. Si el suelo está especialmente seco, las hojas de la parte superior del árbol enfrentarán dificultades, cambiarán de color y caerán antes que las de la inferior. En conjunto, estos efectos dan lugar a diferencias sorprendentes; las hojas de la zona más elevada del lado sur de la copa se vuelven doradas, rojas o marrones mucho antes que las inferiores del lado norte.

A pesar de que la evolución tiene un talento genial, le cuesta seguir el ritmo del urbanismo. En las ciudades, los árboles próximos a las farolas confunden la luz artificial con la solar.[23] Los ejemplares que se encuentran en calles muy iluminadas no se dan cuenta de la llegada del otoño y permanecen demasiado tiempo con hojas. Cada una de sus partes lleva su propio ritmo, lo que significa que el efecto es localizado: las hojas de un lado del árbol mutan de color y caen, pero las del más cercano a la farola permanecen verdes. La primera helada del invierno hace estragos en ellas. Da la impresión de que estas fuentes de luz dañan directamente a los árboles, haciendo que las hojas y las ramas sufran, pero es la helada la que acaba con las hojas. En última instancia, la culpa es de la luz artificial, que ha trastocado el reloj del árbol.

## Cubierto de relojes

El efecto de la farola sobre el árbol está focalizado. Esta idea nos invita a investigar más a fondo un concepto interesante y de gran importancia, y lo haremos pensando en los perros.

En casa, todos los días damos de comer a nuestras mascotas, dos perros y dos gatos, sobre las cinco de la tarde. Les anunciamos que es la hora de la merienda, llamándolos y haciendo sonar el táper lleno de comida seca. Los gatos lo ignoran durante un par de minutos: son así, es un juego de poder. Por su parte, los perros vienen corriendo como si les fuera la vida en ello y, a menudo, agarran las esquinas del táper con demasiada fuerza y las rompen.

Han oído la llamada, la han asociado con su hambre y el momento del día: su cerebro envía mensajes a través del sistema nervioso a las extremidades, lo que los empuja a una demencial carrera hacia la cena. La decisión de cada animal da lugar a señales que lo coordinan con un único propósito: llegar a la comida lo antes posible. Estamos tan acostumbrados a ver y experimentar esta forma animal de reaccionar ante el mundo que tiene el sistema nervioso central que resulta difícil no suponer que el resto de organismos funciona así. Sin embargo, lo cierto es que no es el caso.

Cada hoja, rama, flor y raíz de un árbol percibe y reacciona a su propio mundo. No existe un sistema nervioso central. A los científicos de laboratorio les gusta llevar dos partes de la misma planta a mundos muy diferentes: una tiene mucha luz y temperaturas amables, y la otra está a oscuras y en un entorno frío. En el caso de los animales inteligentes, esto quizá redunde en problemas psicológicos, ya que el cerebro intenta conciliar ambas realidades en una. No obstante, en el caso de las plantas, el resultado son dos partes de una misma, pero que parecen muy diferentes.

Esta respuesta localizada ayuda a cada parte del ejemplar arbóreo a dar la bienvenida a las estaciones en el momento adecuado. Las yemas de la parte superior experimentarán un microclima distinto al de las que están más cerca del suelo y las de los extremos de las ramas soportarán temperaturas diferentes de las que están próximas al tronco. Ahora bien, el árbol «sabe» esto y las yemas no son idénticas: responden de forma dispar según el lugar en el que se encuentren.[24] Por ejemplo, en los melocotoneros, las de la parte superior no necesitan enfriarse tanto como las de las ramas laterales. Esto es crucial y ayuda a equilibrar las cosas. Los árboles tendrían problemas si todas las yemas reaccionaran exactamente igual a la temperatura, porque esta varía mucho en distancias muy pequeñas. En las noches despejadas de invierno, hay una capa de aire mucho más frío cerca del suelo. Si el árbol no tuviera en cuenta este factor, las consecuencias del enfriamiento harían que las ramas inferiores tuvieran la sensación de estar en una estación diferente a las de la parte superior.

Aunque los árboles se esfuerzan al máximo, no son capaces de responder a la perfección a todos los matices locales de temperatura que provocan los microclimas. Esto significa que apreciaremos variaciones estacionales en cada árbol: los brotes, las hojas, las flores o los frutos no salen en total sincronía, sino que llegan en oleadas. Por ejemplo, veremos que, en la estación primaveral, las hojas aparecen primero en un lado y a una determinada altura.

Una vez que hayas invertido tiempo en buscar estas variaciones hiperlocalizadas durante los cambios estacionales, quizá descubras una de las tendencias otoñales más interesantes: algunos ejemplares cambian de color desde el interior, y otros, al revés. En aquellos que producen sus hojas a un ritmo constante y prefieren las extensiones abiertas —incluidos los pioneros, como los abedules—, estas lo hacen en el interior del árbol para, luego, extenderse hacia el exterior.[25] Normalmente, los árboles de los bosques, sobre todo, los que se deshojan en primavera, por ejemplo, los arces, cambian de color de fuera hacia dentro.

## Vientos otoñales

El otoño pasado, paseaba durante una fría y tranquila mañana cuando presencié algo en lo que nunca me había fijado, la ocurrencia simultánea de dos fenómenos distintos: había muchas hojas en el suelo, así como todavía en los árboles. De vez en cuando, caían una o dos de color marrón delante de mí. Entonces, me di cuenta de lo que esa acción significaba: cuando había actividad sobre mi cabeza, caía una ráfaga de hojas.

Cuando las palomas torcaces alzaban el vuelo y las ardillas daban un salto, empujaban las hojas y enviaban un buen número de ellas al suelo. Desde entonces, me esfuerzo en buscar pájaros y ardillas en las copas otoñales cada vez que veo caer un grupo de hojas. Resulta muy satisfactorio.

Por cada hoja que un animal manda al suelo, el viento debe de hacer caer mil. Sabemos que el árbol se desentiende de la hoja y sella su unión con la rama, lo que rompe el vínculo que la mantiene unida al árbol. No obstante, el ejemplar arbóreo no se deshace de la hoja, no la fuerza a que se precipite: deja que lo haga de forma natural. El viento suele encargarse de dar el último empujoncito, que la arranca del árbol. A principios de otoño, se necesitará un vendaval para hacerlo, pero bastará una brisa cuando la estación esté más avanzada. Precisamente aquí podemos buscar patrones.

El lado del árbol golpeado por los vientos más fuertes es el que primero pierde sus hojas. Si ves uno con muchas hojas

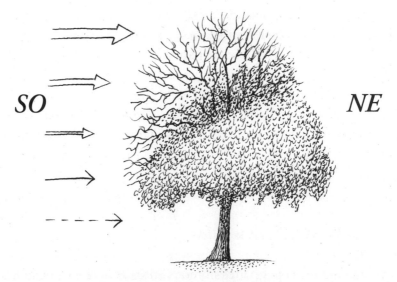

SO                                             NE

*Patrones de pérdida de hoja en otoño*

marrones, pero desnudo por un solo lado, es probable que esa sea la cara expuesta a las corrientes de aire dominantes. Este lado desprovisto de follaje es como la aguja de una brújula, que apunta en la misma dirección de la que proceden la mayoría de los vendavales: en el Reino Unido, el sudoeste.

Cuando hayas observado varias veces este extendido efecto, intenta ver cómo se exacerba con la altura. Los vientos son más débiles cerca del suelo, y más fuertes, en lo alto, y esto también deja huella en los árboles durante la estación otoñal. Busca ramas altas totalmente desnudas y ramas inferiores casi llenas de hojas en el lado protegido del árbol.

Ahora, estamos listos para buscar los efectos de los vientos locales. Regiones enteras tienen unos mismos vientos dominantes, pero, cuando tocan tierra, cambian su comportamiento y dan lugar a un montón de vientos locales.* Si observamos que existe un patrón determinado en la caída de las hojas de un árbol, habrá una buena razón para ello. El hecho de fijarse tanto en la dirección predominante de estas corrientes de aire

* He escrito sobre estos vientos locales en *El mundo secreto del clima*, Barcelona: Ático de los Libros, 2022.

258

como en los últimos vendavales y en la forma del paisaje que te rodea puede resolver el misterio.

El otoño anterior, estaba paseando por una acera de Fulham, al sudoeste de Londres, cuando vi una hilera de tres cerezos. Dos aún tenían hojas, pero el del medio las había perdido. Parecía abandonado y desnudo. Tras detenerme a observar mi entorno, descubrí que el viento dominante se había encauzado por una calle, colado por un hueco entre dos casas y había arrancado el follaje del árbol de en medio.

## Flores tímidas y presumidas

Si bien algunos ejemplares florecen antes de que les salgan las hojas (el endrino es famoso por sus flores blancas sobre ramitas negras desnudas), la mayoría de los caducifolios siguen la progresión que he mencionado antes: desnudez, brote, estallido de las hojas, flor, fruto y caída. Cuando le han brotado las hojas a un árbol, conviene mantener los ojos bien abiertos en busca de flores. Y nuestro éxito a la hora de hallarlas dependerá más de la historia antigua que de los árboles.

Los árboles tienen dos tipos principales de flores y resulta útil retroceder en la historia para entender lo que estamos viendo y el porqué. Las coníferas evolucionaron antes que los latifolios y su reproducción dependía de que el viento transportara el polen de una flor a otra. Más adelante en el periodo evolutivo, ciertas plantas emprendedoras descubrieron que los animales voladores —principalmente, los insectos— podían realizar un trabajo más preciso que el viento y diseminar el polen entre las flores. Esto dio lugar a grandes diferencias en las flores que vemos.

Imagina que eres un árbol que depende del viento a fin de transportar el polen. No importa el aspecto que tengan tus flores, las corrientes de aire son inanimadas: no tienen capacidad de elección ni muestran preferencias. No obstante, si tu plan es conseguir la ayuda de insectos, como las abejas, tendrás que lograr atraer a unas criaturas que sí eligen dónde ir. Ahora, compites con todas las demás flores cuya polinización depende de animales. Si no consigues que tus flores sean lo bastante atractivas como para que las abejas acudan a ellas y tomen tu polen antes que el de tus competidores, no conseguirás reproducirte y se acabó el espectáculo. La polinización animal es mucho más eficaz que la dependiente del viento, pero debes asegurarte de que tus flores destaquen. Es igual que la competición hortícola más despiadada que te puedas imaginar: si no consigues una medalla de oro, tu familia muere.

El viento poliniza gran cantidad de coníferas y los animales se encargan de la mayoría de los latifolios. Ello explica que ambos tipos florales sean tan diferentes. Sin embargo, para saber si la polinización de una planta depende del viento o de los animales, no hace falta identificar el árbol ni observar sus hojas: basta con mirar las flores.

Si un ejemplar arbóreo tiene flores atractivas, con bonitos pétalos o colores llamativos, estás ante un árbol de polinización animal y, además, te encuentras en buena compañía. Echa un vistazo y verás algunos insectos, al menos tan interesados como tú por las flores. La misma lógica se aplica a los olores: al viento no le interesan, pero a los insectos sí. Casi con toda seguridad, los insectos se encargarán de polinizar una flor que desprenda olores, ya que los pájaros no tienen olfato. Aunque las plantas con flores pequeñas en umbelas anchas y planas —parecidas a la bandeja que un camarero sostiene con la punta de los dedos de una mano— no son muy bonitas, suelen estar cubiertas de moscas diminutas. Cambian la belleza por un apetitoso aroma que imita las delicias de la naturaleza, como el estiércol o la carne en descomposición. Aunque estos olores las atraen, a nuestra nariz quizá les resulten desagradables. El espino y el saúco tienen flores en umbela y un perfume muy agradable. También suelen distinguirse las motas oscuras de los insectos sobre ellos.

Si bien los árboles que el viento poliniza no esconden sus flores, tampoco les destacan: no hay necesidad de ello. El viento se encarga de transportar el polen de las coníferas sin armar ningún escándalo y la mayoría de los millones de granos que lo componen vuelan a nuestro alrededor sin que nadie se dé cuenta. De vez en cuando, se aprecian coníferas que sueltan densas nubes de polen amarillas —un fenómeno conocido como «lluvia de azufre»—,[26] pero se trata de una excepción. La mayoría de las veces, poca gente percibe sus diminutas flores y solo quienes tienen alergia al polen lo detectan en la brisa.

## Formas extrañas

Los arces ejemplifican una interesante situación intermedia. Sus flores son extrañas, con formas muy interesantes y ornamentadas, pero de colores poco llamativos. Dependen tanto del viento como de los insectos y marcan la transición de la antigua polinización por viento a la nueva era de polinización animal. Detente a observar las flores de arce y contemplarás un puente que atraviesa millones de años de evolución.

Cualquier forma interesante que veamos en las flores tendrá una razón de ser y yo utilizo una frase para recordármelo: «Donde hay campanas, hay abejas».

Cualquier flor con una forma acampanada pronunciada está apostándolo casi todo a ciertos animales. Esto es muy común en plantas de pequeño tamaño: las dedaleras tienen flores con forma de campana grande, que han evolucionado a fin de atraer a los abejorros. Incluso tienen un bonito dibujo en el labio inferior de la campana, que llama la atención de la abeja y sirve de zona de aterrizaje. Existe una intrincada relación entre la morfología floral y el comportamiento animal. Cuando los científicos estudiaron las flores del *Erysimum mediohispanicum,* una planta silvestre, descubrieron que a mayor anchura de su pétalo, menor tamaño presentaba la abeja que atraía, y viceversa.

Algunas plantas dependen mayormente de la polinización de las aves, lo que da lugar a formas distintivas en sus flores. Las fucsias, originarias de Sudamérica, atraen a una determinada especie de colibrí, que utiliza su largo pico para acceder al néctar del extremo de las flores tubulares. Las que llaman la atención de los pájaros suelen ser de color rojo. Existe la popular teoría de que las aves pueden ver esta tonalidad con mayor claridad que las abejas, pero las razones científicas son más matizadas y complejas.[27] La polinización que los pájaros llevan a cabo resulta más común en plantas pequeñas que en árboles, pero el árbol de coral indio atrae a las aves con sus brillantes colores rojos y su generosa ración de néctar.

Cada color tiene un significado y las señales pueden cambiar a lo largo de la primavera: las flores de muchas plantas no mantienen siempre la misma tonalidad. El castaño de Indias posee unas características pirámides de flores, que envían distintas señales a lo largo de su corta vida. Al principio, las partes de las flores que albergan néctar son blancas, pero se vuelven amarillas al abrirse y anunciar que están listas para la polinización. Una vez completado dicho proceso, el color cambia a carmesí, difícil de ver para las abejas. Es la forma que tiene la flor de decirles: «Por favor, circulen: aquí ya no hay néctar para ustedes».

El pasado mes de mayo, estuve media hora paseando entre los castaños de Indias de los jardines públicos del centro de Stratford-upon-Avon (Inglaterra). Los colores de las flores mostraban una clara tendencia: aunque había muchas más de polinización carmesí en un lado del árbol que en el otro, no pude descifrar el motivo. Aún estoy investigándolo y, a pesar de no haber resuelto el enigma, lo considero un excelente uso de mi tiempo. Ojalá todas las medias horas de la vida se ocuparan así de bien.

## El imperio de la fealdad

El hecho de ver árboles con flores de hermosos pétalos señala que los animales polinizadores andan cerca a la par que sirve de indicio del paisaje. Los insectos se sienten atraídos en función de la luz y de un entorno relativamente abierto: no tiene sentido que una planta produzca flores grandes y espectaculares en el corazón de un bosque denso y oscuro. La polinización por el viento es sencilla: basta con que la brisa llegue al árbol, por muy oscura que sea la zona. Las flores con pétalos son más comunes en ejemplares aislados o que crecen en pequeños grupos (como los frutales), y las polinizadas por el viento, en los bosques.

Esto significa que podemos servirnos de la siguiente regla empírica y aproximada. Las flores serán más grandes y bonitas a mayor apertura del terreno; si son de menor tamaño y menos llamativas, lo más probable es que nos encontremos en bosques densos o en sus inmediaciones. Tanto los animales como los seres humanos prefieren las que son hermosas, pero las flores polinizadas por el viento predominan en enormes extensiones, especialmente, por encima de ciertas altitudes (que depende de la región).

## Brújulas florales

Cualquier parte de una planta que tenga relación con la luz puede utilizarse a modo de brújula. Las flores con pétalos reflejan la luz hacia los insectos; ello explica que sean más comunes en el lado sur de los árboles y estén orientadas hacia el sol. Al igual que las hojas que hemos visto antes, muchas flores no son estáticas, sino que giran a fin de seguir al astro rey en su curso diario.*

* Hoy en día, muchos teléfonos inteligentes permiten hacer vídeos a cámara rápida. Si dejas el tuyo grabando unas margaritas en el césped durante una

Cuando un grupo de árboles crece muy junto (hecho que es habitual en ciertas especies, como los cerezos), este efecto se exacerba. El lado sur más meridional del árbol recibe mucha luz, pero el lado norte de ese mismo árbol recibe muy poca: está en el lado opuesto del sol meridional y sus vecinos le hacen sombra. Una cara de este árbol estará cubierta de flores, mientras que la contraria casi no tendrá.

## Las flores como arquitectas

Ha llegado el momento de volver a visitar una señal que conocimos por primera vez en el capítulo 5 «Las ramas que faltan», solo que, esta vez, daremos protagonismo a las flores. Todos los días, paso junto a un pequeño árbol, aunque llamarlo así es hacerle un cumplido: no es mucho más alto que yo. No resulta de extrañar que me cruce con él a diario, ya que es muy común en los caminos de las colinas de creta en las que vivo. Se trata del barbadejo, también llamado «árbol caminante», y su nombre ya nos da una pista.

En primavera, el barbadejo hace crecer anchas umbelas de flores blancas aromáticas y, en verano, salen bayas rojas aplanadas, que se vuelven negras al madurar y avanzar la estación. Cuando han brotado las flores o los frutos y el árbol tiene todas las hojas, es una planta hermosa. Su silueta es redondeada, y su morfología no carece de cierto orden y disciplina. Sin embargo, en el momento en el que llega el invierno, parece uno de los arbustos más desgarbados de la tierra y sus escuálidas ramas apuntan en todas direcciones. Entonces, reina el caos, pero este caos tiene una razón de ser: la posición de las flores blancas de principios de año.

hora o más, verás este movimiento muy claramente. Los efectos son más espectaculares al principio o al final del día, cuando las flores se abren o se cierran, y siguen el movimiento del sol. También puedes ver uno que grabé en el siguiente enlace: https://www.naturalnavigator.com/news/2020/04/daisies-opening-a-time-lapse/.

Las flores tienen un gran influencia en la forma de un árbol. Las dos funciones principales de una rama son producir hojas para obtener energía, así como flores y frutos con los que reproducirse. Hemos visto que las yemas de las hojas nos dan una pista sobre la morfología arbórea (las yemas opuestas significan ramas opuestas, y las alternas, ramas con la misma disposición). Las flores proporcionan un indicio similar, aunque ligeramente distinto: siempre merece la pena comprobar su posición en una rama.

Cada ejemplar arbóreo debe elegir una de estas dos estrategias: puede situar la flor en la punta de cada rama o hacer que estas nazcan de los capullos que están situados a lo largo de ella. Al árbol le resulta tentadora la primera de estas disposiciones, puesto que será la parte de la rama que reciba la mayor cantidad de luz y también la más expuesta a los insectos voladores. ¿Por qué no lo hacen todos? Porque resulta un problema que una flor nazca en la punta: supone el final del camino para esa rama. Que la floración suceda en la punta no acaba con una rama, aunque su presencia implica que esta ya no puede crecer desde ese extremo: tiene que modificar su rumbo y bifurcarse en una nueva dirección. Cada uno de estos cambios introduce una debilidad en la rama y limita el tamaño total del ejemplar arbóreo antes de que las ramas empiecen a romperse.

Los árboles cuyas flores están dispuestas a lo largo de las ramas crecen más rectos; los que las tienen en sus puntas lo hacen en zigzag. Este efecto puede observarse desde cualquiera de los dos extremos del proceso. Si es primavera y han salido las flores, podemos apreciar cómo los ejemplares de floración en los extremos —incluidos los magnolios, los cornejos y los arces— poseen un aspecto irregular y desaliñado en el periodo invernal. O, tal como a mí me gusta decir:

Las ramas con flores en la punta,
Son todo horquillas, zigzags y curvas.

265

Las flores son órganos reproductores y la reproducción es una actividad que solo puede realizar un árbol maduro. Los más jóvenes no llevan a cabo esta acción, por lo que no echan flores. Este es uno de los motivos por los que estos tienen un aspecto más cuidado que los de mayor edad.

## Frutos y semillas

A pesar de que el objetivo de toda flor polinizada es la producción de frutos y semillas, la forma en la que esto ocurre varía. Tal como es de esperar, la mayor diferencia se da entre los latifolios y las coníferas. Ya conoces muchos de los frutos carnosos de los latifolios, que se encuentran en el supermercado: manzanas, melocotones, peras, albaricoques y un largo etcétera. También otros, como las nueces, aunque, quizá, no te hayas percatado de su cercanía con las frutas en sentido estricto. En realidad, la variedad de frutos y semillas de los árboles es tan extraordinaria que resulta un poco más difícil buscar patrones generales; no obstante, he aquí algunos que me han resultado curiosos.

Las piñas* son los frutos de las coníferas. Basta una mirada despistada para identificarlas, pero se tarda un rato en apreciar las muchas formas y peculiaridades de cada tipo. Las coníferas cuentan con piñas masculinas, que producen polen, y con femeninas, productoras de semillas. No obstante, cuando hablamos de piñas, casi siempre nos referimos a las femeninas, porque las masculinas suelen ser más pequeñas, más blandas y, en general, su forma y color no nos recuerda al de una piña. (En el último capítulo, «Identificación de familias arbóreas», trato en mayor profundidad los diferentes tipos de piñas).

A las personas nos resulta sencillo ver la lógica detrás del hecho de que las flores reflejen la luz hacia los insectos y crez-

* No se hace aquí referencia a la *Ananas comosus,* la fruta de corteza dura e interior amarillo procedente de Sudamérica. *(N. de la T.)*

can con mayor abundancia en los lados abiertos y soleados de los árboles, especialmente en el lado sur. También es obvio que los frutos y las semillas proceden de las flores, aunque fácil de pasar por alto. Así, de igual modo, veremos más frutos y semillas en los lados abiertos y soleados de los ejemplares.

Me encanta observar cómo las majuelas (los frutos del espino) cubren el lado sur de los árboles y dibujan una larga línea brillante en el límite sur del bosque. Los frutos no solo pintan este punto cardinal con la brocha gorda de su color, sino que cada uno de ellos apunta también, de manera aproximada, en dirección al sur.

Como siempre, todo arte tiene sus trucos. Algunos frutos y ciertas semillas aparecen con mayor generosidad en el lado sur, pero, entonces, el viento deja su huella. Cada mes de febrero, las flores masculinas del avellano cuelgan en forma de amentos y, entonces, disfruto buscando «avellanos bandera». Cuando soplan fuertes vientos a finales del invierno y comienzos de la primavera, se llevan consigo los amentos y los que aún cuelgan en el árbol se encuentran en las ramas del lado opuesto al que sopló la última tormenta.

## Vecería

El ciclo anual de las estaciones es el que nos resulta más familiar, pero, además de este, se suceden otros de mayor o menor duración. Muchos árboles que producen grandes semillas —a saber, el haya, el roble y el avellano— no generan el mismo número de semillas anualmente. Cada cierto tiempo, se produce la vecería, momento en el que el árbol libera mayor cantidad de semillas que en los periodos anteriores. Esto depende de las condiciones meteorológicas, aunque también de los animales.

Los árboles pueden sobrevivir sin generar descendencia todos los años, pero los animales deben comer con regularidad. La evolución ha enseñado a los ejemplares a aprovechar tal ventaja. Si un roble soltara el mismo número de bellotas de forma anual, los animales que se alimentan de ellas, como los jabalíes, engordarían y se reproducirían con éxito hasta que hubiera suficientes jabalíes como para comerse todas las bellotas del bosque, al menos, en teoría. Sin embargo, si el roble es más astuto y pasa un par de años sin soltar muchas, los jabalíes se morirán de hambre y la población se reducirá. (Esto ocurre de dos maneras: algunos animales perecen de inanición y otros tienen menos descendencia en épocas de escasez). Al año siguiente, el roble produce una gran cantidad de estos frutos, pero no hay suficientes jabalíes que puedan aprovechar su abundante cosecha. Muchas bellotas sobreviven y comienzan su vida como plántulas. De nuevo, he aquí la sencilla genialidad de los árboles.

## Caída de junio

Si caminas alrededor de un manzano a principios o mediados del estío, pensarás que tiene problemas. Es probable que haya una buena cantidad de pequeños frutos esparcidos por el suelo bajo la copa, a no ser que los animales se los hayan comido ya.

Los manzanos dejan caer una buena cantidad de sus primeros frutos mucho antes de que hayan crecido por completo o madurado. Este proceso natural se conoce como «caída de junio» y se prolonga durante varias semanas: alcanza su momento culminante un par de meses después de la floración, normalmente, en julio. Muchos otros ejemplares, como los cítricos y los ciruelos, hacen algo parecido, aunque no es motivo de alarma. Tal como yo lo veo, forma parte de la «escopeta» de la reproducción.

Las plantas producen una mayor cantidad de flores, frutos y semillas de la necesaria si cada una diera lugar a una descendencia. Las semillas no pueden proceder de frutos que nunca han crecido y es imposible que haya más frutos que flores. Un árbol puede autopodarse en cualquier momento, siempre que haya crecido, pero nunca puede dar marcha atrás al reloj. Lo lógico es que, en cada fase, su crecimiento sea superior al que vaya a requerir y, luego, recorte lo sobrante. Si todas las manzanas que son pequeñas en mayo se convirtieran en frutos de tamaño completo, el árbol tendría dificultades a la hora de alimentar o sostener tantas frutas y, en realidad, no las necesita. Para el árbol, es mejor tener menos frutos sanos y bien alimentados que muchos a los que apenas puede nutrir. De ahí que se caigan.

## Brotar en pleno verano

Muhammad Ali se enfrentó a George Edward Foreman en uno de los combates de boxeo más famosos de todos los tiempos, que los promotores bautizaron como Rumble in the Jungle ('Pelea en la selva'). Hay quien lo considera el «mayor acontecimiento deportivo del siglo xx».[28] El combate tuvo lugar en Kinshasa, la enorme capital de Zaire, la actual República Democrática del Congo. (Esta es, desde luego, una ciudad y no la selva, pero estaba más cerca de serlo que Las Vegas, cosa que les bastó a quienes se encargaron del *marketing).*

Nadie apostaba por Ali, pero ganó el combate gracias a la *rope-a-dope,* una táctica novedosa y arriesgada. Ali se retiró hacia las cuerdas, dejando que Foreman pensara que tenía la pelea en el bolsillo. Luego, Ali se mantuvo en guardia mientras Foreman descargaba un aluvión de golpes. Esto lo dejó agotado, y se sorprendió al ver cómo Ali volvía a la carga al final del combate y le ganaba.

Cada primavera, cuando las suaves hojas nuevas emergen de los brotes, las orugas y otros animales se lanzan sobre ellas, igual que Foreman. Los árboles pueden perder casi todas sus hojas durante este ataque.[29] Sin embargo, aguantan el castigo, esperan contra las cuerdas, y, más avanzada la estación, vuelven con fuerza en una oleada de brotes y hojas veraniegos, que, en el mundo anglosajón, se denomina «crecimiento de Lammas». (Toma su nombre de una fiesta cristiana en la que se celebran las primicias de la cosecha y, tradicionalmente, cae el 1 de agosto en el hemisferio norte).

Los robles, pinos, olmos, alisos, abetos, las hayas, así como otras muchas especies dan un segundo estirón de brotes y hojas bastante después de que haya pasado la primavera, hacia mediados del verano. Salen de las cuerdas y luchan. Curiosamente, este follaje tardío puede tener una forma diferente de las hojas originales primaverales. Las del roble son más delgadas y con lóbulos menos profundos.

## Las diez etapas de la vida

Cada vez que observamos un árbol, nos hacemos una idea de su edad. Sabemos que su tamaño es una pista inmediata y que medir la circunferencia es un método más lento, pero también hay muchas otras señales. Las vemos, aunque no siempre nos damos cuenta de que lo son.

En 1995, Pierre Raimbault, un arboricultor francés, estableció que el ciclo vital de un árbol tiene diez etapas,[30] que podemos identificar si observamos ciertos rasgos morfológicos. En la primera, el ejemplar arbóreo es, obviamente, muy pequeño, pero lo más importante es que no tiene ramas laterales. En la segunda, ya posee ramas y, en la tercera, cuenta con ramas secundarias.

En la cuarta etapa, el árbol ha podado las inferiores que están a la sombra y son ineficaces. Entre la quinta y la sexta, realiza una poda más agresiva y las ramas laterales crecen con más determinación. Esto conduce a un cambio de aspecto, una copa de mayor amplitud con un espacio despejado abajo, donde antes estaban las ramas inferiores a las que el ejemplar arbóreo hacía sombra. En la séptima, no hay ninguna rama por debajo de la copa.

Los árboles crecen durante las siete primeras etapas, pero, después, la copa empieza a colapsar y, aunque el tronco siga engrosando su tamaño, el árbol pierde altura. Para cuando llega la octava, sus puntas han dejado de crecer y, ahora, rejuvenece en las partes más cercanas al tronco. Esto provoca una interrupción del crecimiento del dosel antes de que comience un lento retroceso en la novena etapa.

Recordarás que el ejemplar arbóreo tiene yemas epicórmicas bajo su corteza, que esperan pacientemente su turno a la sombra. El estrés del envejecimiento hace que ya no crezcan hojas en los extremos del árbol, por lo que, ahora, la luz llega al tronco y desencadena el desarrollo de estas yemas. Tras, quizá, aguardar varios siglos, consiguen ver la luz solar y tener su momento de gloria. (El estrés del envejecimiento también altera las hormonas del árbol, lo que provoca el nuevo crecimiento).

Los árboles que llegan a la última etapa —y muchos no lo consiguen— empiezan a derrumbarse sobre sí mismos. En este punto, el árbol sigue vivo, pero se viene abajo y, para sobrevivir, depende de los nuevos brotes inferiores del tronco.

Por supuesto, estas son solo las divisiones que Raimbault hace. Podríamos añadir algunas propias o ignorar varias. Y los árboles, al igual que las personas, no envejecen de la misma manera si han vivido una vida dura. Los ejemplares enanos y nudosos que crecen en el suelo delgado y expuesto de Wistman's Wood, en Dartmoor (Devon), tendrán dificultades para envejecer. En cualquier caso, el hecho de observar un ejemplar arbóreo y, tal como lo haría el arboricultor galo, tratar de determinar en qué etapa se encuentra no deja de ser un ejercicio interesante. Es como intentar ver qué hora marca el reloj del campanario de una ciudad lejana a través de la niebla: a veces, el número resulta obvio, pero, en otras, es más difícil de distinguir.

Además, el reloj no se detiene cuando el árbol muere. El tronco de una inmensa haya próxima a nuestra casa se partió a unos diez metros del suelo y se vino abajo. Debió de albergar una debilidad durante muchos años. Lo más probable es que un agujero en la corteza dejara entrar un hongo que, poco a poco, había carcomido su vigor. Cayó hace unos cinco años y, de manera más bien maravillosa, la parte de mayor tamaño del ejemplar arbóreo que yacía en el suelo consiguió crecer durante toda la primavera y el verano del año siguiente a su desplome. No tenía conexión con las raíces, pero había suficiente energía en el tronco, las ramas y los brotes como para que saliesen las hojas una temporada más.

## Calendarios de árboles y relojes del bosque

A las coníferas les crece una capa de ramas todos los años. Ello significa que podemos medir su edad si buscamos estos niveles o «verticilos» en ellas. Resulta más fácil en los que son más jóvenes, de hasta una década, ya que los huecos entre cada capa anual son más evidentes; este efecto se ve claramente en los abetos jóvenes. A medida que los árboles maduran y la copa añade mayor densidad, resulta más difícil de detectar, pero el principio sigue siendo el mismo.

Las ramas jóvenes crecen desde su punta, guiadas por la yema terminal. El proceso es parecido al crecimiento del dosel arbóreo, aunque, en el caso de las ramas, se realiza hacia el exterior. Este desarrollo es estacional y, al detenerse, se forman cicatrices alrededor de la rama. La longitud del espacio entre cada una de estas marcas señala el crecimiento de ese año. Varía en función de la edad del árbol y de las condiciones de esa estación, así como de las anteriores. Las cicatrices estarán más espaciadas en una rama joven de un ejemplar arbóreo joven en condiciones perfectas (un buen equilibrio entre temperaturas ideales, luz y lluvia).

Se puede saber la edad de un bosque por sus plantas más pequeñas. Algunas especies tardan tanto en colonizar una zona que su presencia indica que el bosque ha tenido una existencia

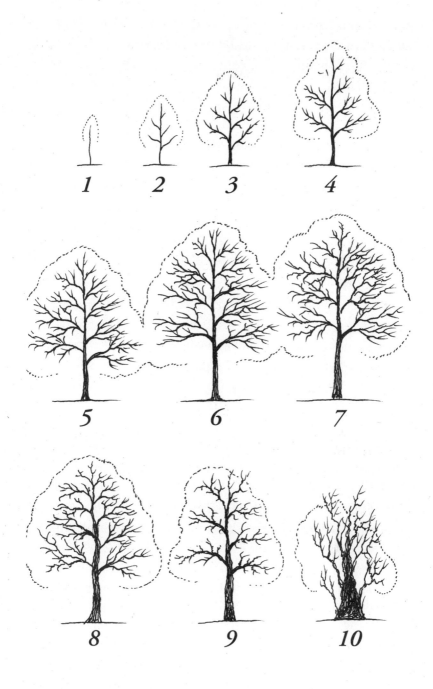

*Las diez etapas de la vida de un árbol según Raimbault*

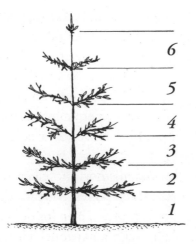

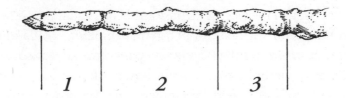

*Los verticilos de las coníferas y las cicatrices de las yemas revelan el crecimiento anual de los árboles*

continua durante varios siglos, normalmente, desde que existen registros de esa zona. Estas plantas nicho se conocen como «indicadores de bosques antiguos» (IBA o AWI, por sus siglas en inglés). Tengo la suerte de vivir cerca de muchos bosques antiguos y, con frecuencia, veo euforbio, rusco y muchas otras especies, que actúan a modo de manecillas de reloj. El tiempo transforma los bosques. Las primeras décadas están marcadas por una fase inicial de acaparamiento de la luz, en la que cada árbol obra por su cuenta y trata de aprovechar al máximo la cantidad de luz solar que esté disponible. Sin embargo, ello conduce a un número insostenible de árboles, pero el problema no hace sino crecer a medida que maduran y sus copas se elevan y se llenan: muchos perderán la lucha y morirán. Un bosque maduro tiene menos ejemplares y especies arbóreos que uno joven. Esta es una de las razones por las que los «bosques sostenibles» se entresacan periódicamente. Mientras escribo esto, oigo el ruido sordo y lejano de la maquinaria pesada que saca la madera de la zona boscosa. Por instinto, la gente lo considera algo aborrecible, como un acto vandálico contra nuestros preciosos bosques, pero a los bosques les resulta conveniente, ya que permite conservar árboles más sanos y una mayor biodiversidad.

Algunos de los organismos que viven junto a los árboles tienen ciclos de vida interesantes. Muchos de los animales que resultan muy curiosos prosperan en los dos extremos de la vida de un bosque.[31] Al principio, hay mucha luz, lo que atrae a mayor número de plantas pequeñas, insectos y pájaros. A medida que el bosque envejece, se deposita mucha madera muerta en descomposición en el suelo, por lo que aumenta la vida insectil, que, a su vez, resulta beneficiosa para otras tantas especies.

Si, en invierno, paseas por un bosque de latifolios, te darás cuenta de que puedes ver mucho más lejos que en otros momentos del año. Resulta un poco irónico: pensamos en el verano como la estación de la luz, pero, en un bosque de latifolios, la oscuridad puede ser abrumadora bajo un dosel denso. En el periodo invernal, tal vez el cielo sea de un color gris plomizo, pero la luz da de lleno sobre los árboles. A los musgos, helechos, líquenes y las hepáticas les encanta la humedad de esta estación, y, si las temperaturas lo permiten, aprovechan al máximo esta luz con el objetivo de seguir creciendo. Tras un periodo de temperaturas suaves, quizá percibas que el suelo del bosque, así como las partes inferiores de los troncos o las ramas, reverdecen, igual que una miniprimavera en pleno invierno.

# Capítulo 14

## *Mapas perdidos y secretos de los árboles*

*Te veo junto al árbol – Un mapa del deseo – Un valle es un regalo – El secreto de los emparejamientos – Árboles y relojes – Emperadores del tiempo – Los pájaros y la canción de los árboles – El mapa en miniatura – Dos viajes*

### *Te veo junto al árbol*

Soy fiel a una vieja costumbre, ancestral en los seres humanos y más antigua aún en los animales: me gusta entender los nuevos paisajes a partir de la identificación de puntos de referencia. Esto es cualquier objeto visible, natural o artificial, que nos ayuda a saber dónde estamos. Los árboles de una zona cuentan con una larga historia como puntos de referencia. Los que crecen solitarios y altivos se abren paso en la tradición de un lugar porque cumplen los requisitos de todo buen punto de referencia: son únicos, reconocibles, longevos y destacan.

> Y Abraham atravesó el país hasta el lugar sagrado de Siquem, hasta la encina de Moré. Por entonces, estaban los cananeos en el país.[1]

¿Quién no ha organizado alguna vez una reunión junto a un árbol concreto? Los árboles emblemáticos no tienen por qué estar aislados, pero el hecho de que destaquen es de ayuda. En el bosque de mi zona, hay un par de hayas impresionantes: tienen unos cien años más que los ejemplares vecinos y se yerguen orgullosas, y, de manera inconfundible, con mayor imponencia. En nuestra familia, esta pareja se ganó el apodo de «árboles de los duendes», porque, cuando nuestros hijos eran pequeños, solían encontrar monedas escondidas entre las nudosas raíces de la base de los troncos. Mi mujer y yo les explicábamos, con rostro serio —incluso cuando ya no creían en Papá Noel—, que los duendes debían de haberlas dejado allí. Estos seres se atenían a un código estricto: solo dejaban monedas, nunca billetes. El juego continuó durante un lustro y solo se detuvo cuando los niños empezaron a fijarse más en nuestras manos que en sus raíces.

La mayoría de la gente percibe los elementos más evidentes o impresionantes de un paisaje, y, a menudo, pasa por alto los de mayor sutileza. En la era de los teléfonos inteligentes, algunas personas no se dan cuenta de nada, aunque eso es otra historia. Tómate unos segundos para pensar en las siguientes ciudades e intenta imaginarlas: París, Londres, San Francisco, Agra y Nueva York.

Es muy probable que, al menos, hayas visualizado una de las siguientes imágenes: la torre Eiffel, el Big Ben, el Golden Gate, el Taj Mahal, Times Square… Cuanto menos conocemos una urbe, más llamativos necesitamos que sean los puntos de referencia, y viceversa. Una persona que haya vivido toda su vida en la misma ciudad utilizará otros mucho más entrañables: «Quedamos junto al grafiti rosa».

Cuando la gente es nueva en una urbe, tiende a recurrir a puntos de referencia muy destacados y, con ello, quiero decir «tópicos». En casos extremos, el monumento supera en fama a la propia ciudad.

Las mismas reglas se aplican a la naturaleza. Cualquiera es capaz de ver un magnífico roble solitario, pero poca gente se fija en el arbolito espinoso que han pasado de largo. Si paseas por los bosques de nuestra zona, te fijarás en los «árboles de los duendes», porque destacan. Sin embargo, he pasado tantos días allí que podría enumerar docenas de hitos arbóreos. He puesto nombres a muchos, incluso a los que murieron hace mucho tiempo. Está el casco vikingo, el crecimiento (epicórmico) que brota a ambos lados de un tocón; luego, la corona, el tocón de haya invertido con las raíces erosionadas, que apuntan hacia arriba; o la garra, correspondiente a las ramas en descomposición, que se arquean hacia el cielo del sur. Estoy seguro de que, para la mayoría de los transeúntes, son invisibles, entre otras cosas, porque he sido testigo de ello.[*]

Serás tú quien tengas tus propios puntos de referencia en los lugares que mejor conoces. No obstante, la pregunta es: ¿cómo podemos empezar a fijarnos en esos rasgos cuando solo estamos de visita? Existe una técnica sencilla que funciona: imagina que, dentro de un par de horas, vas a quedar con alguien cerca del lugar donde te encuentras y que debes describirlo solo haciendo referencia los árboles. Mejor aún, hazlo. Le dará un toque especial al ejercicio y esos árboles quedarán grabados en tu memoria.

Es algo divertido de hacer en un parque urbano. Sin embargo, hay que hilar más fino si quieres ponerlo en práctica en un gran bosque, a mucha distancia de un sendero. Ciertos rasgos, que antes eran invisibles, brillarán con luz propia.

## Un mapa del deseo

Prepárate para ver ejemplares. Si alguien te secuestrara, vendase los ojos y te dejara en cualquier terreno, los árboles serían lo primero que verías al quitarte la venda. Sin intervención humana, la naturaleza se las ingenia para que los árboles broten y crezcan en la mayoría de las situaciones. Ganarán el duro juego

---

[*] Pueden verse fotos de estos hitos en https://www.naturalnavigator.com/news/2021/03/what-is-a-landmark/.

de la supervivencia en cualquier entorno, excepto en los más extremos.[2] El lema de la naturaleza es el siguiente: «A menos que se indique lo contrario... árboles».

Darle la vuelta a esta lógica nos proporciona una pista. Si observamos un paisaje y no vemos árboles, podemos afirmar con seguridad que hay algo inusual en el deseo que tienen los seres humanos por esa tierra. No hay ejemplares en las cimas de las grandes montañas, en los océanos ni en los desiertos cálidos o fríos. Los humanos tienen pocas ganas de vivir allí, y los árboles tampoco pueden sobrevivir en estos lugares. Sin embargo, en casi todos los demás paisajes, lo esperable sería que crecieran.

Cuando las personas desean con avidez un terreno, este alberga pocos árboles: los han reemplazado las ciudades, las junglas de asfalto. No obstante, incluso en las zonas rurales, llevamos diez mil años o más despojando a la tierra de árboles a fin de dejar espacio a las viviendas y la agricultura. Los que sobreviven en las tierras de cultivo son los que han escapado al arado. Los agricultores dejaban las tierras improductivas —las que eran demasiado empinadas, rocosas o impracticables— a los árboles. Cerca de mi casa, hay una sucesión de barrancos escarpados, probablemente esculpidos por los torrentes de agua de deshielo de la última glaciación. Estos siempre han estado fuera del alcance de los arados, tirados por caballos, o incluso de los impresionantemente ágiles tractores modernos. Los bosques milenarios trazan el contorno de tales parajes.

En el momento en el que salgo de casa, y me dirijo hacia el sur y cuesta arriba, me sumerjo en un bosque de hayas. Aparece algún fresno o arce de vez en cuando entre las hayas, sobre todo, cerca de los límites del bosque; no hay duda de que los latifolios dominan el paisaje por el que camino. Un par de horas más tarde, tras descender de la cresta calcárea de South Downs, espero apreciar cambios en el terreno, porque sé que tanto las rocas como los suelos son diferentes en el lado norte de estas colinas. Y, en cuanto veo que los latifolios dan paso a las coníferas, sé que he llegado a la reserva natural de Graffham Common (Sussex Occidental). El terreno es notablemente arenoso, demasiado seco y duro para la agricultura.* O, tal como establece el escritor John Lewis-Stempel, «las coníferas son un indicativo de pobreza».[3]

Si en un lugar no vemos ejemplares, es porque mucha gente quiere esa tierra o porque nadie la desea en absoluto.

## Un valle es un regalo

Cada vez que uno se adentra en un valle, sabe que hay algunas cosas que están garantizadas. Habrá partes más altas y otras de menor altura, así como, al menos, dos laderas con aspectos diferentes, que recibirán distintas cantidades de luz solar, lluvia y viento. Los nutrientes se ven arrastrados ladera abajo por determinados fenómenos, lo que hace que el suelo posea mayor riqueza en el fondo del valle. Así pues, los árboles, reflejarán todo esto. Ninguno puede adaptarse a todos los entornos: debe especializarse. Cada especie ha evolucionado para prosperar en determinados hábitats. Tienen su nicho, lo que significa que son muy exigentes con ciertas cosas, sobre todo, con la luz, el agua, el viento, la temperatura, los nutrientes, la acidez del suelo y las perturbaciones. Muchos ejemplares se sienten cómodos en ambientes donde estas variables actúan en un término medio, pero cada uno será especialmente sensible a una o varias. Eso es lo que le confiere ventaja en su entorno preferido. Siem-

---

* Graffham Common. El nombre ya es una pista: en el Reino Unido, *common land* se aplica a las tierras en las que el pueblo llano, el conjunto de la comunidad, satisfacía un derecho histórico, esto es, que el ganado pastase en esas tierras. No era —y sigue sin ser— propiedad de un ente particular o una empresa, sino que todas las personas la compartían. El hecho de que sean tierras comunales no se debe a la filantropía de las generaciones anteriores, sino a que el suelo es arenoso, por lo que es demasiado pobre en nutrientes para la agricultura. Todas las generaciones son generosas con los recursos que no necesitan.

pre que un valle se despliegue ante ti, considera esto como un regalo, que te permitirá leer los árboles, y busca los cambios.

## El secreto de los emparejamientos

Kingley Vale es una reserva natural próxima a mi casa, famosa en todo el Reino Unido por su arboleda de tejos centenarios. Algunos son magníficos, extraños y un poco espeluznantes. Hice una visita a este enclave durante una mañana fresca y soleada de octubre, y puse la mano en el hito conmemorativo que hay cerca de la cima de la reserva. Rendía un sencillo homenaje a un hombre interesante. Las palabras de la placa metálica decían:

> En medio de la reserva natural que él mismo creó, esta piedra evoca la memoria de sir Arthur George Tansley, FRS,* quien, durante su larga vida, se esforzó con éxito por ampliar el conocimiento sobre el patrimonio natural de las islas británicas, así como en profundizar en el amor hacia él y salvaguardarlo.

Se le ha elogiado por su labor conservacionista adelantada a su tiempo, pero también es un héroe en otro aspecto importante, muy relevante para nuestra comprensión de los árboles.

A principios del siglo XX, sir Arthur se inspiró en los trabajos de Johannes Eugenius Bülow Warming, botánico danés, e impulsó una rama concreta de la ecología a escala internacional. En 1911, colaboró en la organización de la primera excursión fitogeográfica internacional. No hay mucho que explicar sobre los términos «internacional» y «excursión»: se trató de una reunión de científicos de Europa y Estados Unidos, que se aventuraron a investigar en las islas británicas. Ahora bien, «fi-

---

* Siglas inglesas de «Fellow of the Royal Society» ('Miembro de la Royal Society'), un título honorífico. *(N. de la T.)*

togeográfico» —la palabra del medio— es la clave para nosotros. Como prefijo, «fito-» se aplica a cualquier estudio relacionado con las plantas. «Geografía» es una vocablo mucho más familiar, pero no es tan fácil de definir como podría pensarse.

Hace unos diez años, tuve la suerte de conversar con la doctora Rita Ann Moden Gardner, la entonces directora de la Royal Geographical Society. Le hice una confesión: «Esto es un poco embarazoso. Soy miembro de la institución, pero no podría definir la geografía ni aunque lo intentara. ¿Qué es la geografía?».

Mi pregunta era sincera, y espero que cortés, pero estaba alimentada por un ligero malestar ante la transformación que la geografía ha experimentado a lo largo de mi vida: ha pasado a convertirse en una muy vasta y extensa disciplina. Mi imperfecta y anticuada opinión era que una materia que se basaba en el estudio de los procesos físicos —como los glaciares y los volcanes— había pasado a tratar también la planificación urbana y los gráficos de distribución de la renta. Sin embargo, Rita no se ganó diecisiete iniciales tras su nombre (CBE, FRGS, FRSGS, FAcSS)[*] sin saber cómo enfrentarse a problemas como el mío. Me dijo que, en esencia, la geografía es el estudio local del cambio.

Así pues, la fitogeografía se encarga de estudiar la manera en la que las plantas cambian según su ubicación o de cómo crean un mapa. En nuestra búsqueda del significado de los árboles, sir Arthur desempeñó un papel muy destacado, pues impulsó una fascinante rama de la fitología. Es una que se esconde ante nuestros ojos y revela la forma en la que cualquiera podemos dibujar un mapa, utilizando los árboles.

---

[*] Son las siglas inglesas de diferentes títulos honoríficos y condecoraciones: CBE es «Commander of the Most Excellent Order of the British Empire» ('Comendador de la Orden del Imperio Británico'). Tal como se ha indicado en la nota previa, FRGS significa «Fellow of the Royal Society» ('Miembro de la Royal Society'). FRSGS son las siglas de «Fellow of the Royal Scottish Geographical Society» ('Miembro de la Real Sociedad Geográfica Escocesa'). Por último, FAcSS responde a «Fellow of the Academy of Social Sciences» ('Miembro de la Academia de Ciencias Sociales'). *(N. de la T.)*

Creo que, aunque sea inconscientemente, todas las personas perciben el hecho de que, con regularidad, observamos ciertas plantas cerca de otras. Muchas adultas recuerdan y transmiten una lección aprendida en la infancia: si has tocado una ortiga, frota una hoja de diente de león. Y parece que siempre hay dientes de león cerca, como si estuvieran allí para socorrernos. Resulta tentador ver una bondadosa voluntad tras esta coincidencia, pero la verdad es más simple. Ambas especies prefieren crecer en el mismo nicho de hábitat: un suelo alterado, pero rico en nutrientes.

Todas las plantas intentan decirnos algo sobre la tierra que nos rodea. Cada vez que vemos una planta, hay una probabilidad de ver otras, pero si vemos dos plantas creciendo bien en una zona, el panorama de la probabilidad cambia drásticamente. Cuando veo ortigas en mi zona, tengo bastantes probabilidades de observar también gamilla, ya que a ambas les gusta el mismo suelo. Sin embargo, si localizo ortigas y acedera, encontraré gamilla cerca casi con toda seguridad: la posibilidad se dispara enormemente.

¿Qué tiene eso que ver con la lectura de árboles? Pues mucho. Te ruego que tengas paciencia.

Casi al comienzo del libro, vimos que una sola especie de árbol puede utilizarse a fin de hacer un mapa. Es uno muy interesante, pero de trazo grueso. Una vez que, por ejemplo, nos desempeñamos bien a la hora de detectar ríos con sauces y suelos pobres con coníferas, podemos aprender a leer un mapa mucho más detallado. Para ello, nos fijaremos en las parejas de árboles.

En cualquier parte del mundo donde crezcan ejemplares, es posible obtener una imagen extraordinariamente detallada de nuestro entorno si reconocemos el emparejamiento de árboles con otra planta. Casi nadie conoce este pequeño truco, por eso lo llamo el «secreto de los emparejamientos». Hay tantas combinaciones en el mundo entero que no tiene sentido intentar enumerarlas aquí. Y, además, el objetivo no es aprender nombres, sino fijarse en las parejas y los patrones comunes donde tú vives. Permíteme mostrarte cómo funciona esto con algunos de mis ejemplos favoritos, obtenidos en mis paseos por Sussex.

Habrás notado que me he referido a los hayedos cercanos a mi casa. Cuando me muevo por estos bosques, intento estar atento a qué planta crece bien entre las hayas: ¿con qué planta está emparejada el haya? Por lo general, con berza de perro o con zarzas, y cada emparejamiento cuenta una historia diferente.

Si el terreno se encuentra tapizado por berza de perro, estoy atravesando una zona en la que el haya se ha hecho dominante y proyecta su sombra sobre el suelo, que ahuyenta a la mayoría del resto de árboles y plantas inferiores. Quizá vea algún tejo o un par de plantas que toleren la sombra, pero el hecho de que la sombra sea tan profunda limitará la variedad. Encontraré hiedra cerca de los límites de este bosque, y tal vez algún abedul o fresno en los lugares donde la gente lo ha alterado, pero habrá poca diversidad vegetal. El corazón de estos bosques puede resultar un tanto abrumador en verano, incluso para las aves y los insectos, y reina el silencio.

En el momento en el que veo crecer zarzas entre las hayas, sé que estoy ante un nuevo emparejamiento y que ha cambiado el pequeño mundo por el que camino. El terreno es más luminoso —las zarzas no pueden sobrevivir en la sombra profunda—, así que, o bien me encuentro en un lugar donde las hayas son demasiado jóvenes para tapar el sol, o bien, en las inmediaciones de un sendero o un claro, que permite que entre la luz. Encontraré cerca acebos, hiedras, helechos, más musgos y posiblemente algún roble, arce o fresno. Hay muchísimas más plantas, y con ellas, una mayor abundancia de animales. La actividad tanto de pájaros como de insectos es mayor allí donde se encuentra este emparejamiento. Durante los equinoccios, al amanecer y al atardecer, la vida animal es más ruidosa —casi bulliciosa— en el lado luminoso del bosque.

Sea cual sea el árbol predominante en el terreno que recorras, busca sus emparejamientos habituales: añadirá muchos colores, sonidos y apuntes visuales a tu mapa.

## Árboles y relojes

Una tarde de septiembre, tenía previsto pasear por las colinas y reunirme con unos amigos en un pueblo llamado Halnaker (Sussex Occidental). El hecho de llegar a pie a un lugar situado a unas horas de distancia en el momento adecuado es todo un arte. Con los años, he aprendido que no se me da bien eso de plantearme las cosas de manera lógica. Se puede perdonar a la mayoría de la gente sensata por atenerse a una fórmula sencilla: mirar la distancia que hay que recorrer, calcular la velocidad a la que se camina, dividir la primera por la segunda, restarla de la hora de encuentro y... ponerse en marcha. No obstante, este plan tiene un pequeño fallo, que, en mi caso, lo vuelve prácticamente inaplicable.

Esta fórmula presupone ciertas cosas: la que hace saltar mis alarmas es que no habrá desvíos ni físicos ni filosóficos. Espantoso, así es un paseo planeado sin holgura para distracciones agradables. Como alguien que está leyendo este libro, estoy seguro de que disfrutarás de la oportunidad de pasar tiempo entre los árboles. Dediquemos un instante a pensar en las pobres almas que no entenderán de qué estamos hablando. En los bosques, la ley del tiempo rige así: «Una hora puede esconderse entre los árboles, pero nunca encontrarse».

Cuando planeemos un paseo de este tipo, siempre es buena idea añadir un tiempo extra. Lo peor que puede ocurrir es encontrarnos cerca de nuestro destino con una hora de sobra: se me ocurren pocos placeres más inocentes.

Me encontré en esta soberbia situación de camino a Halnaker. Descendía por una ladera cubierta de coníferas cuando el sol indicó a mi reloj que me adelantaba. Obligado por esta feliz circunstancia, abandoné el camino y pasé junto a una señal de propiedad privada, que me decía que no debía continuar. No recuerdo qué ponía exactamente, pero el tono daba a entender que sería afortunado si lograba recorrer cien metros sin que me disparasen. Creí que era un buen día para tentar a la suerte.

Subí y bajé por las laderas, hundiendo los pies en lechos de suaves agujas muertas y, después, sorteando baches y tocones (estos sí, más duros). A veces, cerca del final del día, se veía el sol entre el follaje de las coníferas y el suelo. Decidí jugar con el ocaso.

La puesta de sol parece producirse más tarde cuando miramos cuesta abajo, y antes, si lo hacemos al revés. (Mirar cuesta abajo tiene el mismo efecto que bajar el horizonte: el sol debe recorrer más camino para alcanzarlo, por lo que el atardecer se demora). Al recorrer una sucesión de ondulantes y modestas crestas, reproduje la cinta del crepúsculo hacia delante y hacia atrás. Y, al elegir pasar el tiempo entre los pinos en lugar de los abetos, el juego fue muy sencillo: la ventana por la que se ve la puesta de sol es mucho mayor bajo los pinos, que se han desprendido de sus ramas inferiores. Si pruebas a hacer esto mismo con latifolios, descubrirás un patrón interesante. En cualquier zona en la que haya ciervos u otros grandes mamíferos que se alimentan de las hojas de los árboles vivos, busca la «línea de ramoneo». Los cérvidos son como jardineros quisquillosos y crean un límite nítido, que marca la parte inferior de la copa del árbol (un dosel arbóreo intacto es irregular y ondulado). La línea de ramoneo refleja los contornos del suelo porque los animales se elevan a una misma altura desde la superficie. Así, los árboles en pendiente muestran otra equivalente en su follaje: cuanto mayor sea la población animal en una zona, habrá una escasez superior de comida y la línea de ramoneo estará más marcada.

La línea de ramoneo es notoria en los ejemplares aislados: recortados contra el cielo, parece como si los hubieran podado. Sin embargo, quizá la pasemos por alto en los bosques. Los ciervos y otros herbívoros despejan el nivel inferior del bosque, lo que mejora la visibilidad. En mi bosque local, se han

*La línea de ramoneo*

vallado grandes zonas para proteger los árboles jóvenes de los animales. Cuando cruzo por ellas, las hojas llegan mucho más abajo y las plantas de menor tamaño se abren camino hacia lo alto: es como si los árboles y la maleza libraran una lucha feroz por cada palmo. Dicho de otro modo, si puedes caminar libremente y ver a lo lejos en un bosque de latifolios, no estás solo. Todo esto significa que la hora a la que amanece y atardece en un determinado bosque cambia en función del número de animales que ramonean allí.

Antes de que me diese cuenta, debí ponerme de nuevo en camino para llegar puntual a mi cita, pero había perdido todo deseo de alcanzar el pueblo. Por desgracia, el hechizo que nos permite mover arriba y abajo la posición del sol en el cielo no hace aparecer a nuestros amigos en el bosque como por arte de magia. Emprendí el descenso, lleno de pensamientos sobre cómo jugaría con la luna bajo los árboles de camino a casa.

## Emperadores del tiempo

La edad de los árboles tiene un efecto espectacular en todo lo que vemos alrededor. Una vez, tuve la suerte de pasar una tarde explorando Knepp Estate (Sussex Occidental) con Isabella Tree, autora galardonada y creadora del primer proyecto de resilvestración a gran escala, en las tierras bajas inglesas, junto con sir Charles Raymond Burrell, su marido. La finca se asienta sobre arcilla fangosa, y resultó ser un terreno poco propicio para la agricultura. Animados por su falta de opciones, Charlie e Isabella decidieron dejar que la naturaleza empezara a tomar algunas de las decisiones. Aunque seguro que no ocurrió tal como me lo imagino —o eso creo—, me gusta pensar en ellos, gritando al viento: «¡Plantas, no estáis siendo razonables! Si no hacéis el más mínimo esfuerzo por cooperar, nos negamos a sacaros las castañas del fuego. ¡Sois independientes!».

Fue una decisión valiente. Quizá un poco como intentar enseñar a un adolescente que su habitación no se ordena sola si se niega a limpiar una leonera. (En el caso de mi familia, esta táctica solo duró hasta que los tazones de cereales medio vacíos iniciaron su propio proyecto de resilvestración).

Donde antes el hecho de arar los campos daba pocas alegrías, ahora, hay un vigoroso ecosistema que se regenera. Es un paisaje que pone a prueba la sensibilidad de cada visitante. No es buena idea que vengas aquí si aprecias las rayas perfectas en el césped y te inquietas cuando las hojas otoñales lo ensucian todo; no estás preparado para esto. Si, por el contrario, te gusta la naturaleza virgen, sumérgete: te encantará.

El terreno es mayoritariamente abierto, interrumpido en ciertos lugares por espesos matorrales espinosos, sauces y algunos robles centenarios. La presencia de cada una de estas plantas señala que el roble está en un determinado momento vital. En inglés, hay un dicho que reza: «Las espinas son la madre del roble». Entre las zarzas y otras plantas espinosas, había un roble joven, con la corteza recién endurecida. Los matorrales espinosos salvaguardan a los robles jóvenes de los animales en sus vulnerables primeros años. Y, en un momento dado, los robles fueron tan vitales para el interés nacional que se protegieron estos matorrales, tal como Isabella explica en *Asilvestrados,* su histórica obra de 2018. Un estatuto de 1768 decretaba que cualquiera que los arrancase se enfrentaría a tres meses de prisión y latigazos.

Las espinas habían hecho su trabajo: podíamos ver brotes mordisqueados en el borde de la mata de zarzas, pero el incipiente roble que rodeaba había sobrevivido el tiempo suficiente para crecer por encima del peligro. No se lo agradecerá a las zarzas: dentro de unas décadas, ese mismo roble les robará la luz y les privará de energía. La naturaleza no rebosa gratitud.

A menos de un minuto a pie del joven árbol, un inmenso roble veterano estaba más cerca del final de su vida. Nos paramos a la sombra de este árbol milenario y admiré su grandiosa forma excéntrica. Una rama importante se había derrumbado por completo y los brotes epicórmicos del tronco habían madurado hasta convertirse en extremidades de buen tamaño: ramas triunfadoras del plan B.

Los organismos que crecen en los árboles prefieren una especie de anfitrión concreta, pero muchos son quisquillosos con el tamaño y la edad: «Algunos hongos se especializan en una determinada anchura de rama y solo crecen en las de ese tamaño», me indicó Isabella. Luego señaló un hongo en el viejo roble y explicó que se trataba del rarísimo *Phellinus robustus,*[*] que solo puede sobrevivir pasando de un roble veterano a otro; no perdurará en un paisaje de robles más jóvenes. Este único ejemplo demuestra la falacia de que los urbanistas no hacen

---

[*] Isabella sabía de la existencia de este hongo gracias a un hombre llamado Ted Green, una eminencia en el mundo de los árboles centenarios. Unos años antes, yo había tenido la suerte de ser el segundo de a bordo en un paseo por los robles centenarios del Windsor Great Park, que dirigimos Ted y yo, como parte de un acto benéfico de la Woodland Trust. Al igual que los hongos y los árboles, los fanáticos de la naturaleza vivimos en un ecosistema interdependiente: a menudo, crecemos y aprendemos en los mismos hábitats.

daño alguno cuando replantan el mismo número de árboles que talaron.

Los sauces cabrunos atraen a una mariposa esquiva y muy querida, la tornasolada, cuyas orugas se alimentan y crecen en estos ejemplares. En su etapa de madurez, estos insectos están muy ocupados alrededor de los sauces:

—Pasan mucho tiempo persiguiendo a las hembras en estos árboles, porque ellas buscan ahí la hoja perfecta para poner sus huevos. No tienen contemplaciones a la hora de defender su territorio. Son insectos extraordinarios, incluso persiguen a las aves.

—¿Qué? —dije. Mi cara debía de ser un cuadro mientras mi mente hacía grandes esfuerzos por imaginarse a una mariposa acosando a un ave.

Es una mariposa de gustos extraños, que, en ocasiones, se alimenta de savia, pero también de estiércol y carroña. Hay historias sobre aficionados a la tornasolada que, desesperados por contemplarlas de cerca, usan recetas extrañas de cebos para atraerlas desde las copas de los árboles hasta el suelo. Isabella y yo nos divertimos compartiendo algunos ejemplos de los que habíamos oído hablar: mantequilla de cacahuete, pasta de gambas, pañales de bebé, pescado podrido, queso *brie,* excrementos de perro… Paramos antes de sentir náuseas. Las tornasoladas marcan su territorio con exhibiciones aéreas, y sus lugares preferidos para ello eran a sotavento del roble milenario y alrededor de su parte superior: «Se persiguen unas a otras en torno a la copa. Esta zona es como el lugar donde los gamos macho se citan para medir sus fuerzas cuando están en celo».

Isabella me contó que las mariposas necesitan los sauces, pero los sauces necesitan zonas de terreno desnudo para que germinen sus semillas. Cuando estas caen de los árboles a finales de abril, no sirve de nada que lo hagan sobre la hierba o los matorrales: requieren tierra húmeda expuesta para empezar a vivir. Y esa es una de las razones por las que hay cerdos en Knepp. Desarraigan el césped, abriéndolo a las semillas de los sauces, tal como habrían hecho los jabalíes en siglos anteriores.

Los ejemplares son los emperadores del tiempo. En una tarde encantadora, había sido testigo de cómo jóvenes matorrales espinosos, robles incipientes y otros centenarios, así como sauces maduros, habían modelado el paisaje y desempeñado un papel en el batir de alas de la más efímera de las mariposas.

## Los pájaros y la canción de los árboles

Nuestros cerebros están siempre un poco agitados, pero, cuando bajamos el ritmo para respirar hondo y mirar con detenimiento, encontramos una variedad y riqueza extraordinarias. De hecho, resulta impresionante que hayamos conseguido ignorar tanto.

Una tarde de primavera, después de caminar un par de horas por South Downs, me senté en un terraplén calcáreo y eché un trago largo de agua. Luego, escudriñé la tierra a mi alrededor. Siempre me sorprende el hecho de que, cuando estamos sentados, veamos de forma diferente, y a menudo, mejor. Parece no tener lógica, porque nuestra vista no llega tan lejos. En un paisaje llano, somos capaces de ver un cincuenta por ciento más lejos de pie que sentados en el suelo. Y ello significa que, en realidad, abarcamos más del doble de superficie terrestre en todas las direcciones.

Cuando nos sentamos cómodamente, empezamos a divisar cosas que antes no veíamos. Esto tiene menos que ver con la física y más con la psicología. Mi teoría es que la carga de trabajo multitarea de nuestro cerebro se reduce en esta posición: no enviamos tantas señales a los músculos y recibimos menos señales molestas de ellos, del tipo: «Estoy cansado. Pon tu peso en el otro pie de una vez». Y, tal vez, esto libere algo de espacio mental, que nos permite observar otras cosas en un paisaje. Inténtalo con el próximo ejemplar arbóreo que veas. Míralo mientras caminas y vuelve a hacerlo después de sentarte. Te prometo que descubrirás cosas que antes no veías. (Si este es tu ámbito de estudio, por favor, escríbeme y dime el nombre científico de este sencillo fenómeno, ¿quizá es síndrome cinético de visión del túnel?). Desde el lugar donde descansaba, me entretenía buscando pájaros entre las plantas espinosas. Me fijé en un petirrojo que salió volando desde cerca del suelo y empezó a cantar en lo alto de un joven arce. No había un motivo particular para que le diera mayor importancia, pero me picó la curiosidad: ¿por qué los pájaros cantan desde esta posición? Tiene sentido cuando necesitan usar los ojos, pero el canto no consiste en eso. ¿Por qué no lo hacen desde la comodidad y al abrigo de un arbusto? Igual que el resto de sonidos, el gorjeo llega más lejos si se emite desde una mayor altitud. Por eso, las campanas de las iglesias están en lo alto de la torre.[4] Hay que realizar un esfuerzo a fin de llegar a lo alto de un árbol para cantar y para ubicar pesadas campanas en la parte superior de una torre, así que debe merecer la pena.

Los sonidos de los pájaros que oímos están relacionados tanto con la altura de los árboles como con el patrón que los árboles forman en un paisaje. Los pájaros son animales territoriales y los territorios que prefieren suelen ser mixtos; la mayoría de las especies prefieren evitar los espacios abiertos, así como los bosques profundos y densos. Que haya algunos ejemplares, ciertas oportunidades de alimento en terreno abierto y una fuente de agua componen la tríada de su entono ideal.

Si combinamos estas dos sencillas ideas, descubrimos que el gorjeo y los árboles forman parte del mismo mapa. La probabilidad de oír y ver pájaros aumentará cuando camines por un descampado y veas un grupo de ejemplares. Lo mismo ocurre desde la perspectiva opuesta: el sonido de los pájaros en campo abierto indica la posibilidad de encontrar árboles.

Si atraviesas un bosque denso, es habitual que pases largos periodos sin oír a estas aves y, a continuación, notes un aumento repentino de los sonidos que emiten. Eso significa que, probablemente, te estás acercando a la linde del bosque.

En cualquier paseo que transcurra por un terreno variado, la altura y la densidad de los árboles juegan con los sonidos que oímos, y merecen compartir el mérito. Haz una pausa, cierra los ojos y saborea el canto de los árboles.

## El mapa en miniatura

Los árboles dibujan un gran mapa al reflejar el entorno que habitan. Ahora bien, no son entes pasivos: dejan sus propias huellas en la tierra. Si aprendemos los hábitos de cada uno, podemos predecir ciertos cambios que se producen en el entorno próximo a ellos. En parte, se trata de sentido común, pero, en buena medida, no lo es. Y muy pocas personas se toman la molestia de advertirlo.

Todo ejemplar arbóreo cuenta con su propio «perfil de sombra». La forma, la profundidad y el momento en que cada árbol proyecta su sombra son únicos. La de las píceas es profunda dentro de una zona estrecha; la de los robles, moderada en una zona amplia. Los álamos dejan pasar bastante luz. Los fresnos echan hojas tarde, y los saúcos, temprano. Hay buenas razones para estas diferencias, que ya hemos analizado con anterioridad. Ahora, nos centraremos en cómo los hábitos de sombra de los árboles dictan la presencia de otras plantas en las proximidades. En verano, a menudo encuentro flores silvestres bajo los abedules, pero casi ninguna debajo de los tejos. Me topo con vegetación de floración temprana —como las campanillas— en la zona inferior de los ejemplares de hoja tardía, a saber, las hayas, aunque con poca bajo los saúcos, que las echan pronto.

Los árboles usan la sombra para enfriar el aire y la tierra bajo ellos, por supuesto, pero también el viento y la evaporación.[5] Bajo cualquier ejemplar aislado, la brisa correrá con mayor velocidad porque el árbol provoca diferencias de presión en el flujo de aire. Un árbol pierde agua a través de sus hojas, lo

294

que también hace bajar la temperatura del aire que hay debajo. Gracias a la sombra, el viento y la transpiración, cada ejemplar arbóreo tiene su propio «perfil de refrigeración». Según un estudio realizado en California, los árboles que se encuentran en entornos urbanos pueden reducir la necesidad de aire acondicionado en un treinta por ciento.[6]

Todo árbol se desprende de sus hojas de manera única y cada una tiene su propia vida una vez cae al suelo. Algunas se descomponen con rapidez y otras sobreviven; unas son especialmente ricas en nutrientes, otras no tanto. Las hojas del haya tienen gran cantidad de sustancias nutritivas, pero el haya absorbe la mayor parte, ya que, en la sombra profunda, pocas plantas pueden aprovecharlas. Sin embargo, a las arañas les encantan estas hojas. Como los árboles de las ciudades no pueden reciclar los nutrientes, encontramos hojarasca en las aceras y ejemplares a los que hay que alimentar.

Los alisos modifican el terreno cercano de un par de maneras muy especiales. Son una señal de que hay agua cerca y,

*La sombra que proyecta cada árbol*
*cambia el mundo que hay bajo él*

si observas una hilera de alisos, probablemente estés viendo el curso de un arroyo. En este sentido, cartografían la zona en sí, aunque también modifican ese paisaje. Tal como hemos visto antes, sus raíces ayudan a proteger las orillas de los ríos de la erosión, pues actúan como un amortiguador contra el agua, ávida de tierra. Esto puede ayudar a entender algunos de los patrones que verás allí donde los alisos bordean los márgenes de un cauce. El curso de todos los ríos y arroyos naturales es curvo. Si los alisos se instalan en cualquier parte de las orillas, interrumpirán este flujo natural y darán lugar a que el curso serpentee con patrones más intrincados.

En segundo lugar, los alisos también cambian el terreno gracias a su extraña capacidad de «fijar» el nitrógeno de la atmósfera. Todas las plantas necesitan compuestos nitrogenados, pero la mayoría depende de que sus raíces encuentren suficientes en el suelo. Los alisos se han asociado con bacterias capaces de absorber el nitrógeno del aire de manera directa, donde siempre abunda. Echa un vistazo a sus raíces (su hábitat acuoso puede facilitar la tarea): deberías poder ver nódulos en ellas, allí es donde las bacterias hacen magia. (Me gusta buscarlos desde hace décadas, pero solo me fijo en su forma. Siempre me sorprende y me encanta la descarada sencillez de lo que no veo. Solo he aprendido a prestar más atención tras una reciente conversación con una experta en ecología. La doctora Sarah L. Taylor, profesora de la Universidad de Keele, me indicó lo siguiente: «Los alisos se asocian en simbiosis con la bacteria *Frankia:* parecen coliflores en miniatura, adheridas al sistema radicular. Si son de color rojo, las bacterias están activas. Una tonalidad marrón grisácea apagada significa que han muerto. Me encanta buscar estas estructuras en las riberas erosionadas: parecen de otro mundo.»)

En esta asociación, el árbol obtiene el nitrógeno que necesita y, a su vez, alimenta a las bacterias con azúcares. Esto es estupendo para el árbol, pero también muy positivo para la tierra. Los alisos pueden crecer en zonas que son demasiado pobres en nitrógeno para otros árboles. Cuando se desprenden de sus hojas ricas en nitrógeno, fertilizan el suelo y lo hacen viable para otras especies. Estos árboles buscan el camino por el que transitarán otros y lo allanan. O, tal como dijo el poeta William Browne en 1613:

El aliso, cuya amplia sombra nutre;
junto a él toda planta acaba floreciendo.[7]

Las luces de un Toyota Hilux parpadearon y mi coche hizo lo mismo en respuesta. El conductor había reconocido mi vehículo por su simple descripción: un Land Rover negro. Me paré, hice una vuelta con tres giros y seguí al Toyota hasta la salida. Me adentré en un bosque de la campiña de Wiltshire y solo salimos para presentarnos allí donde el camino se detenía ante una verja forestal cerrada.

—Colin, espero. —Le tendí la mano y me sentí aliviado al recibir un cálido saludo. Si hubiera malinterpretado el parpadeo de los faros y hubiera seguido a un desconocido tan adentro en el campo, aquella podría haber sido una conversación incómoda.

En una fresca tarde de marzo, había conducido hasta el pueblo de Sixpenny Handley (Wiltshire), donde había quedado con Colin Elford, guarda forestal y escritor, oficios a los que ha dedicado toda una vida. Nos había presentado otro colega de profesión, a quien los dos conocíamos, cuando ambos descubrimos que éramos admiradores de la obra del otro.[*]

Entramos en Cranborne Chase, una zona de excepcional belleza natural, y Colin empezó a explicarme cómo gestionaba la tierra en beneficio de todas las especies, no solo de alguna. Lo expresó de una manera más elocuente con un marcado acento de Dorset: «No me gusta pensar únicamente en una especie, porque, entonces, mandas al carajo el resto de cosas sobre las que no tienes conocimiento».

---

[*] Me había gustado mucho *A year in the woods: the diary of a forest ranger*, el libro de Colin, y él me dijo lo mismo de mi *El instinto natural. Las claves para encontrar nuestro sexto sentido*, Barcelona: Ático de los Libros, 2020.

Colin detalló la manera en la que corta y «entresaca» los avellanos, echando a tierra los árboles y dejándolos allí para crear
un hábitat mixto en la ladera inferior. Así se forman entornos
ideales para diversas especies, zonas de nidificación estival de li-
rones incluidas. Pasamos junto a muchas plantas que veo cerca
de donde vivo: flores silvestres, a saber, la violeta y el geranio de
san Roberto, así como la madrona, una planta parásita que rara
vez veo, con una espiga de color rosacrema con flores insulsas,
que se alimentan de las raíces del avellano. La maleza era espesa
y el sonido de las ardillas se alejaba cada vez más de nosotros. Vi
las huellas de gamos, corzos y muntíacos en el barro.

Observamos las ramas de los árboles que se habían caído
en los últimos vendavales y rastreamos su historia desde la descomposición de los hongos en la fractura, hasta el daño de las
ardillas que, años atrás, había dejado entrar a los hongos.

Estos días me causan una doble alegría: comparto tiempo
con un espíritu afín en un lugar precioso y siempre aprendo
algo valioso. Es como jugar a buscar el tesoro, aunque rara vez
sé de antemano cuál es. Tenía la seguridad de que alguien con
la experiencia de Colin podía enseñarme mucho en los bosques de las inmediaciones de su casa, y así fue. Toda la tarde,
me deleité leyendo el paisaje a través de los ojos de la persona
que mejor lo conocía en el mundo. Ya era de noche y llevába-
mos varias horas explorando cuando Colin me condujo hasta
el lugar en el que se escondía el «oro».

Pasamos junto a enterramientos neolíticos y Grim's Ditch
('la zanja de Grim'), un terraplén excavado hace unos dos mil
trescientos años que, en su día, sirvió de frontera entre las tribus
de la Edad del Hierro. La zona es rica en todo aquello que hace
salivar a los arqueólogos, pero el tesoro que buscaba se encuentra
en las profundidades del bosque, junto a un camino embarrado.
Nos abrimos paso entre los árboles y, mientras caminábamos
entre más avellanos, Colin me contó la historia de un guarda de
caza local, que se vio envuelto en una acalorada disputa con unos
cazadores furtivos. Las cosas fueron a más, y el guardabosques

acabó perdiendo la pelea y la vida. Los cazadores furtivos, igual que los piratas, gozan de una reputación pintoresca, aunque, por lo general, en la paleta con la que se los caracteriza, abundan los tonos oscuros. (Hace poco, estaba cruzando un bosque a la luz del atardecer y mi espinilla se enganchó en algo duro entre la maleza. Al encender la linterna, vi una ballesta metálica clavada en un viejo tronco, señal inequívoca de cazadores furtivos de ciervos. Si hubiera pisado en un lugar distinto, podría haberme hecho mucho más daño en la pierna).

El suelo del bosque era de un verde espeso: berza de perro, ortigas, ajo silvestre y una docena de especies más se extendían hasta donde alcanzaba la vista. Y, entonces, el terreno cambió repentina y drásticamente. Bajo un par de nogales, las pequeñas plantas se dieron por vencidas y el suelo quedó desnudo por completo. Hasta donde podía apreciarse, las hojas de la vegetación de menor tamaño alfombraban el bosque en todas direcciones. No obstante, ahora, nos encontrábamos junto a un oscuro reducto lleno de barro sin una pizca de verdor ni follaje de ningún tipo. La tierra descubierta abarcaba la misma extensión que las ramas desnudas de los nogales. Me paseaba de un lado a otro, haciendo fotos y hablando con entusiasmo. Sabía lo que habíamos encontrado, pero nunca había visto un ejemplo tan perfecto, hermoso y llamativo.

Los árboles no son adorables santos de la ecología. Desde el punto de vista genético, cualquier elemento natural tiene una motivación egoísta, y algunas especies arbóreas lo demuestran de forma más despiadada que otras. Existe un fenómeno botánico, conocido como «alelopatía», por el que las plantas producen sustancias químicas que envenenan a otras cercanas o inhiben su actividad. El rododendro, el castaño de Indias y el nogal negro,[8] así como muchos otros árboles y arbustos, poseen esta costumbre tan poco considerada hacia los demás. Tienen fama de ser vecinos tóxicos.

Los ejemplares alelopáticos no son psicópatas despreocupados que acaban con todo lo que encuentran a su paso. Son más selectivos, ya que segregan sustancias químicas de mayor eficacia contra determinadas especies. El nogal negro americano infunde juglona —un veneno especialmente letal para los árboles con los que es más probable que compita, como los abedules— en el suelo que lo rodea. Si ves un nogal con el suelo ralo a su alrededor, pero que no proyecta una sombra lo bastante densa como para explicar este fenómeno, puede que estés ante una porción de suelo envenenado.

Los árboles nos dan una pista sobre los tipos de animales que veremos cerca, y muchos hacen sus hogares en nidos o entre las raíces más grandes. Los saúcos son comunes en las afueras de los pueblos y a algunos animales, por ejemplo, los conejos, les gusta crear sus huras cerca de ellos. Lo recuerdo con la siguiente frase: «Los ancianos del pueblo saben dónde viven los animalejos».

El suelo de los bosques tiene un aspecto y un tacto diferentes a los de los terrenos abiertos, puesto que los árboles siempre modifican los niveles superiores del terreno. Cada bosque es único gracias tanto a los ejemplares que predominan en él como a la forma en la que se descomponen sus hojas. La hojarasca de las coníferas lo hace con mayor lentitud que la de los latifolios, y las coníferas predominan en las regiones más frías.[9] Esta realidad extrema el efecto. El suave rebote de los profundos lechos de agujas de algunos bosques de coníferas resulta muy divertido en distancias cortas. Recomiendo encarecidamente probarlo.

Los edafólogos clasifican las capas superiores del suelo de los bosques y las dividen en categorías con nombres como «mull», «moder» y «mor». El mull se forma cuando los animales digieren la hojarasca y es más común bajo los latifolios. El mor se origina en el momento en el que los hongos realizan la mayor parte de la descomposición y es más frecuente en las coníferas.[10] El moder es un término medio. Para lo que nos proponemos, basta con observar cómo cambia el aspecto y el tacto del suelo a medida que pasamos de los dominios de un árbol a otro.

Cuando aprendemos a ver cada ejemplar como una pista de lo que descubriremos en sus inmediaciones, encontramos que nos proporciona la leyenda de un mapa lleno de pequeñas maravillas.

## Dos viajes

Nos acercamos al final de un viaje a través del arte de leer árboles, pero hay otro que acaba de empezar.

Al comienzo del libro, prometí que conoceríamos cientos de señales arbóreas, que aprenderíamos a ver significados donde a pocas personas se les ocurriría mirar y que los árboles nunca volverían a parecernos los mismos. Si bien estamos a punto de rematar esa tarea —o, al menos, esa ha sido mi intención—, todavía falta una pieza. Esta obra solo cumplirá su fin si sales en busca de las señales que alberga. A fin de ayudarte en esa labor, compartiré contigo una técnica sencilla y de gran poder, que yo mismo uso todos los días.

La técnica gira en torno a un cambio de mentalidad. No te aventures a ir al encuentro de un árbol con la esperanza o el deseo de que, si tienes suerte, podrás avistar algo. Ve con una confianza arrolladora, sintiendo que será inevitable hacer descubrimientos. No cabe duda de que verás las cosas que has salido a buscar. El invencible rodillo de la lógica está de tu lado: no hay dos árboles que parezcan idénticos, pero sí razones para cada una de esas diferencias. Y, ahora que conoces las causas, tienes todo lo necesario para leer los mensajes que te brindan. Has bebido de la poción que elimina la capa de invisibilidad del árbol.

Hazlo varias veces a lo largo de la próxima semana y los detalles más pequeños empezarán a mostrarte las claves del mundo que te rodea. La forma de una rama o un patrón en la corteza revelarán historias sobre ese árbol concreto y único, así como del paisaje en el que te encuentres.

Vas caminando por una calle y pasas junto a unos árboles. En lugar de tratarlos como a un frondoso papel pintado y dejar que sus contornos se desdibujen en el fondo (igual que hacen el resto de quienes están allí), decides detenerte un minuto. Te dices que esos árboles esconden una señal y que vas a encontrarla. Al cabo de treinta segundos, no has visto nada y sientes la tentación de abandonar la búsqueda. Luchas contra el impulso nervioso de seguir adelante y vuelves a mirar. Entonces, ves que uno parece algo diferente de los demás.

Ese árbol destaca por algo. Es un poco más bajo que el resto, el de menor tamaño de una hilera de cinco. ¿Qué puede significar esto? Los árboles están alineados en la misma calle principal, pero el tuyo se encuentra más cerca de la esquina, próximo a la calle lateral. Tu ejemplar es el de menor tamaño porque su sistema radicular ha quedado encajonado entre ambas vías. A continuación, te das cuenta de que su follaje es menos frondoso que el de los otros y de que algunas de sus hojas están amarillas. Sus raíces no reciben el agua ni los nutrientes necesarios y las hojas se resienten. Ha perdido algunas hojas, pero solo en el lado donde se las ha llevado el viento, que sopla desde la calle secundaria.

El hecho de saber que localizaremos estas cosas nos hace verlas y la satisfacción que nos produce alimenta el hábito. Pronto, la tentación de seguir adelante queda sustituida por otra diferente: el anhelo de detenerse junto a cada árbol y dejar que el mundo espere. Y sabrás que tu pasión por el arte de leer árboles está alcanzando niveles febriles cuando sientas el impulso de parar a una persona desconocida por la calle y sacarla suavemente de su ajetreo con las palabras: «¿No lo ves?».

# Capítulo 15

## *Los mensajes. Epílogo*

Pasé una breve temporada trabajando en Bolonia, al norte de Italia, mientras escribía este libro. En un día libre, planeé una excursión a pie por las colinas: partí del río Bidente-Ronco y me dirigí hacia una cresta en las estribaciones de los Apeninos. No tenía ningún mapa de la zona, pero, al mismo tiempo, llevaba conmigo el más hermoso del mundo.

Por razones más emocionales que prácticas, quería tocar el agua del río al comienzo de mi caminata. Sentí su gorgoteo bajo los altos arcos de un puente de carretera y busqué una ruta segura hasta el agua. Pasé junto a un coche con una bolsa que colgaba de uno de los retrovisores laterales. Aquello era una pista. A veces, los pescadores cuelgan las bolsas con el cebo fuera del coche para evitar su fétido hedor. Nadie conocería mejor el camino ideal para llegar al agua que un pescador de la zona. Poco después, divisé una brecha en el follaje y seguí un itinerario fangoso hacia abajo.

Encontré hidrófilos álamos negros al borde del río. Me gustó observar las diferencias entre los árboles de cada orilla. Los cursos de agua naturales siguen siempre una línea sinuosa —su trazado nunca es recto durante una distancia superior a diez veces su anchura—, lo que significa que siempre hay un recodo interior y otro exterior en cada tramo del río.

El agua fluye más rápida y erosiona el margen del recodo exterior, y deposita el sedimento en el interior, lo que altera el carácter de cada orilla. Me paré en el recodo interior, donde había una playa poco profunda, y miré hacia el otro margen, que era más empinado. Había docenas de pimpollos de álamo cerca de mis pies. Muchos me llegaban a la altura de las rodillas y se abrían un difícil camino hacia las alturas entre los guijarros. Todos crecían con gusto en el nuevo y rico suelo que el río había depositado para ellos. En la orilla opuesta, los álamos eran imponentes y se elevaban al cielo. En el recodo exterior, vemos plantas de mayor edad, y más jóvenes, en el interior: el agua ataca la vegetación del exterior y ofrece un lecho a modo de vivero a las del interior.

Pasé unos instantes junto al agua, admirando la emprendedora voluntad de las flores silvestres, que también habían comenzado su vida en ese lugar. Mis ojos se posaron en las brillantes anteras amarillas y los lóbulos púrpura de la dulcamara. Y, entonces, levanté la vista en dirección a las ramas y copas de los álamos del otro margen. La forma del más grande me dijo que me esperaba un día difícil.

Me abrí paso por los bordes de las tierras cultivadas y entre los cipreses que protegían del viento tanto a los edificios como a los viñedos. Era septiembre y el aire estaba cargado del dulce aroma de las uvas pisadas, mezclado con el de los cipreses. Conforme subía, el terreno se volvía más escarpado y resbaladizo; me caí un par de veces y brotó un hilillo de sangre del lugar donde mi muñeca había impactado con una piedra afilada. Tardé unos minutos en encontrar la línea idónea. Quería la estabilidad que proporcionan las raíces del suelo sin tener que pelearme con las ramas bajas.

Al cabo de una hora, encontré un sendero de animales que conducía a un claro. Me permitió contemplar una cuenca escarpada entre dos estribaciones. Una espesa franja de tierra verde brillante se extendía desde un collado, en medio de dos cumbres, hasta el valle que se abría abajo. La contemplé con asombro: allí no crecía ni un solo árbol.

Había ejemplares a ambos lados de aquella espesa lengua de tierra, e incluso mucho más arriba, pero ninguno la bordeaba. No tenía dudas de que no estaba cultivada: se localizaba en un lugar demasiado alto y empinado, y, en definitiva, su aspecto no era el adecuado. El suelo era perfecto para los árboles y el hecho de que crecieran en cotas superiores demostraba que la altitud no era el problema. Sin embargo, ninguno había prosperado en ese terreno concreto. Tenía que haber una razón.

La respuesta llegó unos minutos después al observar una escalofriante cicatriz en el terreno, a unos cien metros a la izquierda de la ruta que había elegido. Tras mirar por encima del borde, logré divisar una inmensa extensión de tierra desnuda de color marrón rojizo, donde se observaba una confusión de rocas dentadas. Se había producido un corrimiento de tierras hacía poco. Si no vemos árboles en algún lugar, es porque todo el mundo quiere esa tierra o nadie en absoluto. La espesa franja que había visto antes había perdido sus árboles debido a la inimaginable fuerza con la que la tierra se deslizaba por las empinadas laderas, una oscura avalancha imparable. A pesar de que tanto las hierbas como otras plantas pequeñas habían empezado a recolonizar el suelo y añadirle un tinte de intenso verdor, los ejemplares todavía no se habían vuelto a asentar allí. En las dos horas siguientes, vigilé mis pasos con mayor atención.

Después de ganar un poco más de altura, me di cuenta de que, ahora, los robles eran más bajos que los magníficos colosos, cubiertos de hiedra, que había visto en zonas inferiores del valle. Los robles tiraron la toalla en un terreno algo más alto y, ahora, dominaban las coníferas. Unos cuantos pinos se asomaban por encima de algunos abetos. Seguí subiendo hasta que los pinos dieron paso a grupos de enebros.

Ahora, tras unas horas a la sombra cálida y húmeda de los árboles de mayor altura, me encontraba entre los enebros, más bajos, y expuesto al calor seco y abrasador del sol. El dosel arbóreo se había elevado y ello me ofreció mi primera vista completa del terreno circundante. Busqué la poca sombra que pude encontrar, bajo uno de los enebros más espléndidos, y me senté allí durante unos minutos a fin de estudiar mejor el carácter de la tierra y el cielo. Había algunos signos preocupantes.

Los pocos cúmulos amistosos que había visto al principio del día se habían transformado en robustas torres, que se elevaban sobre las crestas distantes. Ahora, había un velo cada vez más espeso de cirrostratos blanquecinos en el cielo y las estelas de condensación —las largas y finas nubes blancas que dejan a su paso los aviones de gran altura— también se habían alargado mucho. Todo indicaba que el tiempo estaba cambiando. Oí y, luego, sentí varias ráfagas de viento. Asimismo, la extensa sucesión de cúmulos que había señalado la cresta estaba mutando con rapidez y aumentaba por momentos. Suponía una señal apremiante de que había inestabilidad en el aire y de que, probablemente, se producirían tormentas. No era el momento de continuar mi ascenso. No tener cumbres u otros puntos fijos como meta tiene su gracia: hace que tomar la decisión más sensata sea sencillo. Me bebí una botella entera de agua, saqué algunas fotos, me di la vuelta y me dirigí cuesta abajo.

El álamo de gran altura situado junto al río había predicho todo esto muchas horas antes. Sus ramas en el lado sur eran mayores en número y en tamaño, y los vientos predominantes del sudoeste habían moldeado toda la copa durante unas cuantas décadas. Cuando levanté la vista de las dulcamaras, vi que el ejemplar arbóreo estaba luchando contra un viento al que no se enfrentaba a diario. Era un árbol desgarbado, y las ráfagas del noreste doblaban la copa en dirección contraria a la de las rachas típicas en la zona. Esto hacía que su silueta se contorsionase. El álamo me estaba susurrando que se avecinaba mal tiempo y que no alcanzaría la cumbre esa jornada.

Los árboles nos envían mensajes a fin de informarnos sobre cosas que necesitamos saber: podemos elegir leerlos. Llegué al valle antes que los truenos, me senté en un tocón de ciprés y, con una sonrisa de gratitud, me quité las agujas de enebro de la ropa.

# Capítulo 16

## *Anexo*

## *Identificación de familias arbóreas*

En este apartado, he expuesto algunos consejos que espero que te resulten útiles si es la primera vez que identificas familias arbóreas. No pretende ser una guía exhaustiva de sus rasgos, solo una lista con algunas de las características que ayudan a distinguirlos; pero, antes, una advertencia.

Los árboles son muy variados, incluso dentro de una misma familia, por lo que es imposible crear una breve guía que sea válida para la totalidad de los árboles o las especies que encuentres, o que se aplique en todo el mundo. Mi intención ha sido ofrecer algunas pistas que, quizá, sean de ayuda en muchos casos.

Si deseas profundizar en el conocimiento de los que son autóctonos de tu zona o en el de ciertas especies —lo que no es necesario para disfrutar a la hora de reconocer la mayoría de los signos y patrones de este libro—, te aconsejo que, junto con esta obra, utilices un libro de identificación, especializado en tu región. (En el Reino Unido, recomiendo *The Collins complete guide to british tres: a photographic guide to every common species,* de Paul Sterry).*

* En España, tanto la *Guía de los árboles de España,* de Rafael Moro, como la *Guía de los árboles y arbustos de la península ibérica y Baleares,* de Ginés López, son buenas opciones. *(N. de la T.)*

## Alisos

Árbol pequeño.
Sus piñas y amentos destacan en invierno.
Las hojas se abren en abanico desde la base hasta un extremo plano que, a menudo, tiene una muesca o abolladura en el centro (puede parecer un corazón aplanado).
Grandes nódulos en las raíces.
Yemas, hojas y ramas alternas.
Común cerca del agua.

## Fresnos

Árbol alto.
Brotes negros oscuros distintivos en pares opuestos, que destacan en invierno.
Es frecuente que su tronco tenga horquillas.
Las ramas crecen hacia arriba en el borde exterior de la copa.
Sus flores carecen de pétalos (las poliniza el viento, por lo que no necesitan atraer insectos).
Las hojas son pinnadas: pares de foliolos dispuestos uno frente al otro sobre un tallo verde.
Sus frutos son las sámaras: «llaves» aladas, como mitades de helicóptero, que cuelgan en racimos verdes al principio y, luego, marrones.
Yemas, hojas y ramas opuestas.
Frecuente en lugares húmedos —que no anegados— y ricos en nutrientes, sobre todo, en las laderas inferiores de los valles, cerca de los ríos, pero, normalmente, alejado del borde del agua.

## Hayas

Árbol alto.

Su corteza es lisa y gris.

Tiene hojas simples ovaladas con una suave punta.

Su follaje posee distintivas venas paralelas rectas, que van desde la nervadura central hasta el borde de la hoja.

Produce hayuco, un fruto seco de bordes afilados, rodeado por una cáscara espinosa.

Proyecta una profunda sombra que dificulta el crecimiento de otras plantas debajo.

Es un ejemplar marcescente (sus hojas marrones muertas pueden permanecer en el árbol durante el invierno).

Yemas, hojas y ramas alternas.

Le gustan los suelos secos o con buen drenaje, y se da bien en la creta. Se encuentra más a menudo en bosques que en solitario.


## Abedules

Árbol pequeño, pero con una característica poco común: puede alcanzar una altura media porque, sobre todo, crece en zonas abiertas y no compite con otros por la luz.

Si bien su corteza siempre destaca, sus colores varían según la especie. Tienden a ser llamativos: blancos, plateados, negros, amarillos. La corteza tiene lenticelas (líneas horizontales); con frecuencia, es mucho más rugosa cerca de la base.

Sus hojas poseen forma puntiaguda simple con bordes dentados (parecen los de una sierra).

Las ramas del abedul común parecen fluir hacia abajo; las del pubescente permanecen más erguidas.

Yemas, hojas y ramas alternas.

Es un árbol pionero clásico, común en la linde de los bosques, en los claros y en las latitudes superiores.

## Cerezos

Árbol de bastante altura, aunque rara vez de los más altos de una zona.

Su corteza es marrón rojiza, brillante, casi metálica, con lenticelas rugosas; esta cualidad se acentúa en los árboles de mayor edad.

Las grandes hojas ovaladas tienen dientes y cuelgan de largos tallos, teñidos de rojo.

Tiene nectarios extraflorales (abultamientos en el tallo de la hoja, cerca de esta).

Sus flores, blancas o rosas, cada una con cinco pétalos, son un espectáculo en primavera.

La fruta es roja y tiene un gran hueso: facilita la identificación del árbol hasta que los pájaros y otros animales se comen las cerezas.

Yemas, hojas y ramas alternas.

Común en jardines, parques y lindes de bosques.

## Castaños

### Castaño común
La corteza madura presenta crestas verticales que, a menudo, muestran una espiral pronunciada.

Sus hojas son grandes y tienen dientes afilados, así como una punta larga.

### Castaño de Indias
Árbol alto y ancho.

Sus hojas son dentadas y de distintiva forma «digitada»: como una mano extendida.

Flores en espigas verticales.

## Cornejos

Árbol pequeño, por lo general, es más bien un arbusto.

Las hojas son ovaladas con bordes lisos y venas que, desde la base, se dirigen hacia la punta, trazando una curva hasta situarse casi en paralelo a la nervadura central.

Destacan las ramitas rojas o amarillas, sobre todo, en invierno.

Sus flores, de color claro, dan paso a bayas oscuras.

Yemas, hojas y ramas opuestas.

Común a lo largo de los caminos, en los bordes de los bosques y en los setos.

## Saúcos

Árbol pequeño.

Las hojas se presentan en grupos de cinco (una en la punta y dos pares detrás) y desprenden un desagradable olor cuando se las aplasta.

Las ramitas rotas o cortadas muestran una médula blanca en el centro.

Su corteza es áspera y de textura acorchada.

Produce una lluvia de flores blancas a principios de verano, y bayas oscuras, en otoño.

Yemas, hojas y ramas opuestas.

Prospera en suelos ricos en nutrientes, por lo que es frecuente cerca de ciudades y granjas.

## Olmos

Árbol pequeño o alto.

Cuenta con una gran variedad.

Sus hojas son ovaladas, vellosas, con dientes y de extremo puntiagudo. Asimetría característica en su base: en el punto donde el tallo se une a la hoja, su haz y envés tienen un aspecto diferente.

Las flores se presentan en densos racimos de color marrón rojizo, que se abren antes que las hojas.

Desde la extensión de la grafiosis (enfermedad de carácter fúngico), los olmos altos son mucho menos comunes.

Yemas, hojas y ramas alternas (las ramitas pueden tener aspecto de espina de pez).

Prospera en zonas frescas, húmedas y ricas en nutrientes, en mayor medida, cerca del agua, en llanuras aluviales y junto a la costa.

## Espinos

Árbol pequeño.

Tal como su nombre indica, posee espinas.

Las hojas crecen en brotes largos; poseen muchas formas —a menudo, con muchos lóbulos—, pero nunca simples.

Sus frutos son rojos.

Tiene corteza áspera.

Yemas, hojas y ramas alternas.

Árbol resistente y discreto, que se da bien en setos, en lo alto de las colinas y cerca del límite arbóreo.

## Avellanos

Árbol pequeño.

Su apariencia resulta descuidada debido a sus múltiples tallos.

Las hojas, de gran calibre, tienen dientes dobles (se alternan unos de mayor tamaño con otros menores).

Cuentan con amentos amarillos en primavera.

Las avellanas salen a finales del verano, envueltas en pequeñas hojas, y se vuelven marrones en otoño.

Yemas, hojas y ramas alternas.

Común en setos, lindes de bosques y matorrales.

## Acebos

Si bien es un árbol pequeño, puede alcanzar mayor altura en algunas situaciones.

Posee hojas espinosas de color verde oscuro.

Su follaje es más espinoso en las ramas inferiores; puede ser liso cerca de la copa.

Sus ramitas son verdes.

Cuenta con frutos rojos.

Su corteza se mantiene lisa hasta que envejece.

Se encuentra a la sombra de las copas de los árboles, pero también en setos, parques y jardines.

## Tilos

Árbol alto.

Las ramas suelen tener forma de «parada y arranque». La principal se detiene después de crecer hasta cierto punto y, entonces, otra retoma su crecimiento, arqueándose en una dirección ligeramente diferente. Este efecto también se observa en las ramitas, que tienen una apariencia zigzagueante.

Sus hojas son de aspecto delicado, en forma de corazón, y dentado sobre tallos largos. La base donde estas se unen al tallo suele ser asimétrica.

Sus flores son aromáticas.

Es muy probable que broten retoños cerca de la zona basal del tronco.

Yemas, hojas y ramas alternas.

Frecuente en ciudades y jardines, y se emplea de manera regular para bordear avenidas.

## Arces

Árbol alto, pero rara vez el de mayor envergadura de la zona.

Las hojas poseen varios lóbulos —a menudo, cinco—, aunque su forma varía enormemente.

Las ramas tienen tendencia a elevarse hacia el cielo.

Sus flores son de color verde amarillento.

Su fruto es característico: es la sámara, de extremo bulboso y ala plana adherida, parecida al papel. Se conoce popularmente como «helicóptero».

Yemas, hojas y ramas opuestas.

*Arce blanco o falso plátano (Acer pseudoplatanus, de la familia de los arces)*

Árbol alto y ancho.

Sus hojas cuentan con cinco lóbulos y son dentadas.

Posee pares de semillas aladas, que forman un ángulo amplio.

Las ramas se extienden hacia arriba.

La corteza de los árboles más viejos es muy rugosa y se resquebraja en placas.

Yemas, hojas y ramas opuestas.

Común y muy extendido. Le gustan los suelos fértiles y bien drenados, por lo que suele crecer en las ciudades y sus alrededores. Puede sobrevivir en una gran variedad de hábitats que otros árboles rehúyen, como zonas costeras y azotadas por el viento.

## Plátanos de sombra

Árbol alto.

Su corteza es muy característica, con un patrón «de camuflaje».

Cada hoja tiene cinco lóbulos puntiagudos.

En primavera, produce amentos redondos en forma de pelota: maduran en otoño y adquieren un color marrón. Estos pueden durar todo el invierno en el árbol.

Yemas, hojas y ramas alternas.

Frecuente en pueblos y urbes.


## Quercus (robles, encinas y alcornoques)

Árbol alto y ancho.

Hay muchas especies y formas, incluidas las perennes, pero todos los árboles *Quercus* tienen un fruto reconocible: las bellotas.

Muchos, aunque no todos, cuentan con hojas lobuladas.

Yemas, hojas y ramas alternas.


## Álamos

Árbol bastante alto y que adopta formas muy diversas.

Las hojas tienen tallos flexibles, que las hacen ondear notablemente con la brisa.

Sus yemas son pegajosas y resinosas.

Ve en busca del álamo negro: alto y delgado, como un cohete con una delgada base. A menudo, puede divisarse desde lejos.

La corteza del álamo temblón y del blanco presentan un patrón romboidal.

Yemas, hojas y ramas alternas.

Le gusta la abundancia de luz y humedad.

## Nogales

Hojas largas, en grupos de cinco o siete en un tallo, con bordes lisos y una punta.

Su follaje desprende un olor fuerte y especiado cuando se aplasta.

Cuenta con grandes frutos esféricos verdes (que rodean la nuez comestible).

Es posible localizar la médula en el centro de las ramitas rotas o cortadas.

En invierno, las ramitas presentan cicatrices en forma de herradura en el lugar donde estaban las hojas.

A veces, el suelo está desnudo bajo los nogales silvestres, ya que son alelópatos (emplean sustancias venenosas para ahuyentar a sus rivales).

Yemas, hojas y ramas alternas.

Se encuentra en jardines, así como en suelos ricos y profundos a pleno sol.


## Sauces

Árbol pequeño.

La mayoría presenta hojas largas y estrechas, con la nervadura central pálida. (El cabruno es la notable excepción: la hoja es más ancha, ovalada y la punta se dobla).

Una vez surgida, cada yema se desarrolla en paralelo a la ramita en la que se encuentra y apenas se aparta de ella.

Yemas, hojas y ramas alternas.

Común cerca del agua; es fácil encontrarlo en el borde de ríos y arroyos.

# CONÍFERAS

A menudo, reconocemos que un árbol es una conífera desde la distancia. Sin embargo, saber de qué tipo se trata en concreto puede resultar más difícil, incluso cuando estamos de pie junto a ella.

A menos que se indique lo contrario, las siguientes coníferas son perennifolias.

## Cedros

Árbol alto.

Sus agujas, de color verde oscuro en verticilos, parece que brotan de la ramita en mechones.

Posee grandes piñas leñosas, verticales y con forma de barril, que apuntan hacia arriba.

Su duramen es aromático (si está expuesto).

Nativo de lugares cálidos y secos, pero muy común en parques y grandes jardines a modo de elemento decorativo.

Las ramas de los cedros varían de una forma que facilita su identificación. Las de los cedros del Atlas son ascendentes, los del Líbano poseen ramas equilibradas y las del deodar o del Himalaya son descendentes. Esto resulta muy evidente cuando se observan las partes benjaminas de las ramas, en los bordes exteriores. Todo esto es relativo; en cada caso, las que están cerca de la parte superior son más ascendentes, y las cercanas a la inferior, más descendentes.

El deodar es uno de los pocos que tienen las puntas notablemente caídas. (Me gusta pensar que el cedro del Líbano tiene docenas de brazos y que cada uno de ellos sostiene una bandeja de follaje en horizontal).

Las tuyas gigante y occidental pertenecen a un género diferente de árboles . En lugar de agujas, tienen frondas planas y ramificadas como escamas, más parecidas a las del falso ciprés de Lawson que a las de otros cedros. La tuya gigante posee una corteza rojiza y, al aplastarse, su follaje desprende un aroma frutal a piña. La occidental tiene bandas blancas en el envés de sus hojas; la gigante, no.

## Cipreses

Árbol alto, aunque, por lo normal, se poda en los jardines para que sea más pequeño.

Sus piñas son globulares redondeadas, relativamente pequeñas, con una protuberancia puntiaguda en el centro de cada escama.

El follaje es plano de tipo helecho: muchas frondas diminutas algo superpuestas a la siguiente.

Las ramitas no pueden verse porque las hojas, de forma aplanada, las cubren.

El ciprés mediterráneo se erige a modo de cilindro alto y orgulloso en climas cálidos y secos.

El falso ciprés de Lawson suele tener un brote principal inclinado en la copa.

El ciprés de Leyland y el falso ciprés de Lawson son muy frecuentes en zonas ajardinadas.

## Abetos

Sus hojas son de lámina plana y de puntas redondeadas, no afiladas; blandas y fáciles de doblar.

Si bien la mayoría de las piñas de las coníferas tienden a apuntar hacia abajo, existen un par de excepciones: las piñas de los cedros y las de casi todos los abetos. Los abetos tienen piñas verticales que apuntan hacia arriba: «Las piñas de los abetos abren la ventana y ven el firmamento».

El abeto de Douglas, de corteza rugosa, crece hasta ser un árbol muy alto de tronco recto; las ramas se extienden hacia fuera y, luego, en dirección ascendente. Sus piñas apuntan hacia abajo, algo poco común para ser un abeto.

(Voy a compartir una técnica particularmente extraña que me gusta utilizar a fin de recordar este árbol; es más bien extravagante, así que no dudes en ignorarla si no te sirve de nada. En cada escama, las piñas del abeto de Douglas tienen una «bráctea» [un brote de tres lenguas, situado en la parte superior]. Cada persona ve una cosa diferente —algunas, las patas traseras y la cola de un ratón— y yo no iba a ser menos. A mí estas brácteas me recuerdan a una corona alargada. Tal como yo lo veo, el inmenso abeto de Douglas es el rey de los árboles y tiene una corona en cada escama).

## Tsugas o falsos abetos

Árbol alto.

Todas las hojas son más anchas que las típicas agujas de las coníferas; algunas son notablemente más pequeñas y apuntan en dirección diferente a las otras.

Las ramitas tienen un aspecto desordenado.

Las hojas cuentan con una punta redondeada, y son brillantes y oscuras en el haz, mientras que el envés presenta dos líneas blancas.

Sus piñas tienen forma ovoide, apuntan hacia abajo y poseen escamas anchas.

Frecuente en regiones muy lluviosas.

## Enebros

Árbol pequeño; parece un arbusto espigado.

Sus agujas son puntiagudas y se agrupan de tres en tres. Son de color verde azulado y aromáticas, con olor a ginebra cuando se aplastan. En su haz, cada una posee una línea cerosa blanca.

Las ramas parten de muy abajo, cerca del suelo, y se extienden hacia arriba.

Sus duras bayas verdes se tornan azul oscuro y quedan recubiertas de una pelusa blanca.

La corteza, fina y escamosa, da un aspecto poco cuidado al estrecho tronco.

Se encuentra en todo el hemisferio norte, pero, sobre todo, en lugares soleados. Puede sobrevivir a una altitud superior que la mayoría de las coníferas.

## Alerces

Árbol alto de hoja caduca.

Las ramitas presentan racimos de agujas, agrupadas como en una pequeña mata.

Es la única conífera común que pierde las hojas en invierno; conserva sus características ramitas nudosas.

A menudo, debajo de este árbol, se encuentra una alfombra de agujas muertas en el suelo del bosque.

Su follaje es más pálido que el de la mayor parte de las coníferas. Se oscurece un poco a medida que avanza el verano, y adquiere un matiz amarillo o anaranjado al acercarse el otoño.

Necesita mucha luz, prefiere las laderas de orientación sur y no se encuentra en zonas densamente sombreadas.

## Pinos

Las agujas aparecen agrupadas en pares, tríos o quintetos. Son largas, finas y flexibles.

Los árboles más altos se desprenden de sus ramas inferiores, lo que transmite la apariencia de un ejemplar arbóreo con una copa pesada y un tronco inferior desnudo.

Los pinos cuyas agujas se disponen por parejas tienen piñas achaparradas y redondeadas. Las agujas de los pinos en trío son muy grandes y tienen forma globular, y las que aparecen de cinco en cinco, cilíndricas.

Las escamas de las piñas se abren con el buen tiempo y se cierran cuando llueve.

El pino silvestre, de follaje gris azulado, presenta agujas en pares y ligeramente retorcidas. La corteza tiene un tinte anaranjado, que se acentúa en la parte superior.

El pino piñonero hace efecto sombrilla.

El pino salgareño posee una corteza oscura.

El pino insigne o radiata cuenta con agujas de tres en tres.

Las piñas son rígidas y no se doblan con facilidad (aunque las de algunos pinos de cinco agujas son más blandas).

Muchas escamas de las piñas tienen una protuberancia, un pequeño saliente elevado, normalmente, cerca del centro. De cerca, parecen pequeñas montañas: «Las piñas son alpinas».

## Píceas

Árbol alto de forma cónica.

La hoja de pícea es más plana que la aguja típica de la conífera, aunque se pueden palpar sus lados al agarrarla entre los dedos pulgar y el índice, y frotar, un poco a modo de lápiz. (Las del abeto son demasiado planas como para hacer esto). Las agujas poseen un tacto rígido.

Las piñas son notablemente más largas que anchas. Cuelgan de la rama y apuntan hacia abajo. Sus escamas son de mayor finura que las de los pinos, más parecidas a las de los peces. La piña en conjunto es de una maleabilidad y flexibilidad superiores a las de otras coníferas.

## Diferenciar los abetos de las píceas

Las hojas de los abetos tienen las puntas algo más blandas que las de las píceas. En caso de que llegues, intenta estrujar un puñado de follaje; si te duele un poco la mano y te deja una sensación de hormigueo, es más probable que se trate de una pícea que de un abeto.

Trata de arrancar una hoja de una rama. La forma en que la hoja se desprende puede darte una pista: las píceas dejan un pequeño «muñón» en la base de la hoja; los abetos, no.

El follaje de la pícea se curva hacia el tronco. Las hojas del abeto se extienden desde él: «Las hojas del abeto abarcan mucho».

## Tejos

Árbol pequeño durante muchos años, pero longevo y de crecimiento lento, por lo que, con el tiempo, puede alcanzar alturas más impresionantes.

Las hojas son pequeñas, planas y blandas, de color verde oscuro, lo que confiere un aspecto sombrío, casi amenazador, al árbol. El envés es más pálido, sin líneas blancas.

Su corteza es escamosa, de color marrón rojizo, y su tronco, de forma compleja.

El arilo, su fruto, presenta forma de baya, de color rojo brillante.

Bajo la copa, la oscuridad resulta prácticamente abrumadora.

Presenta dificultad a la hora de apreciar sus anillos en albura clara; se pueden ver en duramen más oscuro.

A menudo, se encuentra en la sombra profunda bajo un dosel arbóreo elevado, en especial, en suelos de creta o piedra caliza. Es muy popular como seto, ya que responde bien a la poda.

Junto con los consejos anteriores, ten en cuenta que siempre podemos utilizar las técnicas que hemos aprendido antes para ayudarnos a entender cómo se relacionan la forma, el hábitat y la familia de un árbol. Esto puede descartar muchos sospechosos. Por ejemplo, en orden descendente de necesidad de luz solar directa: «Los pinos en lo alto prefieren fulgor: pinos, abetos, píceas y falsos abetos.

Y: «Toco las hojas, pero el sol no las toca».

Si una conífera alta tiene muchas ramas muy bajas, es más probable que sea una tsuga tolerante a la sombra que un pino heliófilo.

Un último consejo más original: entablar amistad con las coníferas que veas con frecuencia es una buena idea. Siempre que identifiques determinada conífera en una ruta por la que suelas transitar, salúdala cada vez que pases por delante y no dejes morir la relación. Di «¡Hola, pícea!», «¡Hola, pino!», «¡Hola, abeto!» a cada uno cuando toque. Es posible que parezca extraño, pero sirve de ayuda: podrás familiarizarte con los árboles y reconocerlos cada vez más.

# Fuentes

## Capítulo 2
1. P. Thomas, *Applied*, p. 15.

## Capítulo 3
1. «How the Optical Properties of Leaves Modify the Absorption and Scattering of Energy and Enhance Leaf Functionality», en S. Ustin y S. Jacquemoud, 2020, extraído de https://link.springer.com/chapter/10.1007/978-3-030-33157-3_14
2. R. Ennos, p. 34.
3. T. Kozlowski *et al.*, p. 426.
4. Profesora Otta Wenskus, correspondencia personal: 29/1/21.
5. T. Kozlowski *et al.*, p. 413.
6. P. Thomas, *Trees*, p. 23.

## Capítulo 4
1. http://www.fullbooks.com/Poems-of-Coleridge3.html
2. F. Hallé *et al.*
3. P. Thomas, *Applied*, p. 6.
4. Se trata de una versión personal de un dicho muy extendido en el que «persona» sustituye a «árbol». A menudo, se atribuye a Albert Einstein, aunque su verdadero origen no está claro y es objeto de debate.
5. T. Kozlowski *et al.*, p. 12.
6. T. Kozlowski *et al.*, p. 497.
7. R. Ennos, p. 59.
8. H. Irving, p. 76.

## Capítulo 5

1. https://en.wikipedia.org/wiki/Tolpuddle_Martyrs_Tree (consultado el 8/6/22)
2. Sarah Taylor, correspondencia personal, 18/6/22.
3. P. Thomas, *Applied*, p. 380
4. P. Thomas, *Trees*, p. 203.
5. P. Wohlleben.
6. P. Thomas, *Applied*, p. 90
7. T. Kozlowski, p. 489.
8. Sarah Taylor, correspondencia personal, 18/6/22.
9. C. Mattheck, *Stupsi*, p. 96.
10. R. Ennos, p. 45.

## Capítulo 6

1. P. Thomas, *Trees*, p. 290.
2. C. Mattheck, *Stupsi*, p. 15.
3. B. Watson, p. 177.

## Capítulo 7

1. A. Mitchell, p. 25.
2. J. P. Richter (ed.) (1970) [1800] *The Notebooks of Leonardo da Vinci*, extraído de https://en.wikipedia.org/wiki/Patterns_in_nature#-Trees,_fractals (consultado el 12/11/21).
3. https://roys-roy.blogspot.com/2013/10/some-unusual-churches.html
4. H. Irving, p. 10.
5. W. T. Douglass (27 de noviembre de 1883) «The New Eddystone Lighthouse», en *Minutes of Proceedings of the Institution of Civil Engineers. LXXV* (1960), pp. 20-36, extraído de https://en.wikipedia.org/wiki/Eddystone_Lighthouse
6. Sarah Taylor, correspondencia personal, 2021.
7. Cartel visto en la reserva natural de Kingley Vale.
8. Sarah Taylor, correspondencia personal, 2021.
9. C. Mattheck, *Stupsi*, p. 42.

10. C. Mattheck, *Stupsi,* p. 39.

11. C. Mattheck, *Body Language*, p. 182.

12. C. Mattheck, *Body Language*, p. 183.

13. R. Ennos, p. 39.

14. P. Thomas, *Applied*, p. 358.

15. P. Thomas, *Applied*, p. 105.

**Capítulo 8**

1.  https://arstechnica.com/science/2017/09/moldy-mayhem-can-fo-llow-floods-hurricanes-heres-why-you-likely-wont-die/

2.  https://courses.lumenlearning.com/microbiology/chapter/sponta-neous-generation/

3. Watson, p. 211.

4. Si está bien pegada al tronco y sin aberturas, quiere decir que aún hay vida en el árbol. P. Wohlleben, p. 29.

5. R. Hörnfeldt, *et al.,* «False Heartwood in Beech Fagus Sylvatica, Birch Betula Pendula, B. Papyrifera and Ash Fraxinus Excelsior: an Overview», *Ecological Bulletins*, 2010, n.º 53, pp. 61-76, extraído de http://www.jstor.org/stable/41442020

6. R. Ennos, p. 118.

7. M. McCormick, *et al.,* «Climate Change during and after the Roman Empire: Reconstructing the Past from Scientific and Historical Evidence», en *The Journal of Interdisciplinary History*, vol. 43, n.º 2, The MIT Press, 2012, pp. 169-220.

8. T. Kozlowski, p. 7.

9. P. Thomas, *Applied*, p. 38.

10. https://www.northernarchitecture.us/thermal-insulation/natu-ral-defects.html

11. P. Thomas, p. 239.

12. T. Wessels, p. 136.

**Capítulo 9**

1. C. Mattheck, *Stupsi,* pp. 60-61.

2. Pavey, p. 29.

3. T. Kozlowski, p. 227.

4. Sarah Taylor, correspondencia personal, 2021.

5. P. Thomas, *Applied*, p. 151, citando a Kostler *et al.*, 1968.

6. «Roots in hourglass or figure-of-eight shape», C. Mattheck, *Stupsi*, p. 64.

7. B. Watson, p. 152.

8. Conversación con John Tucker en Preston Park (Brighton) el 28/9/21.

9. C. Mattheck, *Stupsi*, p. 67.

10. P. Thomas, *Applied*, p. 378.

11. P. Wohlleben, p. 12.


**Capítulo 10**

1. *The Psychology and Neuroscience of Curiosity*, C. Kidd y B. Y. Hayden.

2. https://www.wired.com/2010/08/the-itch-of-curiosity


**Capítulo 11**

1. http://witcombe.sbc.edu/sacredplaces/trees.html y https://en.wikipedia.org/wiki/Dodona

2. P. Thomas, *Applied*, p. 90.

3. P. Thomas, *Trees*, p. 209.

4. V. Kuusk, Ü. Niinemets y F. Valladares (2017) «A major trade-off between structural and photosynthetic investments operative across plant and needle ages in three Mediterranean pines», *Tree Physiology*, extraído de https://doi.org/10.1093/treephys/tpx139

5. «Juvenile Leaves or Adult Leaves: Determinants for Vegetative Phase Change in Flowering Plants», D. Manuela y M. Xu, *International Journal of Molecular Sciences*, 2020, *21*(24), 9753, extraído de https://doi.org/10.3390/ijms21249753

6. P. Thomas, *Trees*, p. 27.

7. P. Thomas, *Applied*, p. 364.

8. https://www.newscientist.com/lastword/mg24933161-200-why-are-tree-leaves-so-many-different-shades-of-mainly-green/

9. http://nwconifers.blogspot.com/2015/07/stomatal-bloom.html

10. P. Thomas, *Applied*, pp. 255-256.

11. *Oxford Tree Clues Book*, p. 12.

12. P. Thomas, *Trees*, p. 20.

**Capítulo 12**
1. Cohu, p. 165 y H. Irving, p. 48.
2. P. Thomas, *Trees*, p. 63.
3. P. Thomas, *Trees*, p. 25.
4. P. Thomas, *Applied*, p. 42.
5. B. Watson, p. 70.
6. Sarah Taylor, correspondencia personal, 2021.
7. P. Thomas, *Applied*, p. 43.
8. Johnson, p. 87.
9. C. Mattheck, *Body Language*, p. 172.
10. C. Mattheck, *Body Language*, p. 172.
11. C. Mattheck, *Body Language*, p. 24.
12. B. Watson, p. 201.
13. Colin Elford me lo señaló durante nuestro paseo por Wiltshire en marzo de 2022.
14. Cita de *Anna Karénina:* Tolstói, *Anna Karénina,* Penguin Clásicos, 2022.

**Capítulo 13**
1. T. J. Zhang *et al.,* «A magic red coat on the surface of young leaves: anthocyanins distributed in trichome layer protect *Castanopsis fissa* leaves from photoinhibition», *Tree Physiology*, oct. 2016, vol. 36, n.º 10, pp. 1296-1306, extraído de https://doi.org/10.1093/treephys/tpw080
2. P. Thomas, *Trees*, p. 32.
3. https://www.silvafennica.fi/pdf/article535.pdf
4. K. Kikuzawa y M. J. Lechowicz (2011) «Foliar Habit and Leaf Longevity», en «Ecology of Leaf Longevity». Ecological Research Monographs. Springer, Tokio.
5. Correspondencia personal con Peter Thomas y https://en.wikipedia.org/wiki/William_Lucombe
6. https://en.wikipedia.org/wiki/Dipteryx_odorata
7. E. S. Bakker, p. 74.

8. S. A. Bedini, «The Scent of Time. A Study of the Use of Fire and Incense for Time Measurement in Oriental Countries», *Transactions of the American Philosophical Society*, 1963, vol. 53, n.º 5, pp. 1-51, extraído de https://doi.org/10.2307/1005923

9. T. Kozlowski, p.183.

10. T. Kozlowski, p. 174.

11. Correspondencia personal con Peter Thomas, 2022.

12. T. Kozlowski, p. 182.

13. T. Kozlowski, p. 183; se cita la tabla.

14. P. Thomas, *Applied*, p. 99.

15. T. Kozlowski, p. 160.

16. https://www.bbc.co.uk/blogs/natureuk/2011/05/oak-before-ash-in-for-a-spash.shtml

17. R. Ennos, p. 34.

18. O. Rackham, *Helford*, p. 81.

19. https://en.wikipedia.org/wiki/Marcescence.

20. P. Thomas, *Trees*, p. 31

21. P. Thomas, *Applied*, p. 100.

22. https://www.telegraph.co.uk/environment/2022/07/27/uk-weather-england-records-driest-july-century/

23. Kramer en T. Kozlowski, p. 160.

24. T. Kozlowski, p. 173.

25. P. Thomas, *Trees*, p. 33, citado por Kioke en 1990.

26. H. Irving, p. 157.

27. M. A. Rodríguez-Gironés y L. Santamaría, «Why are so many bird flowers red?», *PLOS Biology*, 2004, vol. 2(10), extraído de https://doi:10.1371/journal.pbio.0020350

28. J. C. Kang, «*The End and Don King*», *Grantland; C. McDougall (ed.) (2014), The Best American Sports Writing*, 2014, p. 149, extraído de https://en.wikipedia.org/wiki/The_Rumble_in_the_Jungle

29. https://www.keele.ac.uk/arboretum/ourtrees/speciesaccounts/pedunculateoak/#:~:text=In%20response%20to%20this%20oaks,-because%20of%20its%20hard%20wood

30. *Physiological Diagnosis. Proceedings; 2nd European Congress in Arboriculture*, Versailles, Société Française d 'Arboriculture, 1995.

31. Wytham Woods, p. 72.

**Capítulo 14**
1. Génesis 12, 6.
2. P. Thomas, *Applied*, p. 285.
3. J. Lewis-Stempel, p. 74.
4. Naylor, p. 171.
5. P. Thomas, *Applied*, p. 9.
6. Extraído de P. Thomas, *Applied*, p. 9. https://www.sciencedirect.com/science/article/abs/pii/ S0378778896010031
7. https://books.google.co.uk/books?id=i5HH3fegS5cC&printsec=-frontcover&source=gbs_ge_summary_r&cad= 0#v=onepage&-q&f=false
8. https://www.gardeningknowhow.com/garden-how-to/info/allelopa-thic-plants.htm
9. T. Kozlowski *et al.*, p. 226.
10. https://forestfloor.soilweb.ca/definitions/humus-forms/

# Bibliografía seleccionada

Babcock, Barry, *Teachers in the Forest*, Riverfeet Press, preimpresión, 2021.

Bakker, Elna, *An Island called California: An Ecological Introduction to its Natural Communities*, University of California Press, 1984.

Clapham, Arthur Roy, *The Oxford Book of Trees*, Peerage Books, 1985.

Cohu, Will, *Out of the Woods*, Short Books, 2015.

Edlin, Herbert, *Wayside and Woodland Trees*, Frederick Warne & Co., 1971.

Elford, Colin, *A Year in the Wood*, Penguin, 2011.

Ennos, Roland, *Trees,* Natural History Museum, 2016.

Forestry Commission, *Forests and Landscape*, Forestry Commission, 2011.

Gofton, John, *Talks About Trees*, The Religious Tract Society, 1914.

Grindon, Leo, *The Trees of Old England*, Pitman, 1868.

Hallé, Francis; Oldeman, Roelof Arend Albert y Tomlinson, Philip Barry, *Tropical Trees and Forests: An Architectural Analysis*, Springer-Verlag, 1978.

Hickin, Norman, *The Natural History of an English Forest*, Arrow Books, 1972.

Hirons, Andrew y Thomas, Peter, *Applied Tree Biology*, John Wiley & Sons, 2018.

Horn, Henry, *The Adaptive Geometry of Trees*, Princeton University Press, 1971.

Irving, Henry, *How to Know the Trees*, Cassell and Company, 2010.

Kozlowski, Theodore; Kramer, Paul y Pallardy, Stephen, *The Physiological Ecology of Woody Plants*, Academic Press, 1991.

Lewis-Stempel, John, *The Wood*, Doubleday, 2018.

Mabey, Richard, *Flora Britannica*, Sinclair-Stevenson, 1996.

Mathews, Daniel, *Cascade-Olympic Natural History*, Raven Editions, 1994.

Mattheck, Claus, *Stupsi Explains the Tree*, Forschungszentrum Karlsruhe GMBH, 1999.

Mattheck, Claus y Breloer, Helge, *The Body Language of Trees*, The Stationery Office, 2010.

Mitchell, Alan, *A Field Guide to the Trees of Britain and Northern Europe,* Collins, 1976.

Naylor, John, *Now Hear This*, Springer, 2021.

Pakenham, Thomas, *The Company of Trees*, Weidenfeld & Nicholson, 2017.

Pavey, Ruth, *Deeper into the Woods*, Duckworth, 2021.

Pierpoint Johnson, Charles, Sowerby y John, Edward, *The Useful Plants of Great Britain*, Robert Hardwicke, 1862.

Rackham, Oliver, *The Ancient Woods of the Helford River*, Little Toller Books, 2019.

Rackham, Oliver, *Woodlands*, Collins, 2010.

Savill, Peter; Perrins, Christopher; Kirby, Keith y Fisher, Nigel, *Wytham Woods*, Oxford University Press, 2010.

Steel, David, *The Natural History of a Royal Forest*, Pisces Publications, 1984.

Sterry, Paul, *Collins Complete Guide to British Trees*, Collins, 2007.

Thomas, Peter, *Trees: Their Natural History*, Cambridge University Press, 2000.

Thomas, Peter, *Trees, Collins New Naturalist Library vol. 145*, William Collins, 2022.

Tree, Isabella, *Wilding*, Picador, 2018. [*Asilvestrados*, trad. David Muñoz Mateos, Capitán Swing (Madrid: 2023)].

Watson, Bob, *Trees*, Crowood Press, 2016.

Wessels, Tom, *Forest Forensics*, Countryman Press, 2010.

Williamson, Richard, *The Great Yew Forest*, Macmillan, 1978.

Wohlleben, Peter y Billinghurst, Jane, *Forest Walking*, Greystone, 2022.

# Agradecimientos

Cuando apenas puedo caminar un minuto sin ver algo que, solo unos años antes, era invisible para mí, lo tomo como una señal de que otras personas también pueden disfrutar de esa transformación. Sin embargo, es un destello que, a veces, en muy raras ocasiones, conduce a la idea para un libro. A partir de ese momento, se trata de un proceso colaborativo.

Antes de que esta obra hubiese echado a andar, mantuve conversaciones con Sophie Hicks, mi agente literaria, así como con Rupert Lancaster y Nicholas Cizek, mis editores del Reino Unido y Estados Unidos, respectivamente:

—Se han publicado algunos libros, que están bastante bien, sobre las cosas que «no podemos» apreciar en los árboles —me dijeron.

—Creo que debería escribir uno sobre las que «sí podemos» ver —respondí.

Gracias a Sophie, Rupert y Nick por apoyar esa sencilla idea y por vuestra muy profesional labor, que convierte cada etapa de la escritura de mis obras en un placer.

Me gustaría agradecer la ayuda de los equipos de Sceptre Books y The Experiment, en especial, a Matthew Lore, Ciara Mongey, Rebecca Mundy, Jennifer Hergenroeder, Helen Flood, Dominic Gribben y Maya Conway.

Gracias a Neil Gower por sus maravillosas ilustraciones, y a Hazel Orme, por su experta ayuda en la recta final. También, a Sarah Williams y Morag O' Brien por su inestimable trabajo entre bastidores.

A la hora de escribir un libro, hay no poco trabajo que hacer, aunque también, muchas alegrías y sorpresas. Para mí, algunos de los mayores placeres consisten en descubrir nuevas señales, así como en entablar amistades y conocer gente, pero no necesariamente en ese orden. En el momento en el que me encuentro con alguien que me muestra una nueva señal o forma de ver una antigua, esto se multiplica por dos y lo atesoro para siempre. Mi agradecimiento va para la infinidad de personas que han aportado esas alegrías a este libro: Isabella Tree, Colin Elford, Stephen Haydon, Sarah Taylor o Alastair Hotchkiss, por nombrar algunos. Gracias por dedicarme vuestro tiempo y compartir vuestra experiencia. Un agradecimiento especial va para Peter Thomas, que sacó tiempo a fin de reunirse conmigo y ayudarme con el libro, pero también por su excelente investigación y escritura.

Gracias a toda mi familia y mi más sincero agradecimiento a Siobhan Machin, mi hermana, y a Hannah Scrase, mi prima, por sus sabios comentarios.

También, a todos quienes habéis asistido a una charla, participado en un curso o leído alguno de mis libros anteriores.

Me gustaría dar las gracias a mi esposa Sophie, así como a mis hijos Ben y Vinnie, por su amor y apoyo, y por mantenerme con los pies en la tierra. No hay mejor manera de demostrarme esto que cuando os pido que os detengáis durante un paseo para que pueda salirme del camino y observar algo...

El tiempo corre más lento cuando me acerco a algún organismo desprevenido; el aire está cargado de suspense, incluso los perros esperan con paciencia. Ha llegado el momento: salgo de entre los arbustos y llamo a mi familia para compartir los frutos de mis pesquisas. Tras describir mi nueva y maravillosa observación, hago una pausa a fin de asimilarlo todo. Espero alguna pequeña muestra de reconocimiento, tal vez, un breve aplauso, nada importante. O, quizá, unas palabras de alguno de los chicos sobre lo estimulantes e inspiradores que les parecen estos momentos. Pero nada. Un murmullo de descontento rompe el silencio. Tres rostros; tres expresiones que hablan por sí solas. El malestar se convierte en burla. Un público difícil de complacer: voy en busca de algo más que investigar fuera del camino.

# Índice onomástico y de materias

Green, Ted, 290

Hartig, Robert, 127
Hasselqvist, Fredrik, 218
Haydon, Stephen, 227
hayas
    cambios estacionales, 243, 244,
        247-48, 253, 267, 270
    corteza de las, 210
    efecto sobre el paisaje, 295-96
    en suelo seco, 21-22
    hojas de las, 196-97, 200-02
    identificación, 309
    raíces de las, 145-47
    ramas de las, 58-59, 77, 78
    tolerancia a la sombra, 23
    troncos de las, 110-11, 121, 122-23
herida invernal del sudoeste, 228
hiedra, 189
hojarasca, 164-66
hojas
    amarilleamiento, 193-95
    colores de las, 189-98, 238-39
    como droga, 175
    crecimiento opuesto o alterno,
        76-77
    defensas, 199-202
    desprendimiento, 239-41, 257-259
    efecto tick, 182-83
    efectos del viento en las, 97-99,
        177-78, 257-59
    estrategias de crecimiento, 180-82
    floración estomática, 198-99
    formas de las, 178-80
    hojarasca, 164-66
    juvenil, 187-89
    líneas blancas en las, 198-99
    lobuladas, 185-86
    tallos de las, 202-05
    tamaño de las, 176-78
    venas en las, 196-98
    y estado del suelo, 193-95
    y humedales, 184-85
    y niveles de luz, 177-78
hojas de compuesto pinnado, 179-80
hojas juveniles, 187-89
hojas lobuladas, 185-86
hongos, 230-31
hongo Chalara, 125
horquillas
    en la corteza, 222-26
    en el tronco, 121-23

Hotchkiss, Alastair, 74-75

Imperio romano, 130
inclusión de corteza, 221
indicadores de bosques antiguos (AWI),
    274
indicadores de perturbación, 27-29
inosculación, 87-88

Jardín Botánico de Kew, 141-43

Kensington High Street, 185-86
Kingley Vale, 282
Knepp Estate, 289-91

laureles
    hojas de los, 175, 199
    raíces de los, 147-48
líneas blancas en las hojas, 198-99
línea de goteo, 158
línea de ramoneo, 200-01
Loewenstein, George, 170-71
Los camineros de Saint–Rémy (van Gogh),
    209-10
Los grandes plátanos (Vincent van Gogh),
    209
Lucombe, William, 241-42

manzanos
    cambios estacionales, 268
    ramas de, 79
marcas de pintura, 232-34
madera de cicatrización, 226-28
marcescencia, 252-253
mariposa tornasolada, 291
Martin, Kevin, 141-43
Mattheck, Claus, 82, 219
Melocotoneros, 247-48, 256
método de crecimiento, 41-43
microbosques, 73-77
moreras, 250

niveles de luz
    preferencia de determinados, 22-23
    y forma de los árboles, 43-47
    y hojas, 177-78
    y ramas, 56-59, 70-71, 79-81,
        85-86
nectarios, 202-03
nogales
    efectos en el paisaje, 298-99, 300
    identificación, 316

Ático de los Libros le agradece la atención
dedicada a *Cómo leer un árbol* de Tristan Gooley.
Esperamos que haya disfrutado de
la lectura y le invitamos a visitarnos
en www.aticodeloslibros.com,
donde encontrará más información
sobre nuestras publicaciones.

Si lo desea, puede también seguirnos
a través de Facebook, Twitter o Instagram y suscribirse a
nuestro boletín utilizando su teléfono móvil
para leer los siguientes códigos QR: